Ingeborg & Thomas Dietz

Selbst in Führung

Achtsam die Innenwelt meistern

Wege zur Selbstführung in Coaching und Selbst-Coaching

Ausführliche Informationen zu jedem unserer lieferbaren und geplanten Bücher finden Sie im Internet unter www.junfermann.de. Dort können Sie auch unseren Newsletter abonnieren und sicherstellen, dass Sie alles Wissenswerte über das **JUNFERMANN**-Programm regelmäßig und aktuell erfahren.

Besuchen Sie auch unsere e-Publishing-Plattform www.active-books.de.

Ingeborg & Thomas Dietz

Selbst in Führung

Achtsam die Innenwelt meistern

Wege zur Selbstführung in Coaching und Selbst-Coaching

Mit einem Vorwort von Helm Stierlin
Illustrationen von Katrin Semmler

Junfermann Verlag • Paderborn
2011

2. Auflage 2008
3. durchgesehene Auflage 2011
Covergestaltung/Reihenentwurf: Christian Tschepp

Illustrationen: Katrin Semmler, Stade

Satz: JUNFERMANN Druck & Service, Paderborn

Bibliografische Information der Deutschen Bibliothek

Die Deutsche Bibliothek verzeichnet diese Publikation in der Deutschen Nationalbibliografie; detaillierte bibliografische Daten sind im Internet über http://dnb.ddb.de abrufbar.

ISBN 978-3-87387-682-8

Inhalt

Danke

Dieses Buch hätten wir alleine nicht schreiben können.

Das meiste, was wir an Vorgehensweisen und Hintergründen in unserer Arbeit verwenden, haben wir von anderen gelernt und mit anderen zusammen weiterentwickelt. Gelernt haben wir von sehr vielen, vor allem nennen wollen wir Ron Kurtz und Halko Weiss, die maßgeblich die „Hakomi – Erfahrungsorientierte Körperpsychotherapie" gegründet haben, sowie Richard C. Schwartz, dem wir IFS – „Internal Family Systems" – verdanken, diesen wunderbaren Zugang zum Verstehen und Führen von Persönlichkeitsteilen.

Diese beiden Konzepte haben wir mit unseren Freunden und Kollegen vom „Heidelberger Beraterkreis" zu einem wirkungsvollen Vorgehen weiterentwickelt. Wir schätzen uns sehr glücklich über diese Zusammenarbeit und empfinden sie als großes Geschenk.

Ganz besonders danken wir unseren Klienten und Trainings-Teilnehmern, denn von und mit ihnen haben wir am meisten gelernt und letztlich alle wesentlichen Erfahrungen für dieses Buch zusammengetragen.

Sehr ermutigend waren unsere Freunde, die uns immer wieder aufgefordert haben, dieses Buch zu schreiben, und die uns dabei mit ihren guten Ideen geholfen haben.

Mit Gottfried Probst vom Junfermann Verlag haben wir einen konstruktiven Lektor und angenehm professionellen Partner gefunden.

Danke!

Ingeborg und Thomas Dietz
Am Starnberger See im April 2007

Vorwort

Dieses Buch erwuchs aus den Erfahrungen, die Ingeborg und Thomas Dietz als Trainer und Berater in einer langjährigen Praxis gewannen. Zentral wurde dabei für sie die Frage, wie sich ihre Klientinnen und Klienten auf ihre Innenwelt einstimmten, wie sich diese Innenwelt beeinflussen ließ, wie sich dadurch Kreativität und Glücksempfinden verstärkten und wie dies wieder dazu beitragen konnte, innere und zwischenmenschliche Konflikte zu lösen.

Nun gibt es keinen wissenschaftlichen Zugang zu unserer Innenwelt. Wir können uns davon nur ein mehr oder weniger nützliches Bild machen. Für Ingeborg und Thomas Dietz war dies vor allem ein Bild, das ihnen der amerikanische Familienforscher und -therapeut Richard C. Schwartz anbot. Dies ist das Bild einer inneren Familie, im deutschsprachigen Raum auch „inneres Team" genannt, deren unterschiedliche Teile immer wieder aufgerufen sind, sich so zu einigen oder sich so zusammenzuraufen, dass das Selbst – auch dies ein schwer mit Inhalt zu füllender Begriff – in Führung gehen kann.

An Hand eindrucksvoller, ihrer Praxis entnommener Beispiele illustrieren die Autoren den Wert ihres Konzeptes. Dabei verwenden sie eine Sprache, die auch den aufhorchen lassen kann, der sich bisher noch nicht mit systemischem Denken vertraut gemacht hat. Besonders beeindruckte mich, wie die Eheleute Dietz sich am Schluss des Buches von Freunden und Seminarteilnehmern zu ihrem eigenen Leben und Wirken befragen lassen. Da zeigt sich, wie sie das, was sie ihren Klienten zu vermitteln versuchen, sich selbst zu Herzen genommen haben. Kein Wunder daher, dass ich den Lesern und Leserinnen dieses Buches, seien dies Klienten, Coaches, Berater oder Therapeuten, diese Lektüre sehr empfehlen möchte.

Helm Stierlin
Heidelberg, im April 2007

1.

Einstimmung: Die Bedeutung von Selbstführung

„Erkenne dich selbst und du erkennst die Welt.“
– Spruch über dem delphischen Orakel im klassischen griechischen Altertum
– Sokrates
„Du kannst nicht tun, was du willst, solange du nicht weißt, was du tust.“
– Moshe Feldenkrais

Die Bedeutung von Führung für exzellente Leistungen von Teams ist unbestritten – in der Wirtschaft, im Sport, in der Musik. Aber wie steht es mit der Fähigkeit zur Selbstführung? Gerade in schwierigen Situationen werden Menschen oft unflexibel, sind innerlich verunsichert oder aufgebracht. Automatische Reaktionen und unbeabsichtigte Wechselwirkungen treten an die Stelle von überlegtem, flexiblem Handeln. Man ist nicht mehr Herr (oder Frau) im eigenen Haus, Selbstführung bleibt auf der Strecke.

Wir beschäftigen uns seit Langem mit der Innenwelt des Menschen – mit unserer eigenen und der unserer Klienten und Seminarteilnehmer. Inzwischen haben wir eine Kombination von Vorgehensweisen gefunden, die Entwicklung und Veränderung auf dieser inneren Ebene erlauben. In den letzten Jahren sind wir immer wieder gefragt worden, wo man mehr über diese spezifische Arbeit lesen kann. Dieses Buch ist eine mit Lust und Leidenschaft geschriebene Antwort. Viele beeindruckende Erfahrungen beim Erforschen der Frage, wer oder was im Menschen sein Verhalten steuert, ihm Orientierung gibt und letztlich sein Leben sinnvoll führen lässt, haben uns dazu ermutigt.

Es gibt seit Menschengedenken den Wunsch nach Selbsterkenntnis – und auch Wege, sich und sein Leben selbstbestimmter zu führen. Die klassischen Philosophien des Abend- und des Morgenlandes haben sich intensiv damit beschäftigt. Auch wenn wir hier eher moderne Ansätze aus Psychologie und Neurobiologie zitieren, dieses alte „Menschheitswissen“ liegt unserem neuzeitlichen Denken und Handeln implizit zugrunde. Gerade die in Asien seit Jahrtausenden bewährte Praxis der Achtsamkeit erscheint uns als Königsweg zur individuellen Innenwelt. Die neuesten Erkenntnisse naturwissenschaftlich orientierter westlicher Forscher wie Antonio Damasio, Joseph LeDoux und Stanley Greenspan zeigen, dass rein rational ausgerichtete Lebensführung, ohne bewusste Berücksichtigung der emotionalen Welt, die menschlichem Verhalten zugrunde liegt, unnötig eingeengt bleibt.

Bei der Suche nach sinnvollen Navigationshilfen in der Innenwelt des Menschen überzeugten uns vor allem modernere Modelle über die Vielfältigkeit der individuellen Persönlichkeit. Sie unterscheiden sich von früheren besonders auch dadurch, dass sie jeden Einzelnen ermutigen, die eigenen einzigartigen Anteile seiner Persönlichkeit zu identifizieren und selbst zu benennen. Unser Verständnis von Selbstführung beruht vor allem auf „Internal Family Systems" (IFS) von Professor Richard C. Schwartz. IFS erklärt die Vielschichtigkeit der Innenwelt mit einer systemischen und ganzheitlichen Sicht und bietet gleichzeitig gut strukturierte Vorgehensweisen zur Führung der Persönlichkeitsanteile durch das Selbst. Es zeichnet ein zur Erfahrung vieler Menschen unmittelbar passendes Bild, wie sich die unterschiedlichen, vordergründigen oder verborgenen Teile der Persönlichkeit auswirken – in Beziehungen, bei Konflikten, bei eigenen Entscheidungen und beim Verfolgen der eigenen Lebensziele. In diesem Buch erfährt der Leser, wie mehr Spielräume im Handeln entstehen, wenn diese Facetten kennengelernt, angenommen, weiterentwickelt und bewusst geführt werden.

Für wen ist dieses Buch?

Wer sich selbst besser kennenlernen will, wer seine Selbstführung verbessern möchte, der wird in diesem Buch fündig. In der Praxis bewährte Vorgehensweisen, viele Beispiele und ein auf das Wesentliche reduzierter theoretischer Hintergrund vermitteln eine leicht umsetzbare Anleitung zum Selbst-Coaching für jeden Interessierten.

Da unser Ansatz vor allem pragmatisch-praktisch ist, setzen wir keinerlei psychologisches Fachwissen voraus. Trotzdem werden psychologisch ausgebildete Fachleute einiges für die eigene Praxis finden. Besonders Coaches, Trainer, Berater und Führungskräfte, die immer häufiger in Situationen kommen, wo Menschen auf einer emotional tieferen Ebene Rat suchen, erhalten eine Vielzahl von Hinweisen, wie sie Klienten, Teilnehmern oder Mitarbeitern psychologisch gekonnt weiterhelfen können. Und indem der Profi für die eigene Innenwelt sensibler wird, kann er seine Kompetenz für andere noch besser nutzen. Da unsere Erfahrungen hauptsächlich aus dem beruflichen Kontext stammen, sind auch die Beispiele meist aus dieser Welt. Die Prinzipien lassen sich aber auf ähnliche Herausforderungen in anderen Zusammenhängen problemlos übertragen. Apropos Beispiele: Sie beziehen sich immer auf reale Personen. Sie sind aber, um Zuordnungen unmöglich zu machen, immer leicht von der realen Situation abgewandelt und tragen ausnahmslos erfundene Namen. Sollte sich jemand bei den Beispielen oder Namen wiederfinden, dann wäre das reiner Zufall.

Was lässt sich mit dem Buch (nicht) erreichen

Ein Punkt, mit dem wir vorsichtig sein wollen, sind die Grenzen von Selbst-Coaching. Einerseits wollen wir nicht den Eindruck erwecken, alle Limitierungen, Spannungen und Probleme ließen sich alleine bewältigen. Andererseits glauben wir, dass vieles in der persönlichen Entwicklung selbst vorangetrieben werden kann, manchmal auch muss.

Ein Buch kann ein Wegweiser sein oder eine Landkarte. Wie man es verwendet, hängt davon ab, wie gut man sich im Gelände auskennt, wie trittsicher man an heiklen Stellen ist und wie gut man einschätzen kann, ab wann ein Weg – ohne kundigen Führer – gefährlich wird. Es ist wie beim Wandern: Wer dazu neigt, sich selbst zu überschätzen, oder wem es unangenehm ist, nach dem Weg zu fragen, der sollte sich früher qualifizierten Rat einholen, als er es normalerweise täte. Wer aber ohnehin viel Unterstützung von außen bekommt und lieber zu viel als zu wenig fragt, dem tut es vermutlich auch mal gut, ein Stück des Wegs alleine zu gehen. Wir möchten die Leser anregen, etwas für die eigene seelisch-mentale Fitness zu tun und dabei zu merken, dass viel mehr aus eigener Kraft geht, als man sich vorher vorgestellt hätte.

Das Beispiel des Wanderns lässt sich auch übertragen auf die Situation des Beraters: Eine Landkarte genügt nicht, um andere zu führen. Je anspruchsvoller das Gelände und je weniger fit die zu begleitenden Menschen, desto wichtiger ist eine solide Erfahrung und eine gute Ausbildung für den Wander- oder Bergführer – auch um einschätzen zu können, was „gesundheitliche Ausschlusskriterien" sind. Beim Coaching wie beim Selbst-Coaching sind das Suchterkrankungen, ausgeprägte Ängste, Depressionen oder Zwangssymptome. Im Zweifelsfall sollte immer ein Arzt oder Psychotherapeut konsultiert werden.

Wir wollen nicht den Eindruck vermitteln, dass mit Selbstführung alles machbar wäre, dass man sich sozusagen nach seinen (oder fremden) Vorstellungen beliebig „designen" könnte. Das geht so wenig wie bei der Schönheitschirurgie: Kleine „Fehler" lassen sich vielleicht etwas korrigieren – aber entscheidend ist die authentische Wirkung der Gesamtpersönlichkeit mit allen liebenswerten Eigenheiten.

Uns geht es mit diesem Buch vor allem um eine Ermutigung: Nämlich genauer herauszufinden, wer man selber ist – um von innen heraus eine selbstverständliche, natürlich stimmige Orientierung zu haben.

Hinweise fürs Lesen

Jedes Kapitel beinhaltet einen Einführungstext mit Beispielen zum Thema und einen Abschnitt zum Selbst-Coaching und zum Coaching. Diese enthalten praktische Übungen, Anleitungen zum Vorgehen sowie zusätzliche Hinweise für die professionelle Begleitung.

Vieles in diesem Buch wird Ihnen vertraut erscheinen. Vertraut in der Art, dass Sie bemerken, dass Sie das eine oder andere schon häufiger so wahrgenommen oder erlebt haben. Jeder hat seine Mechanismen zur Selbstregulierung und Selbstführung – und so werden Sie vermutlich einige davon hier wiederfinden.

Wenn Sie das, was Sie auf den folgenden Seiten lesen, für sich anwenden, kann ein für Sie bedeutsamer Unterschied zu bisher Gewohntem entstehen: Dass Sie genauer wissen, was Sie tun, wie es dazu kommt, dass Sie es so tun, und dass Sie eine größere Freiheit erwerben können, das zu tun, was Sie wirklich wollen. Sie können das Buch einfach nur lesen und sich an den neuen Erkenntnissen erfreuen, Sie können es aber auch als praktische Leitlinie nutzen, sich besser kennenzulernen und Ihrem eigenen Selbst, jenem Wesenskern, näherzukommen.

Die eigene Innenwelt zu erforschen und zu dem, was man dort findet, eine liebevolle Beziehung aufzubauen, wird dadurch belohnt, dass dies die Chancen verbessert auf mehr Zufriedenheit, privaten und beruflichen Erfolg und das, was man im Rückblick ein geglücktes Leben nennt.

2.

Automatische Reaktionen

„Der drückt bei mir immer wieder auf den gleichen Knopf!"
„Darauf reagiere ich absolut allergisch!"
„Da geht bei mir die Post ab."
„Bevor ich wusste, wie mir geschieht, habe ich ..."
„Wenn ich den nur sehe, gehen bei mir die Schotten runter ..."
„Warum sag' ich das? Ich weiß doch ganz genau, dass das nichts bringt!"

So etwas kennt jeder: Ein provokanter Satz, ein bestimmter Tonfall, ein abfälliger Gesichtsausdruck oder einfach nur eine kleine spitze Bemerkung des Gesprächspartners und ab geht die Post. Ein empfindlicher Punkt ist getroffen und man reagiert spontan und impulsiv – abwehrend, erklärend, mauernd, kämpferisch, rechtfertigend – mit wenig Möglichkeit, steuernd einzugreifen. In Sekundenbruchteilen läuft eine weitgehend automatisierte Reaktion ab. Es sind Situationen, in denen das gleiche eigene Verhaltensmuster immer wieder durchbricht. Man befindet sich zum wiederholten Mal im gleichen Fahrwasser und kann nicht verstehen, dass man da wieder hineingeraten ist. Zum hundertsten Mal hat man eine Mitarbeiterin in ihrem Redefluss unterbrochen, trotz des Vorhabens, ihre Meinung in Ruhe anzuhören. Schon wieder ist man in der Verhandlung mit dem Kollegen aus der anderen Abteilung in einem Positionskampf erstarrt, anstatt mehr auf die Interessen des anderen zu achten. Obwohl der Kopf weiß, dass ein anderes Verhalten besser wäre, reagiert innerlich etwas automatisch. Es kann sich anfühlen wie „fremdgesteuert" zu sein – als würde man nicht mehr selbst am Lenkrad sitzen. Ist die emotionale Reaktion bereits im Gang, ist es schwierig, sie zu unterbrechen. Selbst dann, wenn man realisiert, dass sie hinderlich oder destruktiv ist. Sekunden, Minuten oder auch Stunden später meldet sich oft eine vernünftigere Seite: „Du weißt doch, dass es nichts bringt, mit ihr zu argumentieren!", „Wieso hast du dich wieder aus der Ruhe bringen lassen? Du kennst doch seine provozierende Art!", „Das war nicht fair, wieso hast du das gesagt?" Ein typisches Merkmal einer automatischen emotionalen Reaktion ist, dass sie unangemessen ausfällt und dass man im Nachhinein mit sich selbst frustriert, unzufrieden, hilflos oder ärgerlich ist.

Merkmal einer automatischen emotionalen Reaktion ist, dass sie unangemessen ausfällt und dass man im Nachhinein mit sich selbst unzufrieden ist.

Situationen, in denen man mit seinem eigenen Verhalten nicht zufrieden ist, sind oft der erste Anstoß, sich mit dem Thema Selbstführung zu beschäftigen.

Situationen, in denen man mit seinem eigenen Verhalten nicht zufrieden ist, sind oft der erste Anstoß, sich mit dem Thema Selbstführung zu beschäftigen. Hinderliche Gewohnheiten und alte Muster können ebenfalls Anlass dafür sein. Zum Beispiel, wenn jemand häufig unangenehm bestimmend wird oder Schwierigkeiten hat, sich gegenüber Forderungen von anderen angemessen abzugrenzen. Auch wiederkehrende Zustände wie Unsicherheit bei Präsentationen oder Arbeitssucht am Wochenende können ein Motiv sein, an sich zu arbeiten.

Viele Handlungen im Alltag laufen routiniert und ohne großes Nachdenken ab. Dieses automatische Funktionieren ist die Grundlage für effizientes Arbeiten. Müssten wir bei jedem Satz, jeder Geste, jeder kleinen Entscheidung Vor- und Nachteile bewusst abwägen, würde uns das viel zu viel Zeit kosten. Gewohnheitsmuster erleichtern das Leben. Sie machen einen großen Teil unseres Charakters aus und sind für uns so selbstverständlich, dass sie nicht mehr bewusst wahrgenommen und reflektiert werden. Manche Menschen sind so identifiziert mit ihren Gewohnheiten, dass sie glauben, als Erwachsene könnten sie sich kaum noch wesentlich verändern. Die neuesten wissenschaftlichen Erkenntnisse aus der Neurobiologie relativieren jedoch dieses Klischee. Der Neurobiologe Gerald Hüther (1997) spricht von „Autobahnen im Gehirn", synaptischen Verbindungen zwischen Nervenzellen, die umso „breiter" und stabiler werden, je häufiger sie benutzt werden. Selten begangene Wege „wuchern zu" und verschwinden. Wieder andere Gebiete werden gar nicht genutzt. Der Nachteil dieser „Autobahnen im Gehirn": Man gewöhnt sich so an sie, dass andere Wege nicht mehr in Erwägung gezogen werden, oft schon gar nicht wahrgenommen werden. Und so empfinden die einen ihre Dominanz als völlig normal und andere kommen nicht mehr auf die Idee, sich besser abzugrenzen. Die neue – und gute – Nachricht ist, dass solche Autobahnen ergänzt werden können durch alternative Pfade. Neue Bahnen – sprich neue Verhaltensmuster – können aufgebaut werden. Und je häufiger diese wiederum benutzt werden, desto selbstverständlicher werden sie Teil des neuen Verhaltensrepertoires. Das menschliche Gehirn ist viel veränderbarer, viel plastischer als gemeinhin angenommen.

Der Nachteil von „Autobahnen im Gehirn": Man gewöhnt sich so an sie, dass andere Wege nicht mehr wahrgenommen werden.

Das menschliche Gehirn ist viel veränderbarer, viel plastischer als gemeinhin angenommen.

Bei automatischen Reaktionen rast das Geschehen – bildhaft gesprochen – über die Autobahn. In diesen Momenten könnte es sehr hilfreich sein, frühzeitiger eine andere Ausfahrt zu finden. Die Plastizität des Gehirns – und die Erfahrungen mit vielen Menschen – lässt uns optimistisch sein, dass dies gut möglich ist.

So kann's laufen – ein typisches Beispiel

Gerd Berger[1] ist Senior Consultant in einer Unternehmensberatung. Seit einigen Monaten kommt es häufiger zu frustrierenden Gesprächen mit seinem Kollegen, Herrn Roth, mit dem er einige gemeinsame Kunden betreut. Roth ist ein impulsiver und

1 Am Ende des Buchs findet sich ein Register der Beispiele, die im weiteren Verlauf wieder aufgegriffen werden.

emotional gesteuerter Mensch, der dazu neigt, Entscheidungen schnell und spontan zu treffen. So kann es passieren, dass er mit Kunden Termine vereinbart oder ihnen Zusagen macht, ohne diese im Vorfeld mit Berger abzusprechen. Er kommt zum Beispiel freudig strahlend in Bergers Büro und teilt ihm mit, dass er für den bevorstehenden Kundentag ein wunderbares, neu eröffnetes Seminarhotel im Grünen gefunden und die bereits gebuchten Räume im Hotel am Flughafen storniert hat. Oder er berichtet Berger voller Begeisterung, dass er einen jüngeren Kollegen, von dem Berger nicht viel hält, für eine anstehende Kick-off-Veranstaltung bei einem gemeinsamen Kunden einsetzen wird. In dem Moment, wo Roth ihm seine Entscheidung mitteilt – in dem begeisterten Tonfall, freudig, stolz und auch vollkommen von sich überzeugt – fängt Berger innerlich an zu kochen. Er reagiert vorwurfsvoll und belehrend: „Moment mal, Herr Roth, bitte langsam! Wie kommen Sie denn darauf? Sie können doch nicht unseren jüngsten und unerfahrensten Mann dort hinschicken ... Sie wissen doch, Qualität steht für uns an erster Stelle. Unsere Kunden erwarten bei so einer Veranstaltung einen wirklich erfahrenen Profi. Da waren Sie mal wieder etwas vorschnell!“ Meistens rechtfertigt Roth dann sein Vorgehen und zählt eine Vielzahl von guten Gründen auf, wieso just dieser Kollege am besten zu diesem Kunden und dieser Veranstaltung passt und warum die Entscheidung so stehen bleiben muss. Berger kann zu dem Zeitpunkt allerdings schon gar nicht mehr zuhören. Er hat innerlich zugemacht, beharrt auf seiner Meinung und oft fängt er auch an, Roth abzuwerten.

Berger hat diese Situation so oder so ähnlich mehrmals in den vergangenen Monaten erlebt. Ihm ist sehr bewusst, dass seine Reaktion das Ganze eskalieren lässt. Er kennt seinen Kollegen gut genug, um zu wissen, dass Sätze wie: „Herr Roth, da waren Sie wohl mal wieder vorschnell“ oder „Sie wissen doch, dass bei uns Qualität an erster Stelle steht“ ihn auf die Palme bringen und seine Rechtfertigungs-Tour nur anheizen. Was bringt ihn dann trotzdem dazu, sie auszusprechen? Auch wenn er das Verhalten von Roth nicht in Ordnung findet, warum reizt es ihn in diesem Ausmaß? Warum kann er damit nicht souveräner umgehen, obwohl er es sich immer wieder vorgenommen hat, gelassener zu reagieren? Als rational gesteuerter Mensch ärgert er sich am meisten darüber, dass er oberlehrerhaft und abwertend wird und es ihm nicht gelingt, dies zu unterlassen. Ihm ist vom Kopf her bewusst, dass es vernünftiger wäre, etwas zurückhaltender seine Vorbehalte und seine Wünsche direkter auszudrücken. Stattdessen wird er stur und Roth wirft ihm – zu Recht – vor, dass er zunehmend zum „Abblocker“, „Besserwisser“ und „Bedenkenträger“ wird.

Möglicherweise würden einige Absprachen, Regeln und Vereinbarungen die Zusammenarbeit zwischen den beiden Kollegen optimieren. Bei genauerer Betrachtung ist der wesentliche Faktor für diesen Konflikt jedoch das, was in der Innenwelt von beiden geschieht.

Was passiert bei einer automatischen Reaktion?

Untersucht man solche Automatismen, dann ist ein relativ konstanter Ablauf augenfällig: Auf ähnliche Auslöser folgen mit bemerkenswerter Vorhersagbarkeit ähnliche Verhaltensweisen. Ein wunder Punkt wird getroffen und sofort gibt es eine Reaktion. In Bruchteilen von Sekunden reagiert der Körper, die Gefühlslage und das Denken verändern sich, und ohne es zu bemerken, ist man im alten Fahrwasser. Je heftiger uns die emotionale Reaktion überfällt, desto schwieriger ist der Zugriff zum „besseren Wissen“.

Je heftiger einen die emotionale Reaktion überfällt, desto schwieriger ist der Zugriff zum „besseren Wissen“.

Auslöser: Die Auslöser für eine Automatik sind vielfältiger Natur. Irgendetwas aus der Außenwelt – ein Satz, eine spezielle Geste, ein Reizwort oder Reizthema, ein bestimmter Mensch, ein gewisses Verhalten – trifft auf die Innenwelt und verursacht eine Resonanz. Bei Gerd Berger ist der Auslöser, dass Entscheidungen getroffen werden, ohne ihn einzubeziehen. Es reizt ihn auch, wenn Herr Roth so überschwänglich, freudig und stolz darüber berichtet. Wie überzeugt er von sich ist, ist für Berger ein rotes Tuch.

Der wunde Punkt: Die Ursache einer Automatik ist eine persönliche Empfindsamkeit. Es gibt Dinge, auf die man sehr sensibel reagiert, die einen treffen, verletzen, provozieren. Eine automatische, emotionale Reaktion wird besonders rasch dann ausgelöst, wenn der empfindsame Punkt in der Vergangenheit schon oft getroffen wurde. Aufgrund von negativen Vorerfahrungen reagiert man umso „allergischer“ auf die Situation und das Gegenüber. Aber auch wenn man bereits in einer gereizten Grundstimmung oder im Stress ist, wird ein Automatismus schnell entflammt. Wenn Berger von den getroffenen Entscheidungen hört und dabei Roths strahlendes und selbstzufriedenes Gesicht sieht, reagiert etwas in ihm sehr empfindlich. Für einen Sekundenbruchteil fühlt er sich übergangen, überrollt und nicht ernst genommen. Dieses Grundgefühl bleibt während des Gesprächs die ganze Zeit latent da, auch wenn er es im weiteren Verlauf nicht mehr bewusst registriert.

Unmittelbare emotionale Reaktion mit Körperempfindungen: In dem Moment, wo der „wunde Punkt“ getroffen und Emotionen ausgelöst werden, ist der Körper beteiligt. Dieser reagiert sofort. Bei einem empfundenen Angriff beispielsweise spannen sich die Muskeln an, das Blut fließt stärker ins Gesicht oder in die Extremitäten, das Herz klopft heftiger und der Atem stockt. Bei Berger zieht sich der Bauch empfindlich zusammen, Hitze steigt in den Kopf und der Atem wird flacher. Auch wenn er es nicht bemerkt – sein Körper bereitet sich auf Kampf vor.

Innere Verarbeitung mit Gedanken und Gefühlen: In Bruchteilen von Sekunden schießen unterschiedliche Gedanken durch den Kopf. Sie können gekoppelt sein an frühere Ereignisse mit den beteiligten Personen und entsprechende Bewertungen beinhalten wie: „Schon wieder der!“ Sie können auch gegen sich selbst gerichtet sein:

„Warum habe ich nicht klarer gesagt, dass ...“ und sie können Handlungen initiieren: „Lass dir das nicht gefallen!“ Auch solche gefühlsmäßig eingefärbten Gedanken laufen schnell und oft außerhalb der bewussten Wahrnehmung ab. Berger befürchtet, dass der junge Kollege für den Auftrag nicht die entsprechende Lebenserfahrung und das notwendige Standing hat und beim Kunden nicht gut ankommt. Gedanklich ist er damit beschäftigt, wie er sich gegenüber Roth besser behaupten kann.

Die innere Verarbeitung bei automatischen Reaktionen ist fast immer darauf ausgerichtet, die zugrunde liegenden Emotionen irgendwie zu regulieren, entweder indem man sie kommentiert, rationalisiert oder versucht, sie beiseitezuschieben. Bei den meisten Menschen entsteht der Impuls, die eigene Empfindsamkeit abzuschirmen und sie nicht nach außen zu zeigen. Verletzliche, unangenehme Gefühle werden innerlich oft so stark zurückgedrängt, dass sie nicht mehr wahrgenommen werden. Unsicherheit wird beispielsweise unterdrückt oder überspielt und man verteidigt sich. Stärkere oder kämpferische Teile der Persönlichkeit werden aktiv, um Unterlegenheitsgefühle abzuwehren. Berger schottet sich innerlich ab, lässt nichts mehr an sich ran und schaltet auf Abwehr. Das, was von außen als „mauern“ wahrgenommen wird, ist seine spontane innere Schutzreaktion.

Verhalten: Diese gedanklich-gefühlsmäßigen Reaktionen steuern jetzt das Verhalten. Die Handlung ist das Ergebnis des zuvor blitzschnell abgelaufenen Verarbeitungsprozesses im Gehirn. Meist folgt das Verhalten einer mehr oder weniger ausgeprägten Variante des Kampf-Flucht-Reflexes: Man greift an, verteidigt sich, zieht sich zurück oder erstarrt. Gerd Berger reagiert vorwurfsvoll und besserwisserisch. Er erklärt Roth Hintergründe, die dieser selber weiß, verfällt in Verallgemeinerungen und wertet ihn ab. Eine Seite seiner Persönlichkeit reagiert wie ein „Oberlehrer“.

Wirkung, Wechselwirkung und Eskalation: Das Verhalten hat natürlich eine Wirkung auf den anderen. Bei automatischen Reaktionen führt es leider meistens zu eskalierenden Wechselwirkungen. Häufig ist das eigene Handeln dann wiederum Auslöser für eine automatische Reaktion beim anderen. Berger wirkt auf Roth abweisend, abblockend und belehrend. Dies drückt bei Roth auf seinen „wunden Punkt“. Er fühlt sich abgewertet, abgewürgt und blockiert und in seinem Handeln eingeschränkt und kontrolliert. Auch bei ihm läuft jetzt eine Automatik ab. Je belehrender und abwertender Berger wird, desto vehementer vertritt Roth seine Position. Daraus entspringt dann eine Wechselwirkung, die sich immer weiter hochschaukelt.

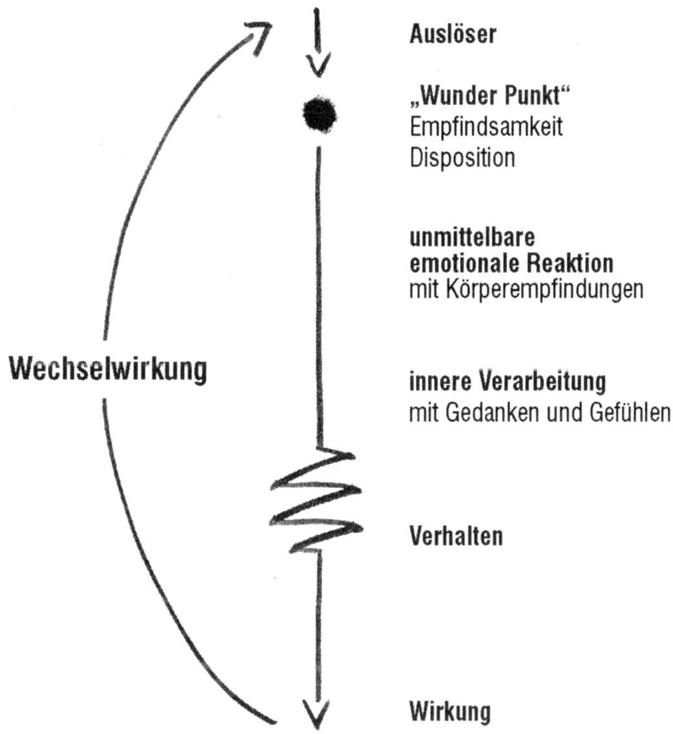

Was bei einer automatischen Reaktion passiert: Schematisch dargestellter Ablauf

Umgang mit einer automatischen Reaktion

Um sich bei automatischen Reaktionen bewusster steuern zu können, braucht man einen guten Zugang zur eigenen Innenwelt. Die folgenden Schritte, die ausführlich in den späteren Kapiteln beschrieben werden, helfen dabei:

1. Achtsamer werden, innehalten und wahrnehmen, was passiert
2. Die eigenen wunden Punkte besser verstehen
3. Möglichkeiten der Selbstregulierung bewusst anwenden
4. Teile der eigenen Persönlichkeit besser kennen und führen
5. Auf die eigene Wirkung und negative Wechselwirkungen achten

1: Achtsamer werden, innehalten und wahrnehmen, was passiert

So könnte Gerd Berger auf seine Reaktion mehr Einfluss gewinnen: Er könnte in dem Moment, in dem der Kollege ihn mit einer getroffenen Entscheidung konfrontiert, für einen Moment innehalten, bevor er handelt. Dieses Innehalten ist entscheidend, denn es unterbricht bereits die Automatik. Durch das Beobachten dessen, was passiert, bekommt Berger ein wenig mehr Abstand zum inneren Geschehen. Das alleine kann bereits genügen, um einen anderen Weg einzuschlagen. Diesen kurzen Zeitgewinn könnte er zusätzlich nutzen, um nach innen zu spüren, um sich selbst differenzierter wahrzunehmen: Was passiert jetzt gerade? Wie reagiert der Körper (z.B. Druck, Anspannung, Wärme) und was für eine Art von Gefühl ist das? Was hängt da gefühlsmäßig noch dran? Was für Gedanken tauchen auf? Was für ein Impuls bahnt sich an? Das kurze Innehalten für Bruchteile von Sekunden, schafft die Basis für bewusstes Entscheiden. Berger könnte beispielsweise seinem Kollegen sagen: „Mir ist es wichtig, bei solchen Entscheidungen, die auch mich betreffen, mit einbezogen zu werden. Es ist sehr ärgerlich, wenn ich mit vollendeten Tatsachen konfrontiert werde." Oder er könnte ihn fragen, wie es dazu kommt, dass er eine Entscheidung getroffen hat, ohne Rücksprache mit ihm zu halten.

Innehalten ist entscheidend – es unterbricht die Automatik und schafft die Basis für bewusstes Entscheiden.

Für bereits lang andauernde und eingefahrene Muster ist der Weg zur Veränderung allerdings oft länger: Hier kann es notwendig sein, das Geschehen im Anschluss an die Situation zu reflektieren und zu versuchen, mit mehr Zeit und Achtsamkeit genauer wahrzunehmen, was innerlich reagiert hat. Berger könnte nach so einem typischen Vorfall das empfindsame Zusammenziehen im Bauch und das damit einhergehende Gefühl näher erforschen. Er könnte dabei entdecken, dass er sich nicht nur übergangen, sondern auch als Person missachtet fühlt. Und dass sich hinter dem Ärger auch eine Ohnmacht verbirgt, mit vollendeten Tatsachen konfrontiert zu werden und nichts mehr verändern zu können. Ihm könnte dadurch klarer werden, wie sich über Monate hinweg immer wieder die gleiche automatische Reaktion abspielte: „Bei Ohnmacht: Selbstverteidigung durch Gegenangriff". Eine differenzierte Reflexion nach einer typischen Automatik schafft Raum, neue Optionen zu entwickeln. Das erhöht die Wahrscheinlichkeit, künftig auf ähnliche Situationen besser vorbereitet zu sein. Das macht es wesentlich leichter, achtsamer und bewusster zu reagieren.

Für Selbstführung ist die Entfaltung der Selbstwahrnehmung entscheidend. Eine gute Wahrnehmung ist die Voraussetzung dafür, weniger von Reaktionen vereinnahmt zu werden und sich besser steuern zu können – kurz: geistesgegenwärtiger zu sein. Studien haben gezeigt, dass der Einzelaspekt, der den Erfolg einer Psychotherapie am besten vorhersagt, die Fähigkeit des Klienten ist, gegenüber der eigenen Erfahrung präsent zu bleiben. Im Bereich des Coachings und Selbst-Coachings hat dies sicher dieselbe Relevanz.

Gute Selbstwahrnehmung ist die Voraussetzung dafür, weniger von Reaktionen vereinnahmt zu werden und sich besser steuern zu können – kurz: geistesgegenwärtiger zu sein.

2: Den wunden Punkt besser verstehen

Manchmal fragt man sich bei einer automatischen Reaktion: „Warum regt mich das eigentlich so auf? Wieso trifft mich das überhaupt so? Wie kommt es dazu, dass ich da so empfindlich reagiere?“ Solche Fragezeichen signalisieren, dass man die tiefer liegenden Hintergründe für die eigenen Empfindungen noch nicht verstanden hat.

Der wunde Punkt springt umso leichter an, je ähnlicher der jetzige Auslöser den Verursachern früherer Erfahrungen ist. Je verwandter das gegenwärtige Erleben mit Situationen aus der Vergangenheit ist, in denen der Auslöser erlernt wurde, desto schwieriger wird es, die heute ablaufende automatische Reaktion zu entschärfen oder zu unterbrechen. Je stärker der emotionale Gehalt der damaligen Erlebnisse, desto herausfordernder ist es heute, daran etwas zu ändern.

Der wunde Punkt springt umso leichter an, je ähnlicher der jetzige Auslöser den Verursachern früherer Erfahrungen ist.

Nur über die Ratio mehr zu verstehen, ist ein Vorhaben, das selten wirklich weiterführt. Vom Kopf her weiß man schon so vieles, aber es ändert sich trotzdem nichts. Es geht vielmehr darum, mehr Zugang zu den unbewussten oder verdeckten Gefühlen und Facetten der Persönlichkeit zu bekommen. Dafür kann es wichtig sein, den wunden Punkt und die damit verbundenen verletzlichen Seiten im eigenen Wesen tiefer zu verstehen. Das wollen wir anhand eines weiteren Beispiels betrachten:

Wenn sich nichts ändert, obwohl man vom Kopf her vieles weiß, geht es eher darum, Zugang zu unbewussten oder verdeckten Gefühlen und Facetten der Persönlichkeit zu bekommen.

Gabi Taler ist eine 30-jährige, ehrgeizige und anspruchvolle Abteilungsleiterin im Bereich Marketing. Seit einem halben Jahr arbeitet sie mit einem älteren Kollegen, Rudolf Wüst, an einem gemeinsamen Projekt, das enge Absprachen zwischen den beiden erfordert. Wüst ist bereits 25 Jahre im Unternehmen und seit 15 Jahren Abteilungsleiter. Im Laufe der Zeit hat er viele Kolleginnen und Kollegen kommen und gehen sehen und erlebt, wie sie sich „die Hörner abstießen“. Auf Frau Taler wirkt er souverän, gelassen und überlegen. Wenn sie mit ihm spricht, fühlt sie sich oft nicht ernst genommen. Da Wüst so unerschütterlich selbstsicher auftritt und sich wenig mit ihr auseinandersetzt, hat sie zunehmend den Eindruck, dass er sie von oben herab behandelt. Die Arbeitstreffen mit ihm werden für sie ein Gräuel. Sie stellt fest, dass sie bei Meinungsverschiedenheiten immer wieder in die Defensive gerät. Was sie dabei am allermeisten stört: Sie empfindet sich ihm gegenüber wie eine junge, unerfahrene Praktikantin. Dieses Gefühl wird typischerweise bei ihr ausgelöst, wenn er auf einen Vorschlag von ihr in seinem sonoren, geschmeidigen und etwas selbstgefälligen Tonfall sagt: „Aber Frau Taler, Sie sollten doch inzwischen wissen, dass ...“ Oder: „Liebe Frau Taler, das hat hier immer gut funktioniert, das können Sie einem erfahrenen Kollegen schon glauben.“

Wenn sie sich in diesen Augenblicken gut beobachtet, dann kommt es ihr fast so vor, als würde sie körperlich kleiner werden. Sie hört, wie in ihrer Stimme etwas Vorwurfsvolles mitschwingt, wenn sie sich erklärt. Und sie merkt, dass sie sich eher verteidigt, anstatt überzeugend ihre Meinung zu vertreten. Ihren Argumenten fehlt die notwendige Kraft und Klarheit – etwas, worauf sie sich sonst immer gut verlassen konnte. Sie hat das Gefühl, blockiert zu sein. Manchmal kommt sie sich so vor wie das Kaninchen vor der Schlange. So eine Zusammenkunft mit Herrn Wüst hinterlässt sie dann mit einer ohnmächtigen Wut. Wut auf ihn, Wut auf sich selbst, Wut darüber, sich nicht besser im Griff zu haben.

Nach einem solchen Vorfall nimmt sie sich jetzt ein paar Minuten Zeit, um den unangenehmen Zustand, in den sie immer wieder automatisch hineingerät, genauer zu erforschen. Sie verweilt bei dem Gefühl. Sie versucht, die einhergehenden Gefühle differenzierter wahrzunehmen. Sie spürt nach, welche Qualität die Wut hat und was mit der Unterlegenheit noch mitschwingt. Und sie wird neugierig, denn es fühlt sich vertraut an. Was ihr nun wieder einfällt, verblüfft sie sehr: Die Situation erinnert sie an Gespräche im Elternhaus. Gespräche mit ihrem großen Bruder, der fünf Jahre älter war und der sie oft nicht ernst genommen hat. Sie hat sich ihm nie gewachsen gefühlt, in Streitgesprächen auch Angst vor ihm gehabt. Und sie war oft gekränkt und enttäuscht, weil sie von ihm so wenig Anerkennung bekam. Gabi Taler ist enorm verwundert über all die Ähnlichkeiten. Selbst der Blick des Bruders – der eine Mischung aus Überlegenheit und Desinteresse ausdrückte – erinnert sie jetzt an Wüsts Geringschätzung ihr selbst gegenüber. Das so deutlich zu spüren, ist eine Erleichterung, denn mit dieser Einsicht fühlt sie sich bei Weitem nicht mehr so hilflos ausgeliefert.

Hintergründe von „wunden Punkten" zu verstehen ist eine große Erleichterung, denn mit dieser Einsicht ist man ihnen nicht mehr so ausgeliefert.

Die Ursachen und Prägungen der „wunden Punkte" und Empfindsamkeiten sind uns oft nicht zugänglich. Viele leben jahrelang mit Gefühlen und Reaktionen, ohne sich bewusst zu sein, wo die Wurzeln dafür liegen. Ausgeprägter Zynismus, Kritikunfähigkeit oder Ungeduld – viele Aspekte der Persönlichkeit sind einem sehr vertraut, aber ohne tiefere Einsicht in ihre Entstehung lassen sie sich nicht verändern.

3: Möglichkeiten der Selbstregulierung bewusst anwenden

Auf der Basis von Selbstwahrnehmung lassen sich automatische Reaktionen bewusster regulieren. Selbstregulierung ist die Fähigkeit, etwas Abstand zu den inneren Reaktionen – den gegenwärtigen Gefühlen, Gedanken und Impulsen – herstellen zu können und diese positiv zu beeinflussen. Man ist in der Lage, innerlich etwas Zeit und Raum zu gewinnen und erst dann zu regulieren. Das kann sowohl bedeuten,

Selbstregulierung ist die Fähigkeit, etwas Abstand zu inneren Reaktionen herstellen zu können und diese positiv zu beeinflussen.

Gefühle deutlicher auszudrücken oder auch Impulse etwas mehr zu zügeln. Da der Körper an emotionalen Zuständen immer beteiligt ist, können sie über den Körper auch reguliert werden. Um ein paar Möglichkeiten für Selbstregulierung aufzuzeigen, bleiben wir noch beim Beispiel von Frau Taler. Von einer befreundeten Kollegin, die bei einem Gespräch zwischen ihr und Herrn Wüst dabei war, bekommt Gabi Taler später eine interessante Rückmeldung. Was sie hört, klingt vertraut und ist für sie nachvollziehbar:

Über den Körper kann der eigene emotionale Zustand meist gut reguliert werden.

- Sie lasse schon beim Eintreten in das Zimmer die Schultern hängen und richte den Blick nach unten;
- sie sitze nicht aufrecht in ihrem Stuhl, sondern eher klein und zusammengefallen;
- ihre Stimme sei leiser und zaghafter als sonst;
- sie wirke einerseits eingeschüchtert, aber andererseits auch abweisend Herrn Wüst gegenüber;
- sie wehre Vorschläge von Herrn Wüst sofort ab.

Diese Erkenntnis motiviert Frau Taler, sich in einem folgenden Gespräch mit Herrn Wüst genauer zu beobachten und dann etwas anderes auszuprobieren. Sie spürt, dass sich bereits auf dem Weg zur Besprechung ein Gefühl der Unterlegenheit und Unsicherheit einstellt. Ihre Stimmung ist resigniert, so als ob sie sowieso keine Chance hätte. In dem Moment, in dem sie diese Gefühle genauer wahrnimmt, stellt sie fest, dass sie verbunden sind mit einer subtil veränderten Körperhaltung. Die Energie sackt nach unten, der Körper fühlt sich schwächer an, als ginge die Kraft verloren. Sie erinnert sich jetzt an die Empfehlung der Kollegin: „Probier doch mal aus, mehr auf deine Körperhaltung zu achten und Wüst mit deutlich erhobenem Kopf und aufrechter Haltung zu begrüßen. Und anstatt im Stuhl zu versinken, wende dich ihm mehr zu. Das wirkt sicher ganz anders!"

Und tatsächlich! Frau Taler spürt, wie sie sich in dieser veränderten Haltung Herrn Wüst gegenüber deutlich „gewachsen" fühlt. In einem herausfordernden Moment, als er sich wieder einmal auf seine Erfahrung beruft und ihre Vorschläge nicht ernst nimmt, beobachtet sie, wie das Unterlegenheitsgefühl auftaucht. Interessant ist die Entdeckung, dass sich gleichzeitig auch etwas Kämpferisches und Trotziges in ihr meldet: „Von dem lasse ich mich nicht klein machen!" Aus der Rückmeldung der Kollegin weiß sie aber, dass ihr abweisendes Verhalten ihn in seinem Dominanzgehabe wahrscheinlich noch mehr provoziert. Sie atmet ein paar Mal tiefer durch. Das beruhigt das kämpferische Gemüt etwas. Jetzt kann sie offen ansprechen, was sie eigentlich empfindet – ruhig, klar und selbstbewusst: „Herr Wüst, ich finde es bedauerlich, dass Sie so wenig von meinen Vorschlägen halten. Das führt bei mir dazu, dass ich mich auch mit Ihren nicht näher auseinandersetzen mag. Und das wäre für mich, aber wahrscheinlich auch für Sie, sehr unbefriedigend." Wüst schaut sie etwas überrascht an und nickt dann nachdenklich. Er beruft sich zwar noch mal auf seine Erfahrung, bittet sie aber dann doch, ihren Vorschlag genauer zu erklären. Jetzt hört er aufmerksamer zu und seine Fragen sind mehr an der Sache orientiert. Er wirkt sichtlich bemüht, zu beweisen, dass er konstruktiver sein kann.

Für Gabi Taler war es wirksam, mehr auf die Körpersignale und Körperhaltung zu achten. Das Verändern der Körperhaltung hat sich positiv auf ihre innere Haltung und Stimmungslage ausgewirkt. Sie konnte ihre Gefühle besser regulieren, indem sie diese ausgedrückt hat, anstatt sie untergründig anstauen zu lassen.

···› 4: Teile der eigenen Persönlichkeit besser kennen und führen

Wenn aber Gabi Taler weiterhin in der Situation gefangen bleibt, wenn trotz Einsicht in die Hintergründe und trotz guter Selbstwahrnehmung immer noch das gleiche Muster abläuft, dann kann eine intensivere Beschäftigung mit der eigenen Innenwelt sinnvoll sein. Insbesondere dann, wenn sie sich auch in der einen oder anderen Situation, unabhängig von Herrn Wüst, häufiger unterlegen erlebt und kämpferisch oder trotzig reagiert. Dann taucht die Frage auf, wie sie sich langfristig und nachhaltig besser führen und mit den empfindsameren Anteilen ihrer Persönlichkeit umgehen können.

Ein Ergebnis besserer Selbstführung wäre, etwas mehr Abstand zu gewinnen zur empfindsamen Seite der Persönlichkeit – und so in der Lage zu sein, aus einem anderen Handlungsmuster heraus zu reagieren.

Ein Ergebnis besserer Selbstführung wäre, in der schwierigen Situation etwas mehr Abstand zu ihrem Unterlegenheitsgefühl zu gewinnen, aber auch eine annehmende Haltung diesem Zustand gegenüber zu entwickeln. Denn das Bekämpfen der Unterlegenheit verstärkt diese eher noch. Das kostet zusätzliche Energie und bindet die Aufmerksamkeit. Mit mehr Überblick über die verschiedenen Facetten der eigenen Persönlichkeit könnte Gabi Taler aus einem anderen – beispielsweise diplomatischen oder selbstbewussten – Anteil ihrer Persönlichkeit heraus reagieren.

···› 5: Auf die eigene Wirkung und negative Wechselwirkungen achten

Bei schwierigen, konflikthaften Interaktionen mit anderen beschäftigen sich viele Menschen mehr mit dem Gegenüber als mit sich selbst. Eine typische Art zu denken ist: *Wenn der Chef nicht so viel Druck und Hektik verbreiten würde, wäre ich viel gelassener; wenn der Kollege nicht so stur und unkooperativ wäre, könnte ich schneller und effektiver arbeiten; wenn die Mitarbeiterin eigenverantwortlicher wäre, könnte ich mehr delegieren.* Bei diesen Schlussfolgerungen herrscht wenig Bewusstheit darüber, wie sich Anteile der eigenen Persönlichkeit auf den anderen auswirken und wie man möglicherweise selbst zu den schwierigen Wechselwirkungen beiträgt. Um Beziehungen positiv zu gestalten, hilft das Wissen über die eigene Wirkung und darüber, wie sich Wechselwirkungen entwickeln. Mit mehr Verständnis für die „wunden Punkte" des anderen ist es leichter, diese nicht zu drücken und so die Auslöser für automatische Reaktionen zu vermeiden. Das Erkennen der Wechselwirkung mit Herrn Wüst könnte Gabi Taler weiterhelfen, sich in den Interaktionen weniger zu verstricken und sie reibungsloser zu gestalten. Ihre Neigung, sich einerseits unterlegen zu fühlen und gleichzeitig nach außen kämpferisch aufzutreten, kann sehr provozieren – besonders jemanden wie Wüst, dessen Verhalten stark von Dominanz geprägt ist. Er erhöht sich dann noch mehr und seine abschätzigen Kommentare nehmen zu. Dies drückt natürlich wiederum verstärkt auf ihren wunden Punkt. Wie Wechselwirkungen eskalieren und wie sie entschärft werden können, schauen wir uns im Kapitel „Wirkung und Wechselwirkung" genauer an.

Das Erkennen von Wechselwirkungen hilft, sich in Interaktionen weniger zu verstricken.

Für eine bessere Selbstführung sind Achtsamkeit und der Zugang zu Teilen der Persönlichkeit die wichtigsten und wirkungsvollsten Ansatzpunkte. Gerade weil wir so viele Routinen brauchen, um im Alltag zurechtzukommen, ist es so wichtig, die hinderlichen Automatismen und Gewohnheitsmuster zu identifizieren und genauer zu erforschen.

Der Weg zu neuen, wirksameren Verhaltensweisen erfolgt in vier Stufen:

Der Weg zu neuen, wirksameren Verhaltensweisen erfolgt in vier Stufen.

1. *„Unbewusste Inkompetenz"*: Man ist sich der Begrenztheit seiner Automatismen noch nicht bewusst und projiziert Schwierigkeiten auf die äußeren Umstände.
2. *„Bewusste Inkompetenz"*: Es ist einem klar, wie die eigenen Verhaltensmuster die eigene Wirkung begrenzen und wodurch man in ungünstige „Fahrwasser" gerät.
3. *„Bewusste Kompetenz"*: Man entdeckt und nutzt neue Ansatzpunkte, die es einem ermöglichen, in den entsprechenden Situationen befriedigender zu handeln.
4. *„Unbewusste Kompetenz"*: Wenn das Neue wieder zur Routine geworden ist, kann das Verhalten auch wieder unbewusst und automatisch erfolgen.

Die Kunst des Innehaltens ist unserer Erfahrung nach die wesentliche Schlüsselkompetenz, die als grundlegender neuer Automatismus erstrebenswert ist.

Selbst-Coaching

Reflexion: Automatische Reaktionen

Zweck:	Hinderliche automatische Reaktionen identifizieren. Zusammenhänge und Wechselwirkungen näher untersuchen.
Grobstruktur:	Schriftliche Reflexion mit Reflexionsblatt
Rahmen:	20 Minuten – alleine oder mit einem Partner

Lassen Sie Situationen aus Ihrem Alltag auftauchen, in denen es zu Eskalationen kommt. Momente, in denen Sie automatisch reagieren und in denen ein für Sie vertrautes, aber unbefriedigendes Muster abläuft. In den meisten Konflikt- oder Streitgesprächen werden automatische Reaktionen eine Rolle spielen. Aber auch hinderliche Gewohnheiten können Ausgangspunkt sein, wie zu schnell nachzugeben oder rechthaberisch zu sein.

1. Reflektieren Sie als Erstes, was typische Auslöser für Sie sind. Was sind Verhaltensweisen, Einstellungen oder Gefühle anderer, die spontan stärkere Reaktionen in Ihnen auslösen? Vielleicht gibt es auch Reizthemen oder bestimmte Sätze, einen speziellen Tonfall oder eine ganz bestimmte Person, die Anlass für eine Automatik sind.
2. Versetzen Sie sich jetzt in diese Situation und versuchen Sie möglichst differenziert und genau wahrzunehmen, was innerlich passiert. Lassen Sie die Situation in Zeitlupe ablaufen. Holen Sie sich die Auslöser innerlich her und nehmen Sie wahr, wie sich Ihr körperlicher Zustand verändert, was für Gefühle als Erstes auftauchen, welche Gedanken Ihnen spontan durch den Kopf schießen. Verweilen Sie einen Moment lang dabei und untersuchen Sie, was noch alles mitschwingt.
3. Betrachten Sie als Nächstes, wie Sie reagieren. Was sagen Sie, wie sprechen Sie, was tun Sie? Wenn Sie sich auf einem Video-Film sehen würden, wie würden Sie Ihr Verhalten beschreiben?
4. Versuchen Sie eine Einschätzung zu bekommen, wie Ihre Wirkung ist. Fragen Sie sich, wie Ihr Verhalten beim Gegenüber ankommt. Was lösen Sie vermutlich bei ihm/ihr aus? Wenn Sie sich in Ihr Gegenüber hineinversetzen, wie geht es ihm/ihr vermutlich? Welche Wechselwirkung entsteht zwischen Ihnen beiden?

Coaching

Hintergründe einer Automatik erforschen

Ein häufiges Anliegen von Klienten ist, sich besser regulieren zu können. Sie erleben und beschreiben oft Zustände und Situationen, die sie besser beeinflussen, kontrollieren oder verändern wollen. Wenn sie schon alles Mögliche ausprobiert haben, aber immer wieder ins gleiche Fahrwasser geraten, es trotz Kommunikations- oder Entspannungstechniken, positivem Denken oder sonstigen Tricks nicht in den Griff bekommen, dann kann ein wirksamer Einstieg sein, den Automatismus genauer zu erforschen.

Wir kommen zurück auf das Beispiel von Gerd Berger. Angenommen, er hat dem Coach den typischen Ablauf der schwierigen Interaktion mit seinem Kollegen Roth erzählt und die beiden entscheiden, diesen unter die Lupe zu nehmen. Dann sind folgende Fragen eine hilfreiche Orientierung.

1. Coach: „Was ist für Sie besonders hinderlich / problematisch an dieser automatischen Reaktion? Wie empfinden und bewerten Sie hier Ihr Verhalten?“
Berger: „Was mich besonders ärgert ist, dass Roth nichts an seinem Verhalten ändert, obwohl ich es schon zigmal angesprochen habe. Und unser Vorgesetzter ist nicht bereit, unsere Zuständigkeiten klarer zu definieren.“

Oft spricht der Klient über Aspekte in der Außenwelt, auf die er keinen Einfluss hat. Dann sollte der Coach den Klienten auf die Erfahrung in der Situation zurückführen und ihn bitten, sich dabei auf die eigenen Empfindungen und Reaktionen zu fokussieren:
„Und wenn Sie noch mal Ihr eigenes Verhalten betrachten – wie bewerten Sie das? Was daran halten Sie für hinderlich oder problematisch?“
Berger: „Na ja, mir ist schon bewusst, dass meine Vorwurfshaltung ihn anstachelt, sich zu rechtfertigen. Ich weiß, dass ich weniger allergisch reagieren müsste. Schließlich würde ich mich aus Roths Augen auch oft als Bremser und Bedenkenträger sehen.“

2. Coach: „Wie hilft Ihnen Ihre Reaktion in diesem Moment? Was für Vorteile hat sie? Was befürchten Sie, könnte passieren, wenn Sie diese Reaktion nicht hätten?“
Berger: „Wenn ich nicht auf meiner Position beharren würde, dann würde ich vielleicht nachgeben. Und außerdem zeige ich Roth, dass ich mir so was nicht gefallen lasse.“
Der Coach kann davon ausgehen, dass eine Automatik immer einen Sinn hat, dass es dafür gute Gründe gibt. Mit dieser Frage bekommt der Coach möglicherweise weitere wichtige Hinweise über die Ursachen der Reaktion. Berger ist es beispielsweise wichtig, sich für seine eigenen Interessen und Sichtweisen einzusetzen und sich gegenüber Roth abzugrenzen. Er befürchtet, dass er sich zu leicht „unterbuttern“ lässt. Der eingeschlagene Weg ist zwar nicht effektiv, aber die Absicht ist gut nachvollziehbar. Wenn der Coach mehr über die Hintergründe erfährt, kann er diese bei einer Lösungssuche mit berücksichtigen. Im Verlauf des Coachings können beide nach Wegen suchen, in denen Berger sich auf andere Weise durchsetzen oder abgrenzen kann.

3. Coach: „Was verstehen Sie über die Hintergründe Ihrer Reaktion? Was verstehen Sie nicht?" (Auslöser, Zusammenhänge, wunder Punkt, Ablauf usw.)
Berger: „Ich hatte schon mal eine Mitarbeiterin, mit der ich so was Ähnliches erlebt habe. Auch im privaten Umfeld kann ich schlecht damit umgehen, wenn mich jemand übergeht und mich vor vollendete Tatsachen stellt. Das kenne ich schon von mir. Was ich nicht verstehe ist, warum ich so abwertend und oberlehrerhaft werde."
Der Coach erfährt möglicherweise, dass es sich um etwas Grundsätzliches zu handeln scheint, dass der Klient auch in anderen Situationen so ähnlich reagiert. Manchmal wird dies dem Klienten auch erst durch die Fragen bewusst. Außerdem kann der Coach so sicherstellen, dass er sich auf die wesentlichen Aspekte konzentriert und das erforscht, wo die Neugier des Klienten liegt. Das sind eher die Bereiche, die dem Klienten noch unklar sind.

4. Coach: „Wie bewusst sind Ihnen der Ablauf und die Wirkung dieser automatischen Reaktion im Alltag? Was wäre anders, wenn Sie in diesen Situationen eine bessere Selbstwahrnehmung hätten und / oder früher wahrnehmen würden, was sich gerade anbahnt?"
Berger: „Na ja, ich kenne den ganzen Ablauf recht gut. Ich glaube schon, dass ich mich dabei beobachte. Aber was soll ich da machen?"
Da das Innehalten Voraussetzung für bewusste Selbstregulierung und Steuerung ist, ist es für den Coach wichtig, festzustellen, wie gut die Selbstwahrnehmung des Klienten ausgeprägt ist. Bekommt er den Moment mit, in dem der Automatismus startet? Bei vielen fällt die Antwort auf diese Fragen eher undifferenziert aus. Dann kann der Coach den Klienten bitten, sich in die Situation bewusst hineinzuversetzen:
„Herr Berger, mal angenommen, Sie würden in der Situation sehr schnell und deutlich wahrnehmen, wie es anfängt in Ihnen zu kochen und wie sich die oberlehrerhafte Seite meldet ... Versuchen Sie mal, sich das in so einer Situation konkret vorzustellen ... okay? Wie würden Sie jetzt reagieren? Was wäre anders?"
Berger: „Hm, also ich könnte wahrscheinlich deutlicher meinen Ärger ausdrücken, anstatt so vorwurfsvoll und belehrend zu werden."

5. Coach: „Was würden Sie in der Situation tun, wie würden Sie sich verhalten, wenn Sie diese automatische Reaktion nicht hätten? Mal angenommen, diese automatische Reaktion hätte sich in Luft aufgelöst, was wäre dann ein guter Weg?"
Berger: „Ich würde mich weniger abschotten. Ich könnte offener kommunizieren. Innerlich wäre ich nicht mehr so blockiert, ich könnte freier agieren."
Klienten gehen oft davon aus, dass der Coach ihnen dabei helfen kann, eine Lösung aus dem Dilemma zu finden. Das wird dann auch direkt so kommuniziert: „Ich habe keine Ahnung, wie ich mich da verhalten kann, was ich da noch tun kann!" Mit der Frage, wie er sich ohne die Automatik verhielte, lädt der Coach den Klienten ein, selbst danach zu suchen. Wenn ein Klient daraufhin immer noch sagt: „Keine Ahnung, ich stehe da wie vor einer Wand", wird deutlich, dass es tatsächlich notwendig ist, mit dem Klienten neue Wege zu suchen.

6. Coach: „Gab es ähnliche Situationen, in denen es Ihnen gelungen ist, damit anders und für Sie befriedigender umzugehen? Gab es Ausnahmen – Momente, wo der Automatismus nicht so ablief und sie ihn unterbrechen oder abschwächen konnten?"
Berger: „Ja, da fällt mir was ein. Vor ein paar Wochen. Da kam Roth in mein Büro und erzählte mir freudestrahlend, dass er für uns beide einen Kundentermin vereinbart hat. Wir haben

schon lange versucht, bei diesem Kunden einen Auftrag zu bekommen. Da konnte ich mich mit ihm freuen und auch Wertschätzung ausdrücken. Dass er den Termin schon vereinbart hatte, ohne ihn mit mir abzustimmen, fand ich zwar unangemessen, aber der Ärger war weniger stark."
Der Coach kann diese Momente oder Situationen daraufhin mit dem Klienten näher erforschen. Wie die Fragen 5 und 7 zielt auch diese darauf ab, dem Klienten zu helfen, nach eigenen Lösungswegen zu suchen und ihn in seinen Ressourcen zu stärken. Zum Beispiel könnte er Berger in der Wahrnehmung und im Ausdruck von Anerkennung oder zumindest seiner Freude unterstützen.

7. Coach: „Was könnte Ihnen helfen, mit der automatischen Reaktion bewusster umzugehen? Was bräuchten Sie innerlich (z.B. eine andere Einstellung, sich Zeit lassen), was könnte Sie dabei unterstützen?"
Berger: „Ich müsste seine schnellen, spontanen Entscheidungen nicht immer so als gegen mich gerichtet empfinden. Dann könnte ich wahrscheinlich etwas offener und auf jeden Fall nicht so abwertend sein."
Der Coach kann bei dieser Frage länger verweilen und einige Antworten des Klienten mit ihm situativ durchspielen. Zum Beispiel in der Phantasie ausprobieren, wie es wäre, wenn Berger Roths Verhalten weniger persönlich nehmen würde. Oder was sich verändern würde, wenn er in dem Moment, wo sich die oberlehrerhafte Seite meldet, einen Moment lang innehielte. Und er könnte zurückkommen zu der Frage, wie er sich durchsetzen und wehren könnte, ohne Roth dabei zu provozieren.

Hinweis: Eine Reflexion und Klärung auf diese Weise kann schon zu einer Veränderung beitragen. Häufiger jedoch ist eine Erforschung ein guter Einstieg in einen längeren Coaching-Prozess. Dabei wird erst einmal deutlich, an welchen Aspekten noch gearbeitet werden muss. Zum Abschluss dieser Reflexion kann der Coach dem Klienten noch einen „Auftrag" mit nach Hause geben – zum Beispiel: Den Automatismus im Alltag genauer zu beobachten und sich bis zum nächsten Coaching ein paar Notizen zum Ablauf und zu seinem inneren Erleben zu machen.

3.

Emotionen und somatische Marker

„Mein Bauchgefühl sagt mir ..."
„Da zieht sich in mir alles zusammen."
„Das geht mir an die Nieren."
„Bei dieser Vorstellung wird mir ganz flau."
„Da stockt mir der Atem."
„Das sitzt mir im Nacken."
„Das zieht mich runter."
„Es juckt mir in den Fingern."

Wenn wir wissen wollen, wie es uns geht, brauchen wir nur auf unseren Körper zu achten. Das klingt simpel, ist aber oft nicht einfach – und: Es stimmt. Es stimmt, wenn man häufige Redewendungen untersucht, alltägliche Abläufe genauer beobachtet oder die moderne Hirnforschung heranzieht.

Gesunder Menschenverstand braucht Emotionen und Körperempfindungen

In den letzten Jahren schickt sich die Hirnforschung an, gewohnte Vorstellungen darüber, wie vernünftige Entscheidungen und überlegtes Handeln zustande kommen, einigermaßen über den Haufen zu werfen. Bis vor Kurzem galten Emotionen und Körper bei rationalen Entscheidungen oft als Hindernisse, deren Einfluss man möglichst minimieren sollte. Heute weiß man, dass Vernunft und rationales Handeln so gut wie immer auf emotionale Zentren im Gehirn zurückgreifen. Ist dieser Zugriff gestört, wie es bei bestimmten Krankheitsbildern der Fall ist, handeln Menschen nicht mehr so, wie man es mit einem „gesunden Menschenverstand" tun würde, obwohl sie denselben IQ haben wie vor der Erkrankung. Vor allem die Fähigkeiten, mit anderen angemessen umzugehen, Prioritäten zu setzen oder Risiken einzuschätzen, sind extrem beeinträchtigt.

Heute weiß man, dass Vernunft und rationales Handeln so gut wie immer auf emotionale Zentren im Gehirn zurückgreifen.

Besonders der amerikanische Arzt und Hirnforscher Antonio Damasio (2002) hat mit seinen umfangreichen Untersuchungen nachgewiesen, dass die Bedeutung von Emotionen und Körperreaktionen für eine gute Selbstführung so groß ist, dass man sie kaum überschätzen kann. Wie ist das zu verstehen? Die Frage nach besserer Selbstführung taucht vor allem dann auf, wenn jemand mit sich und seinem Handeln unzufrieden ist. Das kann von gelegentlich störenden automatischen Reaktionen über gewohnheitsmäßige Verhaltensmuster wie Ungeduld oder Konfliktvermeidung bis hin zu grundlegenden Lebenshaltungen wie Pessimismus oder Miss-

Die Bedeutung von Emotionen und Körperreaktionen für eine gute Selbstführung ist so groß, dass man sie kaum überschätzen kann.

trauen gehen. Auf der rationalen, bewussten Ebene ist es schwer ergründbar, wie solche Muster entstehen und die Erklärungen darüber sind oft unbefriedigend. Wenn eine Person zum Beispiel ihre pessimistische Einstellung mit schlechten Kindheitserfahrungen oder eine andere ihr ständig ungeduldiges Druckmachen mit ihrer Zielstrebigkeit begründet, so ist da sicherlich etwas Wahres dran – aber es beschreibt nur oberflächliche Zusammenhänge. Vor allem aber gibt es kaum Anhaltspunkte, ob und wie mit solchen Erklärungen eine Veränderung dieser Muster möglich wäre.

Nur wer seine Limitierung wahrnimmt, kann sich bewusst weiterentwickeln

Ein erfolgreicher junger Manager bemerkt seine ausgeprägte Ungeduld möglicherweise lange gar nicht. Im Job wird seine Leistungsorientierung von Vorgesetzten positiv bewertet. Erst wenn zwischenmenschliche Beziehungen schwierig werden, wenn er hört, dass sein Druck und seine Hast andere in seinem Umfeld stören und kaum mehr echte Intimität ermöglichen, fängt er an, darüber nachzudenken. Wenn er keine gute Selbstwahrnehmung hat, bekommt er jedoch auch dann die Momente nicht mit, wenn er andere unterbricht, überfährt, Druck macht. Erst durch ihre Reaktionen – wenn seine Frau ihn bremst, die Kinder anfangen zu quengeln oder Freunde sagen: „Mach doch mal langsamer!“ – wird ihm bewusst, dass er schon wieder so ungeduldig ist.

Eine entscheidende Frage für jede persönliche Veränderung ist: Wie bemerkt und beeinflusst man problematische Muster? Und wie nimmt man die entstehenden Impulse wahr, bevor sie zur Ausführung kommen. Automatismen geschehen so schnell, Gewohnheiten sind so eingeschliffen, dass man sich währenddessen wenig Gedanken über das eigene Verhalten macht. Und auch wenn unser Manager anfinge, über sein Gefühl von Ungeduld nachzudenken, ist sein Reden längst schon schnell und drängend geworden. Er kann dann bestenfalls versuchen, sich abzubremsen, wieder langsamer und geduldiger zu werden. Aber auf den Gesprächspartner hat er bereits gereizt und unwirsch gewirkt. Der Ansatz, das eigene Denken zu beobachten, ist zwar hilfreich, setzt aber recht spät ein und reicht meistens nicht aus.

Entscheidend für jedes Verhalten sind Körpersignale

Damasio hat schlüssig nachgewiesen, wie eng spezifische körperliche Veränderungen mit Emotionen und Stimmungen verknüpft sind und wie sie gleichzeitig mit ihnen auftreten. Die vielen Redewendungen, die diesen Zusammenhang widerspiegeln, können wir als naturwissenschaftlich bestätigt betrachten. Vor lauter Freude schlägt das Herz höher, der Druck macht Kopfzerbrechen, vor Schreck stockt der Atem, die emotionale Verletzung ist wie ein Schlag, die Angst zieht einem den

Körperliche Veränderungen sind so eng mit Emotionen und Stimmungen verknüpft, dass sich der innere Zustand bereits im Körper zeigt, noch ehe man darüber nachdenken kann.

Boden unter den Füßen weg. Bemerkenswert ist auch die Tatsache, dass der innere Zustand sich bereits im Körper zeigt, bevor man darüber nachdenken kann. Deshalb machen Menschen oft einen Quantensprung in der Wahrnehmung eigener Muster, wenn sie beginnen, körperliche Signale genauer zu beobachten. So wie Gabi Taler sich durch die Wahrnehmung ihrer zusammengefallenen Körperhaltung selbst auf die Spur kommen konnte, so können viele ihr Befinden nur bemerken, wenn sie für einen Moment achtsamer werden. Die Fähigkeit zur Selbstwahrnehmung lässt sich weiterentwickeln und mit entsprechender Übung können Handlungsimpulse schon vor ihrer Umsetzung bemerkt werden.

Um zu verstehen, weshalb körperliche Veränderungen und Emotionen so eng zusammenhängen, muss man sich über die zentrale Bedeutung von Emotionen im Klaren sein. Jedem Handeln gehen emotionale Einschätzungs- und Entscheidungsprozesse voraus. Diese emotionale Steuerung ist im Laufe der Evolution entstanden, um höher entwickelten Lebewesen wie Säugetieren oder Vögeln ein besseres Überleben bei sich wandelnden Umweltbedingungen zu ermöglichen. Ergänzend zu angeborenem und unveränderlichem Instinktverhalten steuern Emotionen grundlegende Regulierungs- und Lernprozesse flexibler, als genetisch verankerte Verhaltensautomatismen das je könnten.

Emotionen wirken – bei jedem Verhalten und allem Lernen

Biologisch dienen Emotionen dazu, auf unterschiedlichste Auslöser eine jeweils passende spezifische Reaktion hervorzurufen und den Körper darauf einzustellen, dass er für das entsprechende Handeln sofort vorbereitet ist (Damasio 2002, S. 71). Fühlt man sich beispielsweise bedroht, dann entscheiden die emotionalen Bereiche des Gehirns in Sekundenbruchteilen über die Reaktion des Organismus – bei Gefahr etwa darüber, ob man flüchtet, kämpft oder sich tot stellt. Dies ist so fest verankert, dass es sich nicht verhindern lässt. Egal, ob dies in einem Gespräch, im Straßenverkehr oder nachts im Wald geschieht – Emotion und Körper reagieren. Der Hauptunterschied zwischen Menschen und Tieren liegt darin, dass die meisten von uns gelernt haben, den Ausdruck ihrer Emotionen zu minimieren und die zugehörigen Handlungsimpulse zu unterdrücken.

Nun ist es jedoch so, dass wir Menschen uns in der gleichen Situation unterschiedlich bedroht fühlen – und entsprechend anders reagieren. Hier spielt eine weitere große evolutionäre Errungenschaft der emotionalen Steuerung eine Rolle: Emotionen sind die Grundlage des Lernens. Jede Erfahrung wird emotional ausgewertet und, wenn die Gefühle dabei stark genug waren, in der Erinnerung festgehalten. Je intensiver die Gefühle, desto größer ist die Bedeutung. Der deutsche Hirnforscher Gerhard Roth stellt fest, dass „Dinge umso besser erinnert werden, je deutlicher sie von emotionalen

Zuständen begleitet waren“ (2003, S. 303). Wir erinnern uns leichter an emotional intensive Erlebnisse, an Momente, die uns tief berührt, bewegt oder erschüttert haben. Die meisten Leser erinnern sich ziemlich sicher an den 11. September 2001 und wissen auch heute noch genau, wo sie die Nachricht über die Anschläge das erste Mal hörten und was sie danach taten. Solche Erlebnisse prägen sich stark ein und können jahrzehntelang in Erinnerung bleiben.

Wir erinnern uns leichter an emotional intensive Erlebnisse, an Momente, die uns tief berührt, bewegt oder erschüttert haben.

Das emotionale Erfahrungsgedächtnis ist immer dabei

Da Erfahrungen, Emotionen und Lernen so eng verbunden sind, lag es für Gerhard Roth (2003) nahe, die Bereiche des Gehirns, die mit diesen Verknüpfungen zu tun haben, emotionales „Erfahrungsgedächtnis“ zu nennen. Das ist zwar keine anatomisch sauber abgrenzbare Struktur, aber eine sinnvolle Bezeichnung für eine Funktion, die praktisch ununterbrochen unser Leben regelt. Das emotionale Erfahrungsgedächtnis bewertet ständig alle Geschehnisse. Dies geschieht durch den blitzschnellen emotionalen Vergleich der gegenwärtigen Situation mit früheren Erfahrungen unter ähnlichen Umständen. Und genau das ist die eigentliche Grundlage des alltäglichen Handelns. Wenn wir beispielsweise gegenüber einem Menschen, den wir neu kennenlernen, spontane Sympathie empfinden oder sehr schnell misstrauisch werden, so hat das mit unseren früheren emotionalen Erfahrungen mit Menschen zu tun, die ähnlich wirkten – in Aussehen, Mimik, Gestik, Verhaltensmustern und, meist unbewusst, durch ihren Geruch. Diese emotionale Bewertung von Vorstellungen ist immens wichtig. Nur so lassen sich komplexere Herausforderungen und wichtige Entscheidungen gut bewältigen. Bei schwierigen Fragestellungen oder Lebensentscheidungen werden alle Gedanken, die wir dazu haben, immer auch emotional abgewogen und entsprechend für sinnvoll gehalten oder verworfen. Es ist geradezu ein Symptom geschädigter emotionaler Verarbeitungsmechanismen, wenn wir nicht mehr vernünftig priorisieren können, unser „Bauchgefühl“ nicht mehr zur Verfügung steht. Das heißt natürlich nicht, dass bewusstes Reflektieren und rationales Abwägen weniger wichtig wären. Denn möglicherweise ist der Mensch, der uns spontan nicht vertrauenswürdig erscheint, beim näheren Kennenlernen äußerst zuverlässig und sympathisch. Zu der Bedeutung der Ratio bei der Selbstführung kommen wir gleich noch.

Übrigens reagiert das emotionale Erfahrungsgedächtnis nicht nur auf äußere Situationen, sondern auch auf innere Vorgänge. Wenn jemand zum Beispiel am Wochenende während eines Spazierganges unvermittelt an eine Präsentation denkt, die er in der kommenden Woche halten muss, kann er garantiert die entsprechenden emotionalen und körperlichen Reaktionen erfahren. Fühlt er sich nicht gut vorbereitet, dann breitet sich möglicherweise ein Engegefühl in der Brust oder ein unsicheres, flaues Gefühl im Magen aus, begleitet von Sorgen wegen einiger unsympathisch wirkender oder überkritischer Zuhörer. Wenn der Gedanke an den Auftritt jedoch mit Vorfreude erfüllt ist, reagiert der Körper spontan mit einem Empfinden von Leichtigkeit und Weite, tieferem Atem, vielleicht entsteht sogar ein leichtes Lächeln und man fühlt sich beschwingt. Das Innere reagiert sofort – nur aufgrund einer Vorstellung.

Wie zwischen Emotionen, Denken und Handeln vermittelt wird

Das emotionale Erfahrungsgedächtnis veranlasst über Nervenimpulse und Hormonausschüttungen kleinere oder größere körperliche Veränderungen.

Es ist faszinierend, was unser Organismus da leistet. Ständig laufen solche emotionalen Einschätzungs- und Anpassungsprozesse ab. Je nach Herausforderung veranlasst das emotionale Erfahrungsgedächtnis über Nervenimpulse und Hormonausschüttungen kleinere oder größere körperliche Veränderungen. Das kann eine Modifikation des Atems, der Muskelspannung und der Durchblutung in Bauch, Brustraum oder Gesicht und vieles mehr sein. Bemerkenswert ist: Erst diese körperlichen Veränderungen signalisieren dem Gehirn, was gerade für den Organismus wesentlich ist. Grob gesagt, bedeuten angenehme Körpersignale: „Weiter so!“ und unangenehme: „Nur weg hier!“ Emotionen beeinflussen also vor allem über den Körper unser Denken und Handeln. Und sehr oft handeln wir entsprechend – ohne groß darüber nachzudenken. Tatsächlich sind wir uns dieses Ablaufs gar nicht bewusst. Denn ein Mensch kann Emotionen nicht direkt wahrnehmen. Es ist so wie bei einem Computer: Die Daten, die er berechnet, kann man auch nicht direkt wahrnehmen. Es erfordert einen Bildschirm, um die Ergebnisse abzulesen. Und die Projektionsfläche, auf der Emotionen abgebildet werden, ist der Körper. Seine Veränderungen sind relativ spezifisch verschiedenen emotionalen Zuständen zugeordnet. Das Gehirn braucht diese Spiegelung im Körper, um zu wissen, was das emotionale Erfahrungsgedächtnis gerade meint. Damasio (2002) bezeichnet deshalb den Körper als „Bühne der Emotionen“ und nennt die Veränderungen auf dieser Bühne „somatische Marker“ – weil sie körperlich (griechisch: soma – der Körper) markieren, was die Auswertung emotionaler Daten ergeben hat.

Die lässt sich gut beim Autofahren beobachten. Jeden Moment verändern sich die somatischen Marker, meist subtil, manchmal ganz deutlich – abhängig von kurzen Gefahrenmomenten, der Verlockung eines Überholmanövers, den Eindrücken aus einem Gespräch, der Musik aus dem Radio oder einfach durch den Lauf der eigenen Gedanken. Wie wir dann beim Fahren konkret handeln, z.B. bei einem Überholmanöver, wird in erster Linie von vorher abgelaufenen Emotionen und den zugehörigen Körpersignalen bestimmt. Ob wir in der Kolonne bleiben oder beim Beschleunigen entspannt oder aggressiv sind, das hängt vor allem von den unmittelbar vorhergehenden Emotionen ab – und die wurden vielleicht weniger vom Verkehr als von den anderen Einflüssen bestimmt. Manchmal muss man sich regelrecht kontrollieren, um vernünftig und angemessen zu fahren.

Bewusstes Management von Emotionen

Welche Rolle spielt dabei das rationale Denken? Gegenüber Säugetieren sind beim Menschen einige Bereiche, besonders in der vorderen Großhirnrinde, deutlich weiterentwickelt. Vor allem der präfrontale Kortex („Vorderlappen") ist maßgeblich beteiligt an unserem Bewusstsein und am logisch koordinierten Planen und Handeln. Hier erfolgt ein großer Teil der Integration unterschiedlichster Daten aus Sinneswahrnehmungen, Körperempfindungen, zeitlichen und räumlichen Zusammenhängen sowie persönlichen Erinnerungen. Er funktioniert wie ein „Arbeitsgedächtnis", das Informationen aufnimmt, verarbeitet und Handlungen anbahnt. Hier entsteht ein großer Teil des bewussten Wahrnehmens und Entscheidens des Menschen.

Was im präfrontalen Kortex geschieht, ist entscheidend für unser differenziertes, reflektiertes menschliches Sein. Von hier aus wird auch bewusst Einfluss genommen auf unsere emotionale Ansprechbarkeit. In gewissem Sinne kann der Vorderlappen die Erregbarkeit der emotionalen Bereiche im Gehirn dämpfen oder verstärken. Wir können uns beispielsweise gut zureden, Stimmungen oder spontane emotionale Reaktionen relativieren und Gedanken oder Vorstellungen bewusst steuern. Auch können automatische Reaktionen, die gerade schon angelaufen sind, hier wahrgenommen, gebremst und modifiziert werden. Statt einen Gegner anzuschreien oder gar körperlich zu attackieren, werden diese Impulse zu einem engagierten Argumentieren reduziert. Statt riskant zu überholen, bremst man sich.

Oder betrachten wir ein etwas komplexeres Beispiel: In einer einsamen Gasse kommt uns nachts eine Gruppe dunkel gekleideter Jugendlicher entgegen. Wahrscheinlich würden viele von uns „instinktiv" ausweichen. Aber der „Manager im Vorderlappen" ordnet die Situation schnell neu ein und vermittelt den emotionalen Zentren des Gehirns, dass diese Jungs wahrscheinlich ganz harmlos sind. Möglicherweise kommen dazu noch einige bewusste Erinnerungen an die eigene Jugend dazu und wie das so ist, abends angeheitert aus einer Kneipe zu kommen. Sicherheitshalber werden parallel ständig neue Hinweise ausgewertet – zum Beispiel, ob die Jugendlichen miteinander heiter im Gespräch sind oder die Aufmerksamkeit plötzlich auf einen selbst gelenkt wird – um zu entscheiden, wie die Situation zu handhaben ist. Erstaunlich ist: All das kann völlig unabhängig von einer bewussten Wahrnehmung geschehen. Würden wir in so einer Situation gefragt, weshalb wir einen Schritt zur anderen Straßenseite gemacht haben und dann doch auf dem gleichen Gehsteig weitergegangen sind, dann könnte es sein, dass wir uns an den ausweichenden Seitenschritt gar nicht erinnern.

Das emotionale Erfahrungsgedächtnis nutzen

Welche Komplexität in kurzer Zeit emotional verarbeitet wird, zeigt folgende Situation: Ein Mann, der zusammen mit einem Freund in einer Fußgängerzone unterwegs ist, wird von einer Frau um eine Spende für einen wohltätigen Zweck angesprochen. Ohne lange nachzudenken, ist er in wenigen Augenblicken entschieden, ob und was er ihr geben will. Wenn ihm zum Beispiel die Frau sympathisch vorkommt, er in guter Laune ist und den genannten Zweck unterstützenswert findet, dann zückt er seinen Geldbeutel. In Bruchteilen von Sekunden, ohne bewusste Reflexion, hat sein emotionales Erfahrungsgedächtnis dies abgewogen. Die wichtigsten Daten werden parallel zum eigentlichen Gespräch relativ grob, aber sehr schnell ausgewertet und eingeschätzt: ob genug Zeit da ist, sich aufhalten zu lassen, für wie vertrauenswürdig er diese Frau wirklich hält, ob es in Ordnung wäre, sich im Gespräch stören zu lassen, wie der Begleiter wohl reagiert, ob sich schnell passendes Kleingeld finden lässt und vielleicht noch manches mehr. Je nachdem, was die stärkste emotionale Resonanz hervorruft, wird entsprechend entschieden. Sehr differenziert können alle Details dieser Situation jedoch nicht erfasst werden. Aber immerhin: Würde das bewusste Gehirn alle Details, aus denen es diese Informationen erhält, differenziert addieren – wie Kleidung, Mimik, Sprachgebrauch, Sprachmelodie der Frau, die Vorerfahrungen mit dem genannten Zweck und das Verhältnis zu dem Freund sowie den gegenwärtigen Stand des Gespräches –, dann würde das ziemlich lange dauern.

Das emotionale Erfahrungsgedächtnis reagiert schneller als das Denken und bestimmt die meisten Alltagsentscheidungen.

Das emotionale Erfahrungsgedächtnis kann also große Mengen von Daten fast gleichzeitig verarbeiten und den Organismus zu einer Handlung veranlassen. Der Vorteil ist, dass dies schnell funktioniert, wenn auch auf Kosten von Genauigkeit. Denn der „Manager" im Vorderlappen bräuchte deutlich mehr Zeit, um die Situation differenzierter einzuschätzen. Die allermeisten Alltagsentscheidungen werden schnell und effektiv vom emotionalen Erfahrungsgedächtnis getroffen. Komplexere Entscheidungen werden von den rationalen Zentren des Gehirns anschließend überprüft und entweder bestätigt oder modifiziert. Der rationale Verstand ist vor allem wichtig, wenn für ein Problem noch keine Erfahrungen vorliegen – und wenn man Zeit zum Nachdenken hat. Dann werden Fakten gesammelt, mögliche Szenarien ausgearbeitet und diese wiederum mit Hilfe emotionaler Einschätzungen ausgewertet. Bei der Selbstführung kommt es auf die richtige Kombination von rationalem Verstand und emotionalem Erfahrungsgedächtnis an. Gute Selbstkenntnis, Selbstwahrnehmung und ein hohes Maß an Geistesgegenwärtigkeit sind dabei von Vorteil.

Aufgrund des Aufbaus des Gehirns können wir unsere Emotionen nicht verhindern, aber wir können sehr wohl beeinflussen, wie wir mit ihnen umgehen.

Zusammengefasst lässt sich feststellen: Aufgrund des Aufbaus des Gehirns können wir unsere Emotionen nicht verhindern, aber wir können sehr wohl beeinflussen, wie wir mit ihnen umgehen. Über die somatischen Marker können wir lernen, vorher unbewusste Emotionen besser wahrzunehmen. Wir können so etwas wie ein „Frühwarnsystem“ entwickeln. Ein Zusammenziehen im Bauch kann uns davor warnen, dass wir kurz davor stehen, uns automatisch zu rechtfertigen; das Fallenlassen der Schultern und Einknicken im Brustbereich kann uns signalisieren, dass wir dabei sind, zu schnell innerlich aufzugeben. Sobald wir besser fühlen, was in uns abläuft, können wir Gewohnheiten überprüfen und Automatismen früher modifizieren.

Vergleich von rationalem Verstand und emotionalem Erfahrungsgedächtnis

	Rationaler Verstand	Emotionales Erfahrungsgedächtnis
Entscheidungen	Brauchen Zeit und können sehr differenziert sein (Fakten sammeln und auswerten).	Gehen sehr schnell, sind aber häufig ungenau.
Lernen	Geht bei kognitiven Inhalten schnell, wenn etwas Neues verstanden wurde. Hat wenig Einfluss auf Handlungsroutinen.	Dauert lange, braucht intensive Erfahrung und / oder häufige Wiederholung. Wirkt dann sehr nachhaltig.

Selbst-Coaching

Körpersignale kennenlernen

Zweck: Wahrnehmen, wie Emotionen und Körpersignale zusammenhängen.
Grobstruktur: Spielerische Phantasievorstellung mit Körperwahrnehmung.
Zeitbedarf: 10 bis 15 Minuten.

Mit dieser kleinen Übung können Sie versuchen, an sich selbst das unmittelbare Reagieren von Emotionen und Körpersignalen zu beobachten.

Da es für das emotionale Erfahrungsgedächtnis relativ egal ist, ob ein Ereignis real in der Umwelt oder nur in der Phantasie geschieht, können Sie jede beliebige Vorstellung herholen und verfolgen, wie Ihr Körper jeweils reagiert.

- Nehmen Sie vielleicht das Bild eines Strandes am Meer.
- Und stellen Sie sich jetzt vor, dort zu sein. Es ist ein herrlicher, warmer, sonniger Sommertag, eine leichte, angenehme Brise weht und das Wasser glitzert in der Sonne. Sie hören das rhythmische Kommen und Gehen der Wellen, das Rufen von Möwen in der Ferne und hinter Ihnen das leichte Rauschen von Palmen im Wind.
- Nehmen Sie sich ein wenig Zeit, bei dieser Vorstellung zu verweilen, und beobachten Sie, wie sich vielleicht Ihr Atemrhythmus verändert, wie der Spannungszustand im Brust- und Bauchbereich, im Rücken und Nacken reagiert, was mit Ihren Gesichtsmuskeln passiert.

Ein kleiner Hinweis: Wenn Sie in Ihrem Leben eine bedrohliche Situation am Meer erlebt haben, dann kann diese Vorstellung natürlich von anderen Empfindungen begleitet sein, als wenn das Meer vor allem mit Urlaub und Entspannung verknüpft ist.

Oder nehmen Sie noch ein anderes Beispiel:

- Stellen Sie sich für einen Moment vor, Sie sind mit jemandem in einem Gespräch.
- Auf einmal, recht unvermittelt, wird Ihr Gesprächspartner lauter und eindringlicher. Er unterbricht Sie, redet intensiv auf Sie ein und wird zunehmend aggressiver.
- Was passiert jetzt spontan in Ihrem Körper?

Wenn Sie diese kleinen Übungen mitgemacht haben, konnten Sie wahrscheinlich bemerken, wie eng Gedanken, Stimmungen, Gefühle und Körper zusammenhängen.

Frühwarnsystem entwickeln

Wenn Sie wollen, können Sie sich jetzt noch eine automatische Reaktion in Ihrer Phantasie herholen und die dabei auftretenden somatischen Marker genauer untersuchen. Was geschieht von Moment zu Moment in Ihrem Körper? Versuchen Sie, genauer wahrzunehmen, was die allerersten körperlichen Reaktionen sind, wenn die Automatik beginnt, sich anzubahnen. Achten Sie dabei zum Beispiel auf Ihren Atem, Körperspannungen, Körperhaltung, Temperaturempfinden, Enge oder Weite, Stimmlage, mimische Gesichtsmuskulatur. Diese somatischen Marker können im Alltag wie ein Frühwarnsystem wirken und Ihnen signalisieren, wenn Sie in Gefahr kommen, in eine automatische Reaktion hineinzugeraten.

Coaching

Weil automatisierte Verhaltensweisen im Gehirn vor allem emotional gesteuert werden, ist es nur begrenzt wirksam, im Coaching lediglich mit kognitiven und verbal orientierten Verfahren an einer Verhaltensänderung zu arbeiten. Wesentlich für Veränderungen ist, dass die beteiligten emotionalen Zentren einen gewissen Erregungsgrad benötigen, um etwas Neues zu lernen. Größere emotionale Beteiligung bewirkt die Ausschüttung neuroplastischer Signalstoffe, durch die neue synaptische Verknüpfungen gebildet werden. Da viele Klienten jedoch eher rational ausgerichtet sind, braucht ein Coach Einfühlungsvermögen, Menschenkenntnis und ein breites Repertoire, um einem Klienten zu helfen, sich auf diese emotionale Ebene einzulassen. Eine gute Möglichkeit, den Zugang zur Innenwelt sicher zu steuern und die Wahrnehmung des Klienten mehr auf seine Gefühle zu lenken, ist der Körper.

Accessing: Die Wahrnehmung des Körpers bei automatischen Reaktionen

Folgendes Beispiel zeigt, wie der Körper einbezogen werden kann, um die Wahrnehmung nach innen auszurichten und um die Hintergründe einer automatischen Reaktion aufzudecken. Jochen Scholl leitet ein hoch aufgehängtes Projekt in einem Automobilkonzern. Sein Ehrgeiz, sein analytischer Verstand und seine ruhige, freundliche Art haben Scholl bereits mit 32 Jahren zu hohem Ansehen bei Kollegen und Vorgesetzten und zu seiner jetzigen verantwortungsvollen Aufgabe verholfen. Er sucht jetzt einen Coach auf, weil er in seinem Projekt an Grenzen stößt und sich zunehmend frustriert und hilflos fühlt. Immer dieselbe Situation – immer dieselbe Reaktion. Auslöser sind ein paar Kollegen, die Termine oder Vereinbarungen nicht einhalten. Wenn Scholl die Kollegen in der Projektsitzung auf die gemeinsame Verabredung hinweist, weichen sie aus: „Das habe ich anders in Erinnerung ..." oder: „Ja, darüber haben wir diskutiert, aber es war nicht fest vereinbart ..." Scholl befürchtet, an Autorität zu verlieren. Ihn stört es zunehmend, dass er in diesen Situationen alles sachlich noch mal erklärt, immer freundlich bleibt und nicht in der Lage ist, „auf den Tisch zu hauen". Erschwerend kommt hinzu, dass er in dem Kreis einer der Jüngsten ist. Er vermutet, dass seine sachliche Reaktion auf die Älteren wie Schwäche wirkt. Er entscheidet sich für ein Coaching – mit dem Anliegen, emotionaler und deutlicher aufzutreten.

Der Coach schlägt vor, dass er sich eine typische Situation innerlich herholt und sie wie in Zeitlupe ablaufen lässt. Er bittet ihn, dabei genau auf seinen Körper zu achten und – auch während des Sprechens – mit der Wahrnehmung nach innen gerichtet zu bleiben.

Coach: „Lassen Sie sich in diese Situation eintauchen ... insbesondere in den Moment, wo einer dieser Kollegen so eine typische Aussage bringt. Lassen Sie sich den Gesichtsausdruck von Herrn X sehen und bemerken Sie dann, was genau in Ihnen passiert. Was können Sie körperlich wahrnehmen?"
Klient: „Da zieht sich etwas zusammen. Ich kann es nicht fassen, dass der so reagiert."
C: „Was passiert noch? Bleiben Sie bei dem Gefühl."
K: „Im Bauch, da braut sich was zusammen."

C: „Was für eine Gefühlsqualität schwingt da mit?“
K: „Das ist eine richtige Wut. Die spüre ich sonst nicht so deutlich!“
C: „Ok, bleiben Sie bitte bei dieser Wut, nicht verändern, einfach noch ein bisschen deutlicher wahrnehmen ... Was passiert als Nächstes?“
K: „Irgendetwas in mir lehnt den Ärger ab. Wie eine Stimme, die sagt: „Lass dich nicht provozieren. Das bringt doch eh nichts.“ Scholl schaut den Coach sehr erstaunt an und fährt dann fort: „Ja, genau, und in der Situation fange ich dann an, den Leuten zu erklären, was wir verabredet hatten. Es ist fast so, das spüre ich jetzt deutlich, als ob ich mich rechtfertige. Fühlt sich ziemlich defensiv an! Ohne Grund!“
C: „Da scheint es also eine Stimme, eine Seite in Ihnen zu geben, die sich erklären muss?“
K: „Ja, stimmt. Das kenn' ich gut.“
C: „Wo spüren Sie denn das im Körper?“
K: „Interessant ... ich bin mit meiner Energie mehr im Kopf, spüre meinen Körper nicht mehr so deutlich.“
C: „Bleiben Sie dabei ... lassen Sie sich genauer wahrnehmen: Wie fühlt es sich an, während Sie sich erklären?“
K: „Da ist noch was ... das bemerke ich sonst gar nicht. Im Bauch spüre ich so was Mulmiges, nur ein Hauch, ganz diffus ...“
C: „Ok, ist das an der Oberfläche oder tiefer innen im Bauch?“
K: „Hmm, eher tief, irgendwie weit entfernt.“
C: „Dieses mulmige, diffuse Gefühl im Bauch, ist das von der Empfindung her eher hart oder weich?“
K: „Weich, aber ich spüre auch so ein Zusammenziehen dabei.“
C: „Und schwingt da gefühlsmäßig etwas mit? Wie fühlt sich das Zusammenziehen an?“
K (langsam sprechend): „Irgendwie besorgt ... vielleicht auch etwas unsicher.“
C: „Etwas in Ihnen fühlt sich unsicher?“
K: „Ja genau. So in Frage gestellt.“

Wesentlich in diesem Vorgehen ist das Aufspüren der körperlichen Signale. „Zusammenziehen“ scheint hier eine wichtige Körperempfindung zu sein, denn es taucht gleich zu Beginn der Exploration auf und später wieder. So bittet der Coach Herrn Scholl, noch mal zu dem Moment zurückzukehren, wo er den provozierenden Satz hört – und dabei besonders auf die erste körperliche Reaktion, das Zusammenziehen, zu achten. Als Scholl die Situation ein zweites Mal innerlich durchspielt, erkennt er, dass mit dem Zusammenziehen eine Verunsicherung einhergeht. In der Besprechung mit dem Coach wird ihm der Ablauf noch bewusster: Zuerst spürt er einen Anflug von Unsicherheit, gefolgt von Ärger – und dann fängt er an zu erklären und spürt dabei die ursprünglichen Gefühle nicht mehr. Die Argumentation ist aber wirkungslos, weil sie unemotional hervorgebracht wird und defensiv klingt – gefärbt von dem Gefühl der Unsicherheit und des sich in Frage gestellt Fühlens.

Scholl kommt zu einer wichtigen Erkenntnis: „Ich glaube, wenn ich mich nicht so unsicher fühlen würde, könnte ich meinen Ärger eher zeigen. Weil ich mich in der besagten Situation in Frage stelle nach dem Motto: ‚Vielleicht hast du's nicht klar genug ausgedrückt‘ – was mir bislang so nicht bewusst war –, fühlt es sich nicht angemessen an, ärgerlich zu werden. Obwohl es, vernünftig betrachtet, absolut richtig wäre.“

Diese Art, das Erleben zu erforschen, stammt aus der Hakomi – Erfahrungsorientierte Körperpsychotherapie (Kurtz 1988) und wird „Accessing" (Zugang schaffen) genannt. Die Fragen haben primär den Zweck, Klienten achtsamer werden zu lassen. Es geht darum, beim gegenwärtigen Erleben zu verweilen und so genau wie möglich den Körper sowie vorherrschende Gefühle, Gedanken und Impulse wahrzunehmen und sie näher zu erforschen. Dieses Vorgehen erschließt oft erstaunlich leicht und schnell die Bedeutung, die eine bislang unbewusste Reaktion für eine Person hat. Da die Fragen nicht rational beantwortet werden sollen, sondern zum Nachfühlen einladen, muss der Coach darauf achten, dass weder er noch der Klient nach logischen Zusammenhängen suchen. Entscheidend ist auch, dass er dem Klienten genug Zeit lässt, tiefer nach innen zu spüren. Gesprächspausen, eine etwas langsamere und ruhige Sprache sowie ein interessiert-fragender Tonfall schaffen dafür gute Bedingungen

Körperliche Signale und Selbststeuerung

Der Körper ist nicht nur ein guter erster Zugang, um herauszufinden, was innerlich genau passiert. Entscheidende Körperreaktionen können auch als Bezugspunkt für eine bessere Selbststeuerung genutzt werden. Dazu bittet der Coach Herrn Scholl zunächst, noch einmal zur Ausgangssituation zurückzukehren und sich dabei die „Knotenpunkte" – die relevanten Auslösemomente für das Verhalten – genauer zu betrachten: Wo sich etwas im Leib zusammenzieht und er sich unsicher fühlt, wie er den sich aufbauenden Ärger im Bauch spürt und wo er bemerkt, dass er sich vom Körper abgeschnitten fühlt. Scholl sucht diese Momente innerlich auf und folgt der Anweisung des Coaches, sich die jeweiligen Körperreaktionen und Gefühlsqualitäten genauer einzuprägen. Diese Empfindungen können ihm in Zukunft als „Warnsignale" dienen und ihn an ein anderes Verhalten erinnern. Scholl müsste künftig mit der Selbststeuerung bei dem Moment ansetzen, wo er die Unsicherheit im Bauch bemerkt. Der Coach bittet ihn noch einmal, das Zusammenziehen und das Unsichere zu spüren und dabei zu verweilen, ohne etwas zu verändern. Scholl hat anfangs Mühe, dieses unangenehme Gefühl nicht sofort wegzuschieben, aber dann gelingt es ihm, es mehr anzunehmen. Auf die Frage, wie es sich anfühlt, diese negativen Empfindungen zu akzeptieren, antwortet Scholl: „Ich fühle mich irgendwie zentrierter, deutlicher präsent im Körper." Diese Körperempfindung – sich zentrierter zu fühlen – kann Scholl sich jetzt als positiven Marker innerlich einprägen. Scholl erkennt: Wenn er seine empfindsame Seite annimmt, bekommt er seine Gefühle mehr mit. Und interessanterweise muss er dem sich anbahnenden Konflikt nicht mehr ausweichen. In der Vorstellung probiert er ein neues Verhalten aus, das sich wie von alleine aus dem anderen Zustand heraus entwickelt: Er sieht sich jetzt eher langsamer reagieren und, anstatt sich zu erklären, kann er seinen Ärger jetzt ansprechen: „Selbstverständlich haben wir das vereinbart! Es wundert mich sehr und ich kann es so nicht akzeptieren, dass Sie sich an unsere Verabredung nicht gehalten haben." Punkt. Keine Erklärung, keine Rechtfertigung. Jetzt ist der andere dran. Das fühlt sich gut an!

4.

Achtsamkeit und der innere Beobachter

„Ich konnte mir ruhig und entspannt zusehen, wie ich ...“
„Ich fühlte mich ganz in meiner Mitte.“
„Ich konnte mich wie von außen beobachten.“
„Ich fühlte mich in dem Moment ganz bei mir.“
„Da hatte ich den nötigen Abstand zu mir, um ...“
„Ich konnte die Wut in mir kommen sehen, und wie ich kurz davor war, ...“

Den meisten von uns sind Augenblicke vertraut, in denen wir uns wie von außen beobachten. Dies sind Momente, in denen wir mit etwas mehr Abstand als sonst wahrnehmen können, was gerade passiert und wie wir handeln. Wir schauen uns gewissermaßen beim Fühlen, Denken und Handeln zu. In diesem achtsameren Zustand scheint es so, als dehne sich die Zeit und alles verliefe etwas langsamer. Wir erleben uns dabei zentrierter und freier, sind weniger eingeschränkt und sehen mehr Wahlmöglichkeiten. Für die meisten sind dies eher Ausnahmesituationen. Die Regel ist vielmehr – wie Daniel Goleman es in seinem Bestseller *Emotionale Intelligenz* (1996) beschreibt: „Unsere Emotionen sind immer bei uns – aber wir selten bei ihnen.“ Die Praxis der inneren Achtsamkeit kann das grundlegend verändern. Man erwirbt damit die Fähigkeit, die Perspektive eines aufmerksamen „inneren Beobachters“ oder „Zeugen“ einzunehmen.

Der innere Beobachter

Zwei verschiedene Arten, einen Film zu erleben, lassen den Unterschied zwischen normalem Alltagsbewusstsein und achtsamer Selbstwahrnehmung deutlich werden:

Angenommen, man sieht im Fernsehen einen ausgesprochen spannenden Krimi. Er fesselt einen und man ist vollkommen eingetaucht in die Geschichte. Die Dramatik ist in den vergangenen Minuten zunehmend gestiegen, die Ereignisse spitzen sich zu. Die Musik weist darauf hin, dass wahrscheinlich gleich etwas Schreckliches passieren wird. Man sitzt wie gebannt vor dem Bildschirm, das Geschehen nimmt einen ganz mit. Der Körper ist angespannt, die Hände etwas schwitzig, das Herz klopft wie wild. Im Moment der höchsten Spannung schwingt man vielleicht sogar verbal mit, bestätigend: „Genau, weiter so!“ oder will warnend rufen: „Nein!“ In diesem Zustand ist man mit dem, was gerade passiert – mit den Ereignissen und den Personen – identifiziert.

Die andere Erlebensqualität ergibt sich aus der Perspektive des „inneren Beobachters". Die Reaktionen und Gefühle entstehen in gleicher Weise, aber parallel bleibt eine Wahrnehmung davon, wie man zunehmend aufgeregter wird und wie das Herz klopft. Man bemerkt, dass der Körper nach vorn gebeugt ist, dass die Spannung kaum auszuhalten ist und man am liebsten den Personen etwas Warnendes zurufen würde. Man bemerkt, wie sehr das Geschehen unter die Haut geht. Es wird einem bewusst, dass man fast vergessen könnte, dass es nur ein Film ist.

Hier ist man nicht vollkommen identifiziert mit dem Geschehen. Mit etwas innerem Abstand entsteht eine höhere Wahrnehmung von sich selbst. In diesem Zustand ist ein Teil der Aufmerksamkeit auch nach innen gerichtet, sie ist nicht völlig absorbiert von dem Film. In gewissem Sinn gibt es jetzt einen inneren Beobachter. Auf Alltagssituationen übertragen heißt das, dass wir den Lauf unserer Gedanken und unser Handeln beobachten können und mit mehr Achtsamkeit subtile, untergründige Signale wahrnehmen – insbesondere Signale, die bei der gewohnten Außenorientierung im Alltagsgeschehen eher untergehen.

Mit Achtsamkeit können subtile, untergründige Signale wahrgenommen werden, insbesondere diejenigen, die im Alltagsgeschehen eher untergehen.

Angesichts der üblichen Geschwindigkeit und Hektik im Alltag und dem Druck, oft schnell reagieren zu müssen, ist es eine große Herausforderung, mehr Achtsamkeit zu entfalten. Ständig stürmen Eindrücke, Reize, Aussagen, Anforderungen auf uns ein und wir müssen damit angemessen umgehen. Viele kennen das Phänomen, dass wir erst am Ende des Tages oder nach einem anstrengenden Gespräch bemerken, wie es uns geht. Erst mit Zeitverzögerung wird uns bewusst, wie angespannt, müde, zurückgezogen oder aufgekratzt wir uns fühlen. Da wir so gefordert sind, auf die Außenwelt zu achten und darauf zu reagieren, bleibt die Wahrnehmung für die Innenwelt auf der Strecke.

Eine große Herausforderung: langsamer werden

Wer auf seine Empfindungen und Reaktionen mehr achtgeben will, der muss seine Antennen häufiger nach innen ausrichten. Differenzierte Information über die eigene Innenwelt bekommt man nicht so nebenbei und „im Vorbeirauschen". Erst bewusstes und aufmerksames Schauen und Hinspüren machen den Unterschied. Folgender Vergleich mag das verdeutlichen:

Legt man eine Strecke, für die üblicherweise der Wagen benutzt wird, einmal mit dem Fahrrad oder zu Fuß zurück und betrachtet dabei wachsam und neugierig die Umgebung, wird man erstaunt sein, wie viele Dinge es zu entdecken gibt, die sonst aus Gewohnheit übersehen oder bei der schnellen Fahrt gar nicht wahrgenommen werden. Bezogen auf die Selbstwahrnehmung im Alltag heißt das: Man entdeckt mehr bei sich, wenn man die Geschwindigkeit verringert, verlangsamt und beim Gegenwärtigen verweilt.

Man entdeckt mehr bei sich, wenn man die Geschwindigkeit des alltäglichen Tuns verringert, verlangsamt und beim Gegenwärtigen verweilt.

Achtsamkeit heißt, das gegenwärtige Erleben bewusst und genau wahrzunehmen. Das ist für viele Menschen nicht so vertraut. Die meisten sind gewohnt, ihre Gefühle entweder zu ignorieren, indem man sie nicht wichtig nimmt, oder zu verdrängen, zum Beispiel durch Ablenkung. Auch das Rationalisieren von Gefühlen und das innerliche Abhaken sind häufig – so nach dem Motto: „Ist ja klar, dass diese Berge auf dem Schreibtisch Stress machen. Da muss man durch." Aber Stimmungen und Gefühle, die nicht bemerkt oder ernst genommen werden, wirken dennoch. Sie beeinflussen und steuern – oft ohne Bewusstsein davon – die Wahrnehmung und das Verhalten.

Verschiedene Tiefen der Selbstwahrnehmung

Das folgende Beispiel zeigt, wie unterschiedlich differenziert und ausgeprägt Selbstwahrnehmung sein kann. Herr Fuchs hatte am Nachmittag ein sehr unangenehmes Gespräch mit seinem Chef. Dieser hat ihm vorgeworfen, er würde in letzter Zeit auf die anderen Mitarbeiter und Kunden distanziert, weniger engagiert und gelegentlich auch abwesend wirken. Die unerwartete Kritik hat Herrn Fuchs so getroffen, dass er in der Situation kaum dazu Stellung nehmen konnte. Er sitzt jetzt in der S-Bahn, auf dem Weg nach Hause. Drei mögliche Varianten illustrieren die Unterschiede, wie er seinen inneren Zustand erleben kann und wie sich dies auf die Situation auswirkt:

1. Gefühle werden nicht oder kaum wahrgenommen

Das Gespräch hängt Herrn Fuchs noch nach. Er fühlt sich geschafft, möchte abschalten und vertieft sich in die Zeitung. Zu Hause reagiert er gereizt auf Frau und Kinder. Seine abweisende Art provoziert seine Familie, es spitzt sich zu und während des Abendessens fährt die Ehefrau ihn an: „Sag mal, kannst du deine Aggression nicht wo anders ausleben?!"

2. Gefühle werden teilweise wahrgenommen, auf Abstand gehalten und rationalisiert

Herr Fuchs nimmt wahr, dass er sich mies fühlt und schlecht gelaunt ist. Er spürt, wie ihn irgendetwas an der Art seines Chefs und im Ablauf des Gesprächs richtig ärgert. Er entscheidet sich, sich in die Zeitung zu vertiefen, um sich abzulenken und abzuschalten. Zu Hause angekommen, merkt er, wie gereizt und teilweise aggressiv er auf seine Frau und Kinder reagiert. Er sagt sich selbst, dass das, was ihn aufregt, nur Kleinigkeiten sind und die anderen „nichts dafür können". Kurz darauf entschuldigt er sich: „Es war ein schwieriger Tag heute" und zieht sich ins Wohnzimmer zurück.

3. Gefühle werden differenziert und achtsam wahrgenommen

Herr Fuchs reflektiert das Gespräch genauer und verweilt bei den Gefühlen, die es ausgelöst hat. Er nimmt wahr, wie ihn das Ereignis innerlich stark bewegt. Er lässt die Szene und die Kritik des Chefs noch einmal auf sich wirken und spürt, dass mehrere Gefühle gleichzeitig vorherrschen. Er fühlt sich enttäuscht, verletzt, verärgert und innerlich blockiert. Der Gedanke, wie ungerecht behandelt er sich fühlt, taucht immer wieder auf und damit der Wunsch, etwas richtigzustellen. Er ärgert sich, zu der – aus seiner Sicht ungerechtfertigten – Kritik nicht klar Stellung bezogen zu haben. Besonders stört ihn aber, wie er sich von den Aussagen des Chefs hat provozieren lassen. Es ist ihm sehr unangenehm, dass er sich sofort trotzig rechtfertigte, anstatt die kritischen Aussagen erst mal stehen zu lassen und sie dann souverän und sorgfältig zu hinterfragen. Er nimmt wahr, dass er die Erinnerung an das Gespräch nicht loslassen kann, ihm manche Aussagen nicht mehr aus dem Kopf gehen. Zu Hause angekommen, erzählt er relativ bald seiner Frau, wie stark ihn eine Auseinandersetzung mit dem Chef belastet und dass er sich gleich nach dem Abendessen noch ein paar Notizen für ein Nachfolgegespräch machen möchte.

Anwendungsmöglichkeiten für Achtsamkeit

Das normale Alltagsbewusstsein ist meist nach außen gerichtet und an den gegenwärtigen Tätigkeiten orientiert. Das ist auch sinnvoll und ermöglicht uns, vieles effektiv und schnell zu erledigen. Bei emotional schwierigen Situationen – in denen bessere Selbstführung gefragt ist – ist es allerdings limitierend. Innere Achtsamkeit bietet große Vorteile bei der Vor- und Nachbereitung von wichtigen Ereignissen und bei der bewussten Steuerung gegenwärtiger Herausforderung. Das Achtsamkeitstraining hilft, Selbstwahrnehmung und Achtsamkeit im Alltag nachhaltig zu erhöhen.

Achtsamkeit bietet große Vorteile bei der Vor- und Nachbereitung von wichtigen Ereignissen.

Vor- und Nachbearbeitung von wichtigen Ereignissen

Es gibt immer wieder Momente, mit denen man im Nachhinein unzufrieden ist und bei denen es sich lohnt, das eigene Verhalten besser zu verstehen. Achtsame Reflexion bietet dann die Möglichkeit, mehr über das zu erfahren, was eigentlich abgelaufen ist. Um Achtsamkeit herzustellen, wird die Aufmerksamkeit zuerst dem Körper und dem Atem zugewendet. Sobald die Wahrnehmung nach innen ausgerichtet ist, kann man genauer hinspüren, was einem der Körper und die Gedanken über den emotionalen Zustand vermitteln.

Wo im Körper meldet sich was? Was für eine Art von Empfindung ist das? Wie viel Raum nimmt das Gefühl ein? Was für eine Gefühlsqualität schwingt da noch mit? Wenn man die Erinnerung, das Bild, wirken lässt, was taucht da noch auf? Welche innere Stimme meldet sich da? Welche Seite der eigenen Persönlichkeit ist da getroffen?

Auch vor künftigen Herausforderungen kann man sich so auf die Situation innerlich vorbereiten. Was kann der innere Beobachter über die eigene Stimmung wahrnehmen? In welchem Zustand ist der Körper? Was für Gedanken herrschen vor? Mit welcher inneren Haltung geht man in das Gespräch? Was ist innerlich aktiviert oder entspannt?

Wichtig ist, dass man wirklich hinspürt und nicht darüber nachdenkt. Nachdenken gehört zum Alltagsbewusstsein, während Verweilen, Beobachten und Hinspüren Merkmale eines anderen Bewusstseinszustandes sind.

Bewusstere Steuerung gegenwärtiger Herausforderungen

Ein Mangel an Achtsamkeit bedeutet oft, dass eine Emotion, die unbemerkt entsteht oder schlagartig hochkocht, einen vollkommen vereinnahmt.

Der Unterschied von Achtsamkeit gegenüber dem Alltagsbewusstsein ist besonders bei automatischen Reaktionen entscheidend. Denn ein Mangel an Achtsamkeit heißt leider oft: Eine Emotion, die unbemerkt entsteht oder schlagartig hochkocht, kann einen völlig vereinnahmen. Mit seinen Gefühlen platzt jemand dann aggressiv heraus und reagiert unbeherrscht, zynisch oder trotzig. Achtsamer sein würde im Beispiel von Gerd Berger[1] bedeuten: Er bemerkt, wie sich im Bauch etwas empfindlich zusammenzieht und sein Gesicht heißer wird. Er spürt, dass er sich überrollt und ärgerlich fühlt. Er merkt, dass er kurz davor ist, in einen belehrenden Angriff zu gehen, aber er weiß gleichzeitig, dass es hilfreicher wäre, dies nicht zu tun. Diese präzise Wahrnehmung des gegenwärtigen Erlebens schafft die Voraussetzung dafür, dass er mit mehr Besonnenheit reagieren kann – wenn er das will!

Mit Achtsamkeit wird man von Gefühlen, Gedanken und Impulsen weniger vereinnahmt und kann gleichzeitig deren Informationsgehalt reflektierter in die bewusste Handlung einbeziehen.

Mit Achtsamkeit wird man von Gefühlen, Gedanken und Impulsen weniger vereinnahmt und kann gleichzeitig deren Informationsgehalt reflektierter in die bewusste Handlung einbeziehen.

Wann es sinnvoll ist, achtsam zu werden

Achtsamkeit kann für einen Augenblick, für ein paar Sekunden oder auch nur für den Bruchteil einer Sekunde andauern: ein kurzes Innehalten, bevor man den Telefonhörer abhebt, einen Raum betritt, eine Frage stellt oder eine Antwort formuliert. Zwei oder drei Atemzüge reichen manchmal schon aus, um geistesgegenwärtiger zu sein. Im Tun ist ein Teil der Aufmerksamkeit parallel nach innen gerichtet. Für einen Moment hält man das Wahrgenommene in der Schwebe. Man verweilt bei dem, was gerade

1 Seine automatische Reaktion haben wir im zweiten Kapitel betrachtet – im Anhang findet der Leser ein Personenverzeichnis, das ihn schnell zu den jeweiligen Beispielen führt.

vorherrscht, ohne es zu verändern oder zu unterdrücken. Mitten in einer automatischen Reaktion hält man innerlich an und schaut in sich hinein. Oft bewirkt das genauere Beobachten dessen, was gerade eben passiert, bereits eine Veränderung. So lässt sich mehr Abstand gewinnen, etwas inneren Spielraum und damit mehr Gelassenheit.

Die Achtsamkeit lässt sich auch auf ein oder zwei Minuten ausdehnen. Momente der Stille oder der Besinnung, die genutzt werden können, bevor man sich der nächsten Aktivität zuwendet. Nach einem herausfordernden Telefongespräch bleibt man noch für eine Weile sitzen und spürt nach, wie es wirkt, welche Spuren es hinterlässt. Bevor man zu der Verhandlung geht, nimmt man sich ein paar Minuten Zeit, nach innen zu lauschen und zu bemerken, welche Befürchtungen, Hoffnungen oder sonstigen Gefühle vorherrschen. Es gibt unzählige Momente, die genutzt werden können, um im Laufe des Tages auf sich selbst zu schauen, für sich selbst achtsamer zu werden. Je selbstverständlicher und häufiger dies praktiziert wird, desto mehr wird es zur Gewohnheit, mit sich selbst, seinen Gefühlen und den jeweils aktivierten Teilen der Persönlichkeit in Kontakt zu sein.

Bedeutung des Atems

Viele Menschen empfinden den Atem als hilfreiches Mittel, um achtsamer zu werden. Der Atemfluss, der Luftstrom in der Nase, das Echo des Atems im Körper sind fortwährend spürbar. Dies bewusst wahrzunehmen hilft, sich auf das Innere zu konzentrieren. Der Atem kann als Ruhepol und Ausgangspunkt für die Achtsamkeit dienen. Egal, ob man für einen kurzen Augenblick oder für ein paar Minuten achtsam ist, wichtig ist, in einer annehmenden, offenen Haltung sich selbst gegenüber zu sein. Das hilft, mehr Informationen über den gegenwärtigen Zustand für sich zugänglich zu machen. Es ist ganz normal, dass bewertende Gedanken auftauchen oder kritische Teile sich zu Wort melden – „Du bist viel zu nervös", „Schon wieder hast du dich in Gedanken verloren", „Der Atem ist so schnell und unregelmäßig". Dann beobachtet man offen und neugierig, was für eine Stimme das ist und wo sie herkommt. Es ist besser, unangenehme Zustände, wie Ungeduld, Konzentrationsschwierigkeiten, Druckgefühl nicht zu bekämpfen, sondern sie möglichst unvoreingenommen wahrzunehmen. Eine bewertende Haltung erhöht die innere Spannung, während eine neutrale oder interessierte Grundeinstellung eher entspannt. Apropos Entspannung: Entspannen ist nicht das Ziel von innerer Achtsamkeit! Die Wirkung kann zwar Entspannung sein, aber das Ziel ist vor allem, das Gegenwärtige besser wahrzunehmen und mehr Einsicht in sein Inneres zu bekommen.

Das Achtsamkeitstraining

Die konsequente Entfaltung von Achtsamkeit ist vergleichbar mit jedem anderen Training. Will man bestimmte Muskeln aufbauen, geht man ins Fitnessstudio. Lernt man eine neue Sportart, übt man bestimmte Bewegungsabläufe. Beginnt man, ein Musikinstrument zu spielen, fängt man mit Fingerübungen an. Will man sich besser beobachten und wahrnehmen, dann trainiert man den Geist, die inneren Vorgänge wahrzunehmen. Den größten Effekt erzielt man, wenn die Achtsamkeit als regelmäßige Übung zu einem festen Bestandteil des Tagesablaufs wird: Ein paar Minuten zu einer bestimmten Zeit und an einem geeigneten Ort. Unseren Seminarteilnehmern empfehlen wir fünf Minuten, die wie ein Ritual fest in den eigenen Tagesplan integriert sind. Das kann im Zug oder in der U-Bahn sein – auf dem Weg zur Arbeit oder zurück – auf dem Parkplatz, bevor man aus dem Auto steigt, natürlich auch zu Hause oder im Büro, wenn es hier die Möglichkeit gibt, ein paar Minuten ungestört zu sein. Manchmal bietet es sich an, Achtsamkeit an alltägliche Routinen zu koppeln: beim Hoch- oder Runterfahren des Computers, nach dem Duschen, Joggen oder Yoga-Übungen. Dann wird es zu einem täglichen Ritual und kann auch seine Langzeitwirkungen entfalten.

Achtsamkeit blickt auf eine lange Geschichte zurück. Diese und ähnliche Übungen werden seit mehr als 2500 Jahren im Buddhismus praktiziert. Die Praxis der Achtsamkeit stärkt übrigens auch die Gesundheit. Jon Kabat-Zinn (2006), Gründer der Stress Reduction Clinic und Professor für Medizin an der Universität Worcester, Massachusetts, ist international bekannt dafür, die Praxis der Achtsamkeit in die medizinische Betreuung zu integrieren. Seine Forschungen haben gezeigt, dass die tägliche Übung innerer Achtsamkeit die Körperabwehr stärken und zu einer deutlichen Stressreduzierung führen kann. Vor allem bei vielen schmerzhaften Krankheiten des Bewegungsapparates kann Achtsamkeit das Leiden subjektiv deutlich reduzieren und oft sogar Krankheitssymptome messbar verringern.

Wir kennen keine andere Methode, die so gut geeignet ist, die Selbstwahrnehmung zu trainieren, wie die regelmäßige Praxis von Achtsamkeit. Sie schult den Geist, mehr in der Gegenwart zu sein und sich zudem besser auf das innere Erleben ausrichten zu können. Das bewirkt eine differenziertere und sensiblere Selbstwahrnehmung im Alltag. Der Haupteffekt ist, dass der „innere Beobachter" sich früher und schneller einschaltet. Dies hat den großen Vorteil, dass negative Reaktionen leichter vermieden werden. Menschen, die regelmäßig Achtsamkeit praktizieren, haben bereits nach wenigen Wochen das Empfinden, gelassener und ruhiger zu sein – selbst dann, wenn in der Außenwelt der Druck zugenommen hat. Die differenziertere Wahrnehmung für sich selbst bewirkt eine höhere Präsenz und Geistesgegenwärtigkeit. Genau betrachtet, fängt man erst mit Achtsamkeit an, etwas wirklich zu „erleben" – vorher ist es eigentlich eher „passiert". Mit diesem Gewahrsein für die eigene Innenwelt wird man mehr „Herr oder Herrin im eigenen Haus".

Mit Gewahrsein für die eigene Innenwelt wird man mehr „Herr oder Herrin im eigenen Haus".

Selbst-Coaching

Reflexion: Achtsamkeit in Alltagssituationen

Zweck: Einige Situationen identifizieren, in denen mehr Achtsamkeit einen Unterschied machen könnte.
Grobstruktur: Schriftliche Reflexion.
Zeitbedarf: 20 Minuten.

Nehmen Sie sich etwas Zeit für eine Reflexion darüber, in welchen Momenten im Alltag Achtsamkeit hilfreich und realisierbar wäre. Machen Sie sich zu Ihren Ideen ein paar Notizen.

1. In welchen Situationen möchten Sie achtsamer sein? Was könnten Gelegenheiten sein, um für einige Augenblicke nach innen zu gehen? Wann wäre es gut, hin und wieder innezuhalten?
2. Wenn Sie in diesen Situationen achtsamer wären, was würde das bewirken? Was wäre dann anders, wie würden Sie sich fühlen oder verhalten?
3. Wenn Sie möchten, setzen Sie sich diese Achtsamkeit für diese Situationen zum Ziel. Stellen Sie sich vor, dass Sie in diesen Momenten achtsamer sind. Prägen Sie sich ein, bei welchem Punkt genau Sie innehalten und verlangsamen wollen.
4. Ist es für Sie eine erstrebenswerte und angenehme Vorstellung, sich fünf Minuten Zeit am Tag für innere Achtsamkeit zu nehmen? Wenn ja, was wäre eine gute Zeit und ein guter Ort dafür: Morgens oder abends, anlässlich von Übergängen, in Pausen, vor oder nach bestimmten Beschäftigungen wie Joggen, Musizieren, Zubettbringen der Kinder?
5. Sehen Sie vor Ihrem inneren Auge, wie Sie sich dafür Zeit nehmen und wo das sein wird.

Anleitung für die tägliche Praxis der Achtsamkeit

Zweck: Die Fähigkeit zur Achtsamkeit im Alltag langfristig erhöhen.
Grobstruktur: Konzentration auf den Atem und achtsames Wahrnehmen von Körperempfindungen, Gedanken und Gefühlen.
Zeitbedarf: 5 bis 10 Minuten.
Rahmen: Ungestört, möglichst ruhiger Platz, wo Sie bequem und aufrecht sitzen können.

Innere Achtsamkeit kann gelernt werden, kontinuierliche Entwicklung dieser Fähigkeit ist möglich. Die Praxis innerer Achtsamkeit kann mit einem Fitnesstraining verglichen werden. Durch dieses geistige Training wird die Wahrnehmungsfähigkeit geschult und eingeübt.

1. Nehmen Sie sich 5 bis 10 Minuten Zeit an einem Ort, wo Sie ungestört und nicht ansprechbar sind.

2. Machen Sie sich bewusst, dass Sie jetzt die Außenwelt loslassen und mit der Aufmerksamkeit für ein paar Minuten nach innen gehen.
3. Setzen Sie sich bequem und möglichst aufrecht hin. Sitzen ist besser als Liegen, weil im Liegen die Gefahr des Einschlafens höher ist.
4. Richten Sie die Aufmerksamkeit auf Ihren Körper. Nehmen Sie vom Körper wahr, was immer gegenwärtig zu spüren ist. Sie können auf verschiedene körperliche Empfindungen achten, zum Beispiel Ihre Körperhaltung, die Berührungen der Kleidung auf dem Körper, den Kontakt mit dem Stuhl, die Körperspannung in einzelnen Körperbereichen, das Wärme- oder Kälteempfinden auf der Haut, Druck- oder Engegefühl, Anspannung oder Entspannung, Herzschlag.
5. Lenken Sie dann die Achtsamkeit auf den Atem. Während Sie beim Atmen verweilen, beobachten Sie den Atemfluss, ohne ihn verändern zu wollen. Spüren Sie die Bewegung von Brust und Bauch oder den Luftstrom an der Nase und der Innenwand der Nasenlöcher. Versuchen Sie, diese konzentrierte Wahrnehmung des Atems aufrechtzuerhalten.
6. Während Sie sich auf den Atem konzentrieren, werden innerlich immer wieder Gedanken, Bilder, Gefühle, Körperempfindungen oder auch Impulse auftauchen. Versuchen Sie dabei, die Position des Beobachtens beizubehalten. Halten Sie die Wahrnehmungen nicht fest, versuchen Sie auch nicht, sie zu verdrängen, sondern nehmen Sie sie einfach zur Kenntnis.
7. Beobachten Sie in einer offenen, neugierigen Haltung, was gegenwärtig im Inneren geschieht. Wenn Gedanken oder Gefühle entstehen, ignorieren Sie sie nicht und unterdrücken Sie sie nicht. Es geht nicht darum, ihren Inhalt zu analysieren oder zu beurteilen. Stattdessen betrachten Sie, so gut Sie können, was von Moment zu Moment auftaucht.
8. Es wird sicher so sein, dass Sie immer wieder von Gedanken, Erinnerungen, Bildern oder Vorhaben so weggetragen werden, dass Sie sich eine Weile nur damit beschäftigen. Die Präsenz des „inneren Beobachters“ ist dann verlorengegangen. Das ist völlig normal. Wenn Sie merken, dass Sie so abgelenkt waren, kehren Sie einfach zum Atem zurück und konzentrieren Sie sich wieder auf die Beobachtung des Atemflusses – so lange, bis Sie das Gefühl haben, dass die Konzentration wieder etwas gefestigt ist. Dann können Sie die Achtsamkeit wieder für alle Wahrnehmungen in der Innenwelt öffnen.

Hinweis: Es ist der Normalfall, dass die Konzentration auf den Atemfluss schon nach wenigen Momenten wieder nachlässt. Dann ist es wichtig, die ablenkenden Gedanken nicht zu bekämpfen. Auftauchende Gefühle, Gedanken, Empfindungen oder körperliche Beschwerden werden bei der inneren Achtsamkeit nicht ausgeschlossen – im Gegenteil: Sie werden dann ins Gewahrsein gebracht.

Der Atem dient als inneres Beobachtungsobjekt, das immer zur Verfügung steht. Deshalb ist er ein geeigneter „Stützpunkt“, zu dem man jederzeit zurückkommen kann. Indem man sich bei jeder Ablenkung wieder darauf konzentriert, wird die Präsenz des „inneren Beobachters“ gestärkt.

Coaching

Mehr Achtsamkeit im Gespräch herstellen

Wir wollen an dieser Stelle erläutern, welche Bedeutung es hat, den Gesprächspartner und insbesondere einen Klienten zu mehr Selbstwahrnehmung anzuregen. Wenn Menschen von ihren Erfahrungen erzählen, dann sind sie in der Regel stark nach außen orientiert und sprechen weniger über sich selbst. Sie reden beispielsweise über die Vorgeschichte, die Bedingungen oder Ursachen von Schwierigkeiten, über Vereinbarungen oder sonstige Rahmenbedingungen. Sie erzählen wesentlich mehr darüber, wie die anderen sich verhalten, was diese meinen oder empfinden, was in der Abteilung oder in der Familie los ist, als darüber, wie es ihnen selbst geht. Wenn man nachfragt: „Was löst das in Ihnen aus?", kommt dazu meist nur eine kurze Antwort, verbunden mit einer längeren Erklärung, beispielsweise: „Das enttäuscht mich, denn wir haben etwas anderes verabredet. Und das passiert jetzt zum wiederholten Male. Er ist so unzuverlässig. Nie hält er Termine ein, ganz häufig kommt was dazwischen und dann findet er irgendwelche Gründe, um ..."

Eine einfache und unauffällige Art und Weise, die Wahrnehmung des anderen mehr nach innen zu lenken, ist, die Gefühle, die man erkennt, empathisch anzusprechen. Entscheidend ist, nicht nur den Worten zu lauschen, sondern vor allem die ganze Art und Weise wahrzunehmen, wie sich das Gegenüber mitteilt. Dann lässt sich viel von den emotionalen Zuständen und von dem, was die Person tatsächlich bewegt, erkennen. Da der Körper das innere Erleben nach außen spiegelt, kann man sich als Gegenüber meist recht gut auf die eigenen Wahrnehmungen verlassen. Die Gestik und Mimik, die Färbung des Gesichts, die Anspannung von Muskeln, das Zusammensacken der Schultern, das schnellere, lautere Sprechen und viele weitere Körpersignale sind wichtige Hinweise für das, was beim anderen innerlich vorherrscht. Wenn man diese Gefühle in einer neugierigen, offenen, fragenden Haltung anspricht – nicht analysierend, belehrend oder bewertend –, dann bewirkt das automatisch, dass der andere dafür etwas achtsamer wird. „Da reagiert etwas enttäuscht?", „Das macht Sie etwas ratlos, oder?", „Sie fühlen sich von ihr übergangen?", „Das ist für Sie sicher sehr belastend?"

Durch empathische Aussagen wandert der Fokus von den Inhalten und Fakten mehr zu den Gefühlen und inneren Problemursachen. Sie erhöhen zu einem gewissen Grad die Selbstwahrnehmung des anderen. Das geschieht vor allem dadurch, dass die Person „nach innen" gehen muss, um nachzuspüren: Fühle ich mich wirklich so? Oder anders? Und dieses kurze Hineinhorchen erhöht bereits die Selbstwahrnehmung. Außerdem signalisiert man dem anderen, dass es in Ordnung ist, mehr über die Gefühle zu erzählen. Empathische Aussagen sind eine Einladung, bei den gegenwärtigen Empfindungen zu verweilen. So kann man auf eine unauffällige Art und Weise seine Gesprächspartner oder Klienten dabei unterstützen, achtsamer zu werden.

Vorgehensweisen, die Selbstwahrnehmung fördern

Gerade im Beratungskontext kann es den Klärungs- und den Entwicklungsprozess sehr unterstützen, wenn der Coach frühzeitig versucht, beim Klienten gezielt und bewusst mehr Achtsamkeit herzustellen. Zum Beispiel kann er den Klienten während des Erzählens ermuntern, für einen Moment innezuhalten und seine Gefühle zu beobachten: „Wären Sie neugierig, mal genauer wahrzunehmen, was für eine Gefühlsqualität bei der Vorstellung des Scheiterns mitschwingt? Interessiert es Sie, bei dieser Befürchtung mal zu verweilen? Wie ist der Körper beteiligt? Was für Gedanken oder Bilder tauchen da auf? Sie können einfach mal beobachten und wahrnehmen, was da passiert."

Es kann notwendig sein, mit Klienten über den Sinn dieser Art des Vorgehens zu sprechen. Zum Beispiel, zu erläutern, dass wichtige Zusammenhänge sich leichter klären und verstehen lassen, wenn sie nicht nur abstrakt-mental erörtert, sondern körperlich-emotional erlebt und anschließend mental verarbeitet werden. Klienten lassen sich leichter auf Achtsamkeit ein, wenn sie verstehen, dass Langsamkeit und Körperorientierung eine genauere Selbstwahrnehmung und bessere Selbstführung bewirken.

Folgende Schritte können die Selbstwahrnehmung eines Klienten fördern

1. Achtsamkeit auf den Körper lenken, Körperwahrnehmung nutzen

- „Können Sie das im Körper bemerken?"
- „Achten Sie mal auf den Körper, verändert sich etwas, wenn Sie sich daran erinnern ...?"
- „Gibt es da eine körperliche Resonanz, während Sie davon berichten?"

2. In die Gegenwart kommen, das gegenwärtige Erleben ansprechen

- Aussagen, die die gegenwärtigen Emotionen widerspiegeln. Zum Beispiel: „Das regt Sie auch jetzt noch auf?", „Das enttäuscht Sie ...?", „Stimmt Sie nachdenklich?"
- Aussagen, die einladen, das Vergangene jetzt noch einmal zu durchleben. Zum Beispiel: „Es ist ganz gegenwärtig, wenn Sie wie jetzt davon erzählen?", „Die Enttäuschung ist auch jetzt spürbar, oder?"
- Mit Fragen nach dem Gefühlszustand – z.B.: „Wenn Sie da jetzt hinspüren/hindenken, was taucht auf ... was für ein Gefühl nehmen Sie wahr?"

3. Beim Gegenwärtigen verweilen

- „Interessiert es Sie, da mal zu verweilen ... mehr Information dazu zu sammeln?"
- „Wenn Sie das noch mal betrachten, was Sie eben beschrieben haben, was wirkt besonders ... wo zieht es Sie (gefühlsmäßig) hin ... was könnten die Knackpunkte sein ... wie geht es Ihnen gefühlsmäßig damit?"
- „Bleiben Sie doch mal bei der Spannung ... was können Sie noch bemerken ... was taucht da noch auf?

4. Das Interesse fokussieren

- „Interessiert es Sie, das mal genauer zu betrachten?"
- „Worauf würden Sie die Lupe legen?"
- „Interessiert es Sie, das weiter zu erforschen?"
- „Vielleicht wäre es interessant, das ..."

5. Achtsamkeit einführen

- „Wollen Sie mal nach innen gehen, vielleicht auch die Augen schließen und genauer wahrnehmen, wie Ihr Inneres auf diese Aussagen von Ihrem Kollegen reagiert?"
- „Haben Sie Interesse daran, genauer zu erforschen, was innerlich auftaucht, wenn Sie an diese Situation zurückdenken ...? Erlauben Sie sich, dabei aus dem Blickkontakt mit mir zu gehen und die Antennen nach innen auszurichten."

„Achtsamkeit bedeutet, das Bewusstsein für die gegenwärtige Wirklichkeit empfänglich zu halten. Sie ist das Wunder, durch das wir uns überwinden und erneuern." – *Thich Nhat Hanh*

5.

Vielfalt von Persönlichkeitsteilen

„Was ist da in mich gefahren?"
„Ich war außer mir vor Freude."
„Eigentlich bin ich nicht so ...!"
„Ein Teil von mir sagt dieses, ein anderer jenes."
„Welcher Teufel hat mich da geritten?"
„Mein Antreiber gibt mir gerade keine Ruhe."
„Eine Stimme in mir sagt: Lass das lieber."

In unserer Sprache drückt sich aus, dass wir unterschiedliche Teile der Persönlichkeit wahrnehmen können. Die meisten Menschen sprechen spontan von inneren Teilen oder Stimmen, wenn sie über ihre Gefühle, Gedanken und Reaktionen berichten. Bei einer Entscheidung beispielsweise, wenn man noch hin- und hergerissen ist: „Ein Teil von mir würde gerne zusagen, ein anderer zögert noch." Oder bei einer Provokation „kommt mal wieder der Zyniker in mir durch". Teile machen sich in Stimmungen bemerkbar. Es gibt Tage, da wacht man auf und fühlt sich „irgendwie daneben". Schon beim Aufstehen erlebt man sich verquer, ist frustriert über das miese Wetter, findet nichts Passendes zum Anziehen. Man fühlt sich unbeholfen und würde sich am liebsten wieder ins Bett verkriechen. Unmotiviert schleppt man sich zur Arbeit, vermeidet den Kontakt mit anderen und wundert sich: „Was ist eigentlich los mit mir?" In diesem Zustand ist man weitgehend vereinnahmt von der Stimmung eines Persönlichkeitsteils. Wollte man ihm einen Namen geben, könnte er „Mieslauniger-Melancholiker" heißen oder „Graue Maus".

Der Mensch – ein komplexes Wesen

Sobald der Mensch sein Wesen hinterfragt, wird deutlich, dass er eine äußerst komplexe Psyche hat. Mit seiner Beschreibung von Es, Ich und Über-Ich machte Freud (1923) einen ersten Schritt zur Erforschung dieser Vielschichtigkeit. Eine der einflussreichsten späteren Theorien stammt von Melanie Klein (1948), die davon ausgeht, dass unsere innere Erfahrung von ganzheitlichen inneren Repräsentanzen der Menschen geformt wird, die in unserem Leben die wichtigste Rolle gespielt haben. Auch Jung führte den Gedanken, dass wir viele Bewusstseinsformen in uns tragen, einen Schritt weiter. 1935 beschrieb er einen Komplex als etwas, das „die Tendenz hat, eine kleine eigene Persönlichkeit zu bilden ..., er benimmt sich wie eine Teilpersönlichkeit". Jungs Zeitgenosse Assagioli und dessen Schüler Ferrucci entwickelten mit ihrer Schule der Psychosynthese wohl den ersten und bereits sehr ausgefeilten Ansatz, die Psyche als eine Ansammlung von verschiedenen, individuell sehr unterschiedlichen

Teilpersönlichkeiten zu sehen. Ferrucci (1986) hat eine große Zahl praktischer Übungen beschrieben, um das Potenzial aller Teilpersönlichkeiten zu entwickeln. Gerade in den letzten Jahrzehnten wurde die Vorstellung wieder aufgegriffen und erweitert. Bekannt sind z.B. die „Parts Party" von Virginia Satir (2004), der „Voice Dialog" von Hal und Sidra Stone (1994) oder das „Innere Team" von Friedemann Schulz von Thun (1998). Wir nutzen vor allem das Modell der „Internal Family Systems Therapy" (IFS) von Richard Schwartz (2003). Es scheint uns der Ansatz zu sein, der am besten die Vielfalt von Persönlichkeitsteilen und ihr systemisches Zusammenwirken mit einem leicht zu erlernenden systematischen Vorgehen zur Selbstführung verknüpft.

Wenn ein impulsiver Teil die Führung übernimmt

Eva berichtet von einem Streit mit ihrem Lebensgefährten. Auslöser war eine Party, bei der er mit einer ihrer besten Freundinnen ausgelassen geflirtet und mit ihr die halbe Nacht verführerisch getanzt hatte. In der ersten Stunde fühlte sie sich etwas gekränkt, dann zunehmend verletzt, und während der Abend fortschritt und ihr Partner sie kaum mehr eines Blickes würdigte, geriet sie in einen rasenden, eifersüchtigen Zustand. Sie hätte ihn umbringen können ... Das Ganze endete damit, dass sie ihm vor allen Gästen eine riesige Szene machte, ihn ohrfeigte und dann blind vor Wut das Fest verließ. Nachdem sie uns davon erzählt hatte, sagte sie: „Ich weiß nicht, was da in mich gefahren ist. So bin ich doch eigentlich nicht."

Aus der Sicht des Teile-Modells stellen wir fest: „Du hast schon recht, das bist nicht du. Aber das, was sich da gezeigt hat, ist ein Teil von dir, auch wenn er selten so heftig hervortritt." Wir gehen davon aus, dass Zustände, die wir erleben, und innere Stimmen oder Impulse, die wir wahrnehmen, durch Teile unserer Persönlichkeit ausgelöst werden. Der Zustand, in den Eva geraten ist – die rasende Wut und Eifersucht –, ist ein Teil von ihr, auch wenn sie ihn am liebsten verleugnen würde. Tatsächlich waren Reaktionen in diesem Ausmaß bislang bei ihr auch noch nie so vorgekommen. Sie kannte zwar Situationen aus der Vergangenheit, in denen sie Ansätze von starker Eifersucht wahrgenommen hatte, aber sie konnte sich da immer gut beherrschen. Es war nie so heftig und unkontrolliert hervorgebrochen wie jetzt.

Zustände, die wir erleben und innere Stimmen oder Impulse, die wir wahrnehmen, werden durch Teile unserer Persönlichkeit ausgelöst.

Am Morgen nach dem Fest wachte Eva mit entsetzlichen Schamgefühlen auf. Am meisten quälte sie auch jetzt noch die innere Stimme, die sagt: „Wie konntest du so ausrasten, dich so gehen lassen?!" Bei näherer Betrachtung wird deutlich, dass dies noch ein anderer Teil ist, der sich zu Wort meldet: Einer, dem es wichtig ist, dass sie sich im Griff hat, und der ihr Handeln scharf kritisiert. Es ist die Stimme einer ihr sehr vertrauten inneren „Controllerin", die immer darauf achtet, dass sie ihre Gefühle im Griff hat und nicht zu emotional reagiert. Und dann ist da noch der Teil, der sich beim Aufwachen als Erstes gemeldet hatte, der sich unmöglich und kindisch fühlte und sich schämte.

Wie Teile uns steuern

Teile der Persönlichkeit tauchen zu unterschiedlichen Zeiten und Situationen auf. Manchmal, wie bei Eva, fühlt man sich regelrecht vereinnahmt von einem Teil. Bei automatischen Reaktionen brechen sie plötzlich, spontan, unkontrolliert hervor und es gibt kaum eine Möglichkeit, dagegenzusteuern. Wenn der „wunde Punkt" oder ein empfindsamer Teil getroffen ist, geht ein anderer Teil sofort in die Verteidigung. Dieses Beispiel ist vielleicht ungewöhnlich und extrem. Normales Alltagsverhalten wird eher von Teilen gesteuert, die weniger auffällig und nicht so intensiv spürbar sind. In der Regel sind die Gefühle, Selbstgespräche und Reaktionen von Teilen so selbstverständlich, dass sie kaum bewusst wahrgenommen werden. Es fühlt sich beispielsweise normal an, bis aufs i-Tüpfelchen alles perfekt zu organisieren und zu planen, ohne einen Moment Pause. Trotz Erschöpfung fordert eine innere Stimme unentwegt: „Denk daran, das musst du noch erledigen, dafür musst du noch sorgen, das und das ist noch nicht organisiert ...". Zu vielen vertrauten, alltäglichen Zuständen und Eigenschaften steht man innerlich und würde von sich sagen: „Ja, so bin ich!"

Das, was alltägliches Denken ausmacht, ist häufig ein Dialog verschiedener Teile. Wer seine Selbstgespräche beobachtet, wird dabei einige Persönlichkeitsteile identifizieren können: „Mensch, das war ja wirklich daneben!", sagt vielleicht die Stimme eines Kritikers oder: „Ob das wohl gutgeht?" die eines Skeptikers. Wenn es widerstrebende Impulse gibt, können zwei polarisierte Teile miteinander im Clinch liegen: „Ruh dich aus und lasse los!" versus: „Nein, erst muss die Post erledigt werden!" Und weiter: „Das geht doch auch später." – „Nein! Erst die Arbeit und dann das Vergnügen!" – „Entspannung wäre doch jetzt wichtig!" – „Aber schau mal, was es alles zu tun gibt!" Gibt man dem „Antreiber" nach, ist der andere Teil, vielleicht ein „Genießer", unzufrieden – und umgekehrt. Schon bei diesem eher banalen Beispiel ist Selbstführung gefragt. Denn häufig verbergen sich dahinter Grundmuster, die sich in verschiedenen Lebenssituationen bemerkbar machen. Zum Beispiel kann es sein, dass ein Antreiber fortwährend das Verhalten prägt und zu viel Raum einnimmt. Es bleibt zu wenig Zeit für Entspannung oder Ausgleich und so wird Raubbau an der eigenen Gesundheit getrieben. Wenn ein schlechtes Gewissen noch dazukommt, weil andere Seiten des Lebens und die Familie zu kurz kommen, dann ist langfristige Unzufriedenheit fast vorprogrammiert.

Einzelne Facetten der Persönlichkeit zeigen sich nur in ganz bestimmten Situationen, andere steuern die Persönlichkeit im Alltag fast immer.

Einzelne Facetten der Persönlichkeit zeigen sich nur in ganz speziellen Situationen oder im Zusammensein mit bestimmten Menschen. Stimmung und Reaktion sind immer beeinflusst vom Kontext der jeweiligen Situation, von der Persönlichkeit des Gegenübers und der Beziehung zu einander. Im Gespräch mit einer jungen, unerfahrenen Mitarbeiterin, die man sehr schätzt und fördern möchte, treten vielleicht fürsorgliche Seiten zum Vorschein. Während der Kontakt mit einem unflexiblen, etwas störrischen Kollegen mit fest eingefahrenen Ansichten bestimmende Teile auf den Plan rufen kann. Oder man denke an einen Nachbarn, der sich kleinkariert, spießig und belehrend verhält. Der wird bei einigen Menschen möglicherweise rebellische Teile auslösen. Während viele auf einen Nachbarn, der sich um nichts kümmert, keine Regeln einhält, die Dinge sehr lässig betrachtet und auf die leichte Schulter nimmt, sogar zunehmend penibel reagieren würden. Auch die Tagesform spielt dabei eine Rolle: Steht man ohnehin schon unter Druck, reagieren reizbare und aggressive Teile schneller, als wenn man einen sehr entspannten Tag hat.

Teile kennenlernen – ein wichtiger Schritt zur Selbstführung

Aspekte der Persönlichkeit als Teile zu betrachten und nicht einfach nur als Gefühle oder Charaktereigenschaften, macht sie anschaulicher, greifbarer und den Umgang damit einfacher. Unsere Empfehlung ist, denjenigen Teilen der Persönlichkeit, mit denen man häufiger zu tun hat, Namen zu geben, die ihre spezifische Rolle und Qualität beschreiben. Ein Teil fühlt sich eher angesprochen und es wird leichter, mit ihm in Verbindung zu treten, wenn man ihn – wie einen Menschen – beim Namen nennt. „Ah ja, da meldet sich wieder mein Zyniker!" oder „Mein Antreiber setzt mich gerade unter Druck" oder die „Alleingelassene" fühlt sich gerade so traurig. Mit Hilfe eines Namens oder einer Umschreibung wird der Kontakt zu einem Teil intensiver und das wiederum ist Voraussetzung für das Führen von Teilen.

Mit Hilfe eines Namens oder einer Umschreibung wird der Kontakt zu einem Teil intensiver und das wiederum ist Voraussetzung für das Führen von Teilen.

Dazu ein Beispiel eines Klienten, Bodo Wilk, der mit einem Anliegen ins Coaching kam, das ihn schon seit geraumer Zeit beschäftigte. Er hatte Schwierigkeiten, sich gegenüber Forderungen, Bitten, Wünschen anderer angemessen zu verhalten. Im familiären und freundschaftlichen Umfeld war er äußerst hilfsbereit. Wenn ihn ein Freund um einen Gefallen bat (zum Beispiel, ihm beim Umzug zu helfen), war er sofort dabei. Wenn seine Frau den Urlaub lieber am Meer verbringen, aber er lieber ein paar Tage Kultur und Kunst in Paris genießen wollte, war er derjenige, der nachgab. Wenn die Kinder mit ihm am Wochenende eine Radtour unternehmen wollten, er aber eigentlich mehr Lust gehabt hätte, sich in den Hobbyraum zurückzuziehen, konnten sie ihn immer schnell umstimmen. Gelegentlich war er im Nachhinein etwas frustriert, nicht besser auf seine eigenen Bedürfnisse geachtet zu haben – aber im Großen und Ganzen hatte er sich damit abgefunden. Es war für ihn kein größeres Problem, so zu sein. In jüngster Zeit gab es jedoch bei seiner Arbeit ganz andere Situationen, die ihn stutzig machten und in denen er sich kaum wiedererkannte. Plötzlich war er in das andere Extrem gefallen: Einem neuen Kollegen gegenüber reagierte er jetzt oft sehr schroff und abweisend.

Dieser Kollege, Herr Bergmann, war ihm von Anfang an eher unsympathisch gewesen. Nun arbeiteten sie im Rahmen eines gemeinsamen Projektes seit einigen Wochen enger zusammen. Es gab vermehrt Kontakte, die Wilk frustrierten: Bergmann ruft ihn beispielsweise an und bittet ihn erneut, ihm Konzepte zur Verfügung zu stellen, etwas noch einmal zu überprüfen oder erwartet ein weiteres Gespräch zur Klärung der bereits abgesteckten Ziele. Anstatt wie sonst geht Wilk nicht bereitwillig auf dessen Bitten ein, sondern findet jedes Mal Gründe, warum er ihm nicht helfen kann. Weiterführende Erklärungen des Kollegen und dessen hilfloser, aber auch vorwurfsvoller Ton machen ihn ungeduldig und er versucht, das Gespräch möglichst schnell abzubrechen. Wenn er den Hörer auflegt, empfindet er sein Verhalten noch völlig angemessen, aber dann schleicht sich ein schlechtes Gewissen ein. Er nimmt sich vor, zukünftig freundlicher zu reagieren. Nur beim nächsten Mal passiert wieder das Gleiche: Auf eine Bitte von Bergmann meldet sich spontan eine starke innere Abwehr und er kanzelt ihn kurz angebunden ab. Mittlerweile ist das Verhältnis zwischen beiden zunehmend angespannt und die Ergebnisse leiden darunter.

Ziel des Coachings ist für Herrn Wilk, dem Kollegen gegenüber eine freundlichere Art der Abgrenzung zu finden. Als er gemeinsam mit dem Coach seine Reaktion näher erforscht, wird deutlich, dass der schroffe, abweisende Ton vor allem mit zwei Teilen seiner Persönlichkeit zusammenhängt: ein „Unabhängiger", der den Anspruch hat, alles alleine zu machen und der sich nie Hilfe von anderen holen würde sowie ein harter „Kritiker", der auf schwaches, unselbstständiges Verhalten allergisch reagiert.

In Worten formuliert empfindet der Unabhängige: „Wie kann jemand in der Position von Bergmann so unselbstständig und inkompetent sein!" Und die Meinung des Kritikers klingt folgendermaßen: „So ein Schmarotzer, das soll er sich gefälligst selbst erarbeiten! Wie kommt der dazu, mich immer so zu belästigen und auszunutzen."

Jeder Teil ist eine komplexe eigenständige „Persönlichkeit"

Ein Teil ist ein komplexer Zustand, bestehend aus Gefühlen, Sichtweisen, Gedanken, Erinnerungen, Körperempfindungen und Impulsen.

Dieses Beispiel demonstriert, dass ein Teil mehr ist als nur ein Gefühl – wie ärgerlich – oder eine Eigenschaft – wie hilfsbereit. Er ist ein komplexer Zustand, bestehend aus Gefühlen, Sichtweisen, Gedanken, Erinnerungen, Körperempfindungen und Impulsen. Und jeder Teil kann als bestimmend für die eigene Person erlebt werden, mit seinen jeweiligen individuellen Empfindungen und Reaktionen. Wenn der Kritiker in Führung ist, fühlt sich Herr Wilk ungeduldig und überlegen. Sein Körper ist angespannt, der Blick fokussiert und er strahlt Distanz aus. Er spricht lauter und schneller als sonst und ist kurz angebunden. Er lässt nur Top-Leistung gelten, beobachtet scharf und wertet schnell. Er ist nicht wirklich interessiert an den Aussagen des Kollegen und hört kaum zu. Wenn jedoch der „Helfer" im privaten

Umfeld die Führung innehat, dann achtet er auf die Bedürfnisse von Freunden und Familie, hört aufmerksam zu, ist einfühlsam, geduldig und zuvorkommend.

Offen bleibt noch die Frage, was die Ursache des ausgeprägten Ärgers ist. Die Intensität des Zornes lässt sich im Beispiel Wilk nicht alleine durch den Ärger des Kritikers erklären. Man könnte hier im Coaching oder Selbst-Coaching weiter nachforschen: Weshalb ist der Unabhängige so stark? Was denkt und empfindet dieser Teil? Was kann der Kritiker über seine Abwehr von Schwachem und Unselbstständigem zeigen? Was verbirgt sich noch hinter dem Ärger, was schwingt da alles mit? Und warum spielt der Helfer, der sonst so oft im Vordergrund mitwirkt, hier gar keine Rolle mehr?

Der Coach hilft Herrn Wilk, noch genauer zu diesen Teilen und zur Wut hinzuspüren, und er findet Zugang zu einem weiteren Teil. Weil Wilk in Beziehungen fast immer die gebende Person ist und sich selbst keine Unterstützung holt, ist da ein Mangel entstanden. Es fehlt der Ausgleich. Hinter dem Unabhängigen, Kritiker und Helfer kann er jetzt einen „Bedürftigen" entdecken. Da war etwas viel zu lange zu kurz gekommen und schlicht zu wenig wahrgenommen worden. Dieser Teil hat einige Emotionen angesammelt: Er fühlt sich alleingelassen, nicht ernst genommen. Und er ist wütend darüber.

Ein entscheidender Unterschied: Von einem Teil geführt zu sein oder einen Teil selber führen

Eine gute Wahrnehmung des Körpers und der gegenwärtigen Gefühle, Gedanken und Impulse, gepaart mit Kenntnis seiner Teile, versetzt einen in die Lage, mit schwierigen Reaktionen besser umgehen zu können. Wenn Wilk spürt, wie er sich innerlich abschottet und auf Kritik und Abwehr umschaltet, dann kann er – wenn er das will – in dem Moment etwas Abstand zum Kritiker herstellen und verhindern, ganz aus diesem Zustand heraus zu reagieren. So kann es ihm eher gelingen, sich mit einer entspannten Haltung abzugrenzen und seine Position trotzdem klar zu vertreten, ohne so abweisend zu wirken.

Wenn man wahrnimmt, dass ein Teil beginnt, die Führung zu übernehmen, und in diesem Augenblick kurz innehält, dann kann man rechtzeitig dagegensteuern. Entscheidend ist, dies frühzeitig zu bemerken, ernst zu nehmen und sich sofort bewusst zu machen: Was mich da gerade antreibt, ist „nur" das Gefühl, der Gedanke oder der Impuls eines Teils von mir.

Bei so einem Unterbrechen der Automatik eines Teils wirken wesentliche Aspekte von Selbstführung zusammen: Es ist die Verknüpfung der Kenntnis von Persönlichkeitsteilen, die eine problematische Wechselwirkung auslösen können, mit achtsamer Selbstwahrnehmung und der Fähigkeit, sich mit dem Geschehen weniger zu identifizieren.

Selbst-Coaching

Eigene Teile identifizieren und benennen

Zweck: Einen Überblick über die verschiedenen Anteile der eigenen Persönlichkeit verschaffen.
Grobstruktur: In Achtsamkeit verschiedene Situationen des Lebens durchgehen und die dabei jeweils auftretenden Teile identifizieren. Papier und Stift für Notizen.
Zeitbedarf: 20 bis 30 Minuten.

Setzen Sie sich bequem hin und schließen Sie für eine Weile Ihre Augen. Nehmen Sie sich einen Moment Zeit, um umzuschalten, die Außenwelt loszulassen und sich auf sich selbst zu besinnen. Um sich besser auf die eigene Innenwelt zu konzentrieren, kann es hilfreich sein, wenn Sie für ein paar Minuten bei Ihrem Atemfluss verweilen.

1. Lassen Sie dann nacheinander einige der unten aufgeführten Situationen aus Ihrem Leben auftauchen. Versuchen Sie, sich diese Momente möglichst plastisch und lebendig zu vergegenwärtigen. Sobald Sie bei einer dieser Erfahrungen etwas verweilt haben, fahren Sie jeweils mit den Reflexionsfragen weiter unten fort:
   - bei vertrauten automatischen Reaktionen
   - im Streit oder bei Auseinandersetzungen
   - jemand will etwas von Ihnen, bittet Sie um einen Gefallen
   - bei einer Rede, Präsentation oder einem Auftritt vor einer größeren Gruppe
   - im Spiel mit Kindern
   - Sie wollen jemanden von etwas überzeugen
   - im Gespräch mit Ihrem Chef oder mit dem Vorstand
   - in schwierigen Verhandlungen
   - im Urlaub oder in der Freizeit
   - ein typisches Dilemma oder ein schwieriger Entscheidungsprozess
   - Sie werden kritisiert, jemand ist mit Ihnen unzufrieden
   - im Umgang mit einer dominanten Person
   - im Kontakt mit Ihren Eltern

2. Während Sie die jeweilige Situation und das Geschehen auf sich wirken lassen, nehmen Sie wahr, was innerlich auftaucht und was sich dann verändert. In was für einen Zustand geraten Sie? Was für Gefühle herrschen vor? Was denken Sie? Welche Impulse entstehen? Verändern sich Ihre Stimme, Ihr Atem, die Muskelspannung im Körper? Und wenn ja, wie? Lassen Sie das alles auf sich wirken, ohne es verändern zu wollen.

3. Wenn Sie diesen Zustand – die Körperempfindungen, die Gefühle, Gedanken und Impulse – jeweils noch etwas genauer erforschen, welche Seite von Ihnen tritt dabei in den Vordergrund? Versuchen Sie zu erfassen, welcher Teil oder welche Teile Ihrer Persönlichkeit da in Resonanz sind oder lebendig werden. Und auch: Was wird vielleicht unterdrückt oder tritt in den Hintergrund?

4. Versuchen Sie, für jeden Zustand, für jeden abgrenzbaren Teil Ihrer Persönlichkeit eine Beschreibung oder einen passenden Namen zu finden. Das hilft Ihnen später, Teile schneller zu identifizieren.

5. Fahren Sie fort, indem Sie sich mehrere der aufgeführten Situationen auf diese Weise vergegenwärtigen und erforschen. Listen Sie alle Teile Ihrer Persönlichkeit auf, die Ihnen dabei begegnen.

Darüber hinaus können besonders auch wiederkehrende Stimmungen oder Zustände – zum Beispiel Melancholie, innere Unruhe, Ängste, Eifersuchtsattacken – auf Teile hinweisen. Und Sie können zusätzlich noch reflektieren, ob Rückmeldungen, die andere Menschen Ihnen in der Vergangenheit gegeben haben, noch weitere Teile zum Vorschein bringen. Zum Beispiel die Rückmeldung: „Du bist manchmal so stur!“ könnte auf einen unflexiblen, uneinsichtigen oder trotzigen Teil hinweisen.

Coaching

Während ein Klient sein Anliegen oder seine Situation näher erläutert, kann der Coach ständig nonverbale Signale beobachten, die Ausdruck eines Teils sein können. Bei allem, was ein Klient erzählt, empfehlen wir deshalb, neben den Worten insbesondere auf das innere Erleben zu achten: die Stimmung, Gedanken, Gefühle und gegenwärtigen Impulse. Sie alle können auf mögliche Persönlichkeitsteile hinweisen. Veränderungen im Gesichtsausdruck, in der Gestik, im Tonfall, in der Sprachmelodie und Körperhaltung, aber auch die Beschreibung des Klienten über sein inneres Selbstgespräch können sehr aufschlussreich sein. Je achtsamer der Coach für diese Ebene ist, umso leichter wird es ihm gelingen, mit dem Klienten zusammen Teile der Persönlichkeit zu identifizieren. Die plötzlich lauter werdende Stimme, die Rötung des Gesichts, die zusammengekniffenen Augen, die Spannung im Oberkörper, der zunehmende Redefluss, der vorgeschobene Unterkiefer – alle diese Signale zusammengenommen könnten beispielsweise Ausdrucksweisen eines ärgerlich-kämpferischen oder eines rechthaberischen Teils sein. Und wenn diese Seite des Klienten im Zusammenhang mit seinem Anliegen eine bedeutsame Rolle spielt, kann es wichtig sein, diesen Teil zu benennen und im weiteren Verlauf vielleicht auch weiter zu erforschen. Das Prinzip dabei ist, dass das Benennen von möglichen Teilen der Persönlichkeit dem Klienten hilft, sich und seine Reaktion beser zu verstehen und einzuordnen.

Klienten helfen, Teile zu identifizieren

Wir wollen anhand des Beispiels von Bodo Wilk den Suchprozess nach Anteilen der Persönlichkeit illustrieren und dabei mögliche Fragen oder Aussagen des Coachs aufzeigen. Herr Wilk hatte gerade von seiner schroffen, abweisenden Art gegenüber seinem Kollegen erzählt.

Coach (C): „Da reagiert also etwas sehr abwertend, unfreundlich ... Was ist denn das für eine Seite von Ihnen?"
Klient (K): (Spricht schneller und lauter, wirkt ärgerlich) „Ich fühle mich von ihm ausgenutzt. Außerdem wundert es mich, dass er so unselbstständig ist."
C: „Da reagiert also etwas sehr ärgerlich? Wenn Sie genauer hinspüren, woher kommt diese Reaktion?"
K: „Ich verstehe nicht, dass jemand ständig nachfragen muss und Hilfe braucht. Ich mache doch auch alles alleine und brauche keine Hilfe." *(Er betont diese Sätze und unterstreicht mit seinen Handbewegungen, dass er keine Hilfe braucht.)*
C: „Könnte das so eine unabhängige Seite von Ihnen sein, die sich da meldet?"
K: „Mhm ... Ja klar! Unabhängigkeit ist mir sehr wichtig."
C: „Und wenn Sie sich so abweisend gegenüber Herrn Bergmann verhalten ... was denken, fühlen Sie dann? Was passiert innerlich als Nächstes? Wenn dieser abweisende Teil von Ihnen hervortritt, wie reagieren Sie darauf?"

K: (Die Spannung im Oberkörper und im Gesicht lässt nach, die Stimme wird leiser, der Mundwinkel geht leicht nach unten, er zieht die Schultern kurz hoch und lässt sie wieder fallen mit einem etwas resignierten Gesichtsausdruck) „Ich fühle mich schuldig, unfair."
C: „Spüren Sie mal nach, woher dieses Gefühl kommt? Welcher Teil oder welche Seite von Ihnen hat dieses Gefühl, schuldig und unfair zu sein?"
K: „So ein Helfer in mir. Ich habe das Gefühl, ich müsse dem Kollegen gegenüber hilfsbereit und freundlich sein."
C: „Gibt es noch einen anderen Teil, der das anders sieht oder empfindet?"
K: (Ärgerlicher Ton, die Stimme wird wieder lauter, der Blick ist eindringlich, es kommt mehr Bewegung in den Körper) „Ja, ich finde, ich habe das Recht, auch mal ‚nein' zu sagen und mich abzugrenzen. In seiner Position und mit seinem Erfahrungsgrund müsste er sich da schließlich ..."
C: „Spricht da gerade der Teil, der dem Kollegen gegenüber so schroff reagiert?"
K: (Wirkt überrascht und interessiert) „Ja, stimmt!"
C: „Spüren Sie noch mal nach – ist das der ‚Unabhängige' oder schwingt da was anderes mit?"
K: „Hm, tatsächlich. Da ist noch was anderes ... So was Trotzig-Ärgerliches, was diesen Kollegen am liebsten wegstoßen möchte."
C: „Da scheint also noch ein Teil zu sein, der ‚Trotzig-Ärgerliche'? ... Stimmt der Name so?"
K: „Da muss ich mal hinspüren ... (schließt die Augen und wirkt nachdenklich). Irgendetwas in mir beginnt da abzublocken ... Ja, so ein trotziger ‚Abschotter' – die Umschreibung passt."

Hinweis: Teile zu identifizieren und dafür Namen zu finden, ist ein gemeinsamer Suchprozess. Der Klient darf nicht den Eindruck gewinnen, dass ihm irgendetwas übergestülpt wird. Entscheidend ist, dass er selbst neugierig und offen ist für das, was sich da innerlich in ihm abspielt.

Wenn man Menschen nach Teilen fragt, antworten sie üblicherweise in der „Ich"-Form. Das kann ein Hinweis dafür sein, dass sie sich mit dieser Seite identifizieren – nach dem Motto: *„Das ist kein Teil von mir, das bin ich."* Wir empfehlen, auch dann weiterhin mit unauffälligen und unaufdringlichen Formulierungen bei der Teile-Sprache zu bleiben. Im Laufe des Prozesses und mit mehr Zugang nach innnen können die meisten Klienten Teile ihrer Persönlichkeit deutlicher wahrnehmen. Vor allem bei emotional belastenden Reaktionen empfinden es viele Klienten spontan als sehr erleichternd, dass „nur" ein Teil der Persönlichkeit dafür verantwortlich ist und nicht die Gesamtpersönlichkeit.

6.

Innere Dynamik von Persönlichkeitsteilen

„Hinter seiner harten Schale ist ein weicher Kern."
„Mein Gerechtigkeitskämpfer kann sich das nicht gefallen lassen."
„Die Souveräne hat wieder Oberwasser."
„Mein Profi hat davor keine Angst."
„Wenn ich nicht so gutmütig wäre, hätte ich sie in der Luft zerreißen können!"
„Der Optimist in mir stimmt mich wieder zuversichtlicher."
„Da steckt ein Wolf im Schafspelz!"

Das „Internal Family Systems" (IFS) Modell von Richard Schwartz (2003) ermöglicht einen differenzierten und individuellen Blick auf die eigene Persönlichkeit. Mit dieser Betrachtungsweise kann man anfangen zu beobachten, welche Teile oft im Vordergrund und welche eher selten auf der Bühne sind oder auch schon jahrelang nicht mehr im Bewusstsein aufgetaucht waren. Das Besondere an IFS ist, dass es die systemische Dynamik zwischen den Teilen beschreibt.

Ihr Zusammenspiel kann man sich vorstellen wie ein ökologisches System, in dem kein Element isoliert existiert und wobei alles miteinander zusammenhängt.

Ihr Zusammenspiel kann man sich vorstellen wie ein ökologisches System, in dem kein Element isoliert existiert und wo alles miteinander zusammenhängt. Bei näherer Erforschung der Teile wird deutlich, dass es zwischen ihnen Wechselwirkungen gibt. Sie reagieren aufeinander und so entstehen Polarisierungen und auch Allianzen. Es gibt sehr konträre Teile, die sich bekämpfen können – wie zum Beispiel sicherheitsbedürftige und freiheitsliebende Teile –, und andere, die sich ähnlich sind und häufig zusammenwirken, wie z.B. ein „Perfektionist" und ein „Antreiber". Auffällig ist, dass es viele Teile gibt, die für Schutz und Sicherheit im Leben sorgen. Im IFS werden diese Teile „Beschützer" genannt, weil sie versuchen, empfindsame, sensible und verletzliche Seiten der Persönlichkeit zu beschützen. Dafür haben sie gelernt, im Leben so vorausschauend zu handeln, dass schon im Vorfeld alles vermieden wird, was Gefühle wie Unsicherheit, Unterlegenheit oder Ohnmacht entstehen lassen könnte. Wenn unangenehme innere Zustände dennoch auftreten, werden sie so von anderen Beschützern bekämpft, dass das Verletzliche, Empfindsame nicht mehr spürbar ist.

Beschützer

Betrachten wir eine Person mit einem stark ausgeprägten Perfektionismus. Der innere „Perfektionist" setzt sich dafür ein, dass sie Top-Leistungen erzielt, nur mit dem Besten zufrieden ist, alles tadellos und fehlerfrei erledigt. Er spornt sie an, stets höchsten

Ansprüchen zu genügen. Damit versucht der Perfektionist im Grunde genommen zu verhindern, dass sie nicht gut genug ist oder versagt und sich unzufrieden fühlen könnte. Eine zentrale Beschützer-Funktion eines Perfektionisten kann sein, die Person vor Kritik anderer zu bewahren. Denn jemand, der Perfektion abliefert und sich tadellos verhält, gibt selten Anlass für Beanstandungen. Würde man den Perfektionisten fragen: „Was befürchtest du, würde passieren, wenn du weniger stark wärst", könnte die Antwort möglicherweise lauten: „Dann sinkt die Leistung, dann kommt's zu Fehlern ..." Und wenn man weiter forschen würde: „Was wäre daran so schlimm?", könnte die Antwort lauten: „Dann verliere ich an Anerkennung, dann sind andere nicht zufrieden", oder: „Dann droht Versagen." Dieser Perfektionist hält also mit ziemlicher Sicherheit einen Teil unter Kontrolle, der sich ungenügend fühlt, Angst hat zu versagen oder selbstunsicher ist. Er will verhindern, dass diese Gefühle überhaupt erst auftreten. Allerdings trägt er paradoxerweise oft gerade dazu bei, dass die Person nicht zufrieden ist. Denn die hohen Ansprüche und Maßstäbe an sich selbst sind nicht leicht zu erfüllen und das Gefühl, ungenügend zu sein, wirkt latent weiter.

Trotzdem kommt es natürlich zu Situationen, in denen der Person mal ein Fehler unterläuft, sie ihren eigenen Ansprüchen oder denen anderer nicht genügt und wo sie kritisiert wird. Dann wird der Teil, der sich nicht gut genug oder unsicher fühlt, getroffen und dessen Minderwertigkeitsgefühle drohen an die Oberfläche zu kommen. Um diesen verletzlichen Zustand abzuwehren, tritt ein weiterer Teil in Aktion, ein anderer Beschützer, der in „Notfällen" schnell und spontan handelt. In diesem Fall ist es eine „Coole", die nach außen hin unbeteiligt, unverwundbar und kontrolliert wirkt. Die Coole signalisiert dem anderen, dass sie die Kritik kalt lässt und sie souverän damit umgehen kann. Hin und wieder springt noch ein Verteidiger an, der den Spieß umdreht und die Kritik übende Person in Frage stellt und zurechtweist.

Schwartz hat entdeckt, dass die Art und Weise, wie Persönlichkeitsteile auf die Außenwelt – und vor allem auch im inneren System aufeinander – reagieren, immer wieder ähnlichen Prinzipien folgt. Teile lassen sich häufig einer von drei Kategorien zuordnen, die jeweils bestimmte Eigenschaften und Funktionen aufweisen und in einer typischen Weise aufeinander reagieren. Dies liefert ein recht einfaches und doch tiefgründig systemisches Verständnis dafür, warum wir Menschen es uns manchmal so schwer machen im Umgang mit uns selber und den Anforderungen der Umwelt.

Teile lassen sich häufig einer von drei Kategorien zuordnen, die jeweils bestimmte Eigenschaften und Funktionen aufweisen und in einer typischen Weise aufeinander reagieren.

Rollen und Funktionen von Teilen

···› *Manager:*

Viele Teile der Persönlichkeit sind dafür verantwortlich, dass wir den Alltag effektiv und erfolgreich bewältigen. Diese Teile versuchen sicherzustellen, dass wir unsere Ziele erreichen, unsere Bedürfnisse befriedigen, bei anderen gut ankommen und leistungsfähig sind. Sie sind meistens in Führung und sind vergleichbar mit realen Managern, die vorausschauend planen, strategisch denken, alles verantwortlich regeln und überlegt handeln. Es sind die Teile der Persönlichkeit, mit denen sich die meisten von uns identifizieren, von denen man am ehesten sagt: „So bin ich". Meist haben ein paar wenige Manager-Teile, die recht gut kooperieren, die Führung inne. Es gibt starke Allianzen untereinander, wie zum Beispiel ein „Bodenständiger" mit einem „Sicherheitsbedürftigen" oder ein „Pflichtbewusster" mit einem „Helfer".

Eine wichtige Aufgabe der Manager ist es, Verletzung, Versagen, Schwäche und Kontrollverlust zu vermeiden. Sie sorgen dafür, dass wir nicht in unangenehme, schmerzhafte Zustände geraten. Die Manager versuchen sicherzustellen, dass wir uns nicht bloßgestellt, hilflos, unterlegen, ungenügend, klein, unsicher, isoliert, fremd usw. fühlen.

Beispiele: Planer, Profi, Antreiber, Macher, Samariter, toller Hecht, Bedenkenträger, Anspruchsvoller, Kritiker, Diplomat, Kontrolleur, Idealist, Gut-Mensch, Darsteller.

···› *Feuerbekämpfer:*

In heiklen Situationen, die von den Manager-Teilen nicht mehr souverän gehandhabt werden können, übernehmen vorübergehend andere Teile die Führung, die wie Feuerbekämpfer agieren. Da es trotz allen Einsatzes der Manager nicht zu vermeiden ist, dass wir uns hin und wieder verletzlich fühlen, springen Feuerbekämpfer an, die versuchen, den Brand der Gefühle zu „löschen". Sie drängen empfindsame, verletzliche Teile zurück. Dies geschieht sehr schnell und unkontrolliert. Ganz anders als Manager reagieren Feuerbekämpfer impulsiv, spontan und unreflektiert. Ihre Aufgabe ist, uns vor akuter Bedrohung zu schützen. Wenn die Gefahr besteht, dass wir uns schwach, verletzlich, klein, unterlegen oder hilflos fühlen, dann werden sie aktiv.

Sehr viele automatische Reaktionen laufen so ab, dass die Feuerbekämpfer befürchten, dass die Manager die Situation nicht mehr im Griff haben und es sehr unangenehm werden könnte, wenn nicht schnell etwas passiert. Also treten sie sofort auf den Plan und greifen an, blocken ab oder sorgen für Rückzug. Das Problematische an so einer Feuerbekämpfer-Reaktion ist, dass hinterher – im übertragenen Sinne – der Wasserschaden häufig größer ist als das ursprüngliche Feuer. Nach innen versuchen sie zu verteidigen und zu schützen – nach außen, auf andere, wirken sie oft destruktiv. Ein aggressiver Kämpfer oder ein Teil der mauert, wirken beispielsweise verletzend. Das trägt wiederum zur Eskalation bei. Weil Feuerbekämpfer von psychischen Spannungen ablenken, können sie langfristig die Gesundheit in Mitleidenschaft ziehen. Ein süchtiger Teil, der versucht, Traurigkeit oder Einsamkeit zu dämpfen, schadet der Person langfristig, auch wenn er eigentlich versucht, zu helfen.

Nach innen versuchen Feuerbekämpfer zu verteidigen und zu schützen – nach außen, auf andere, wirken sie oft destruktiv.

Beispiele: Krieger, Unverwundbarer, Bremser, Angreifer, Rebell, Furie, Oberlehrer, Fanatiker, Zyniker, Neider, Teufelchen, Abblocker. Auch jede Form von Suchtverhalten eines Vielfraßes, Rauchers, Extremsportlers, TV-Zappers oder Arbeitswütigen.

Verletzliche, Verbannte:

Verletzliche Teile sind noch mal eine ganz andere Kategorie im inneren System. Im Alltag werden sie von beiden Beschützern – Managern und Feuerbekämpfern – im Hintergrund gehalten und deshalb oft nicht wahrgenommen. Sie sind empfindsam, reagieren spontan und unmittelbar emotional. Viele ihrer Erfahrungen und ihre unmittelbare Reaktionsbereitschaft stammen aus der Kindheit. In unserer Leistungsgesellschaft haben diese Teile – die tendenziell eine kindliche und emotional ausdrucksvolle Natur haben – nicht viel Raum. Auch in der Erziehung wurden das Erleben und der Ausdruck von Gefühlen bei vielen Menschen eher unterdrückt. Weil die Beschützer versuchen, frühere schmerzhafte Erfahrungen nicht noch einmal zu erleben, sind einige verletzliche Teile häufig regelrecht ins Unbewusste verbannt worden. Letztlich ist das aber ein großer Verlust, denn gerade sie können viel Kreativität und Lebensfreude haben. Es sind die Seiten in uns, die Nähe, Intimität und Verbundenheit herstellen und zulassen. Am ehesten zeigen sich verletzliche Teile in einem sicheren Umfeld, wie beim unbeobachteten Spiel mit Kindern, in einer verlässlichen Partnerschaft oder bei guten Freunden.

Spürbar werden verletzliche Teile für Bruchteile von Sekunden, wenn, wie bei automatischen Reaktionen, ein „wunder Punkt" getroffen wird. Dann werden meistens die Beschützer schnell aktiv. Gelegentlich brechen aber die starken Gefühle der „Verbannten" durch, sind schwer zu stoppen und können uns regelrecht überschwemmen. Wenn solche Erfahrungen dann nicht gut verarbeitet oder integriert werden, bestätigt es die Beschützer in ihren Befürchtungen und kann sie veranlassen, noch mehr Kontrolle auszuüben.

Beispiele: Sensibler, Dünnhäutiger, Unsicherer, Mickerly, graue Maus, Versager, schüchterner Junge, die Kleine, Tollpatsch, Träumer.

Persönlichkeitsteile – Merkmale
Überblick nach Richard Schwartz

Manager

Qualität
vorausschauend, kontrollierend,
langfristig planend

Funktion
sorgen für langfristigen
Erfolg und Sicherheit,
schützen die Person
vor Verletzung

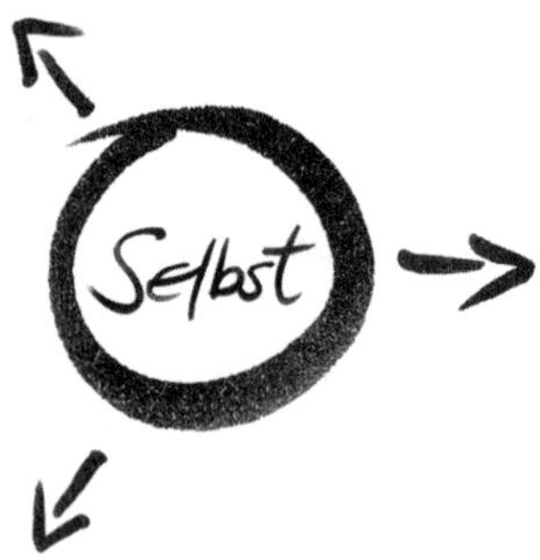

Verletzliche Teile

Qualität
kindlich, empfindsam,
sensibel, verletzlich,
spielerisch, kreativ,
häufig verdrängt oder verbannt

Funktion
halten oft gefühlsintensive
Erinnerungen, suchen und
erlauben Nähe

Feuerbekämpfer

Qualität
spontan, impulsiv,
unreflektiert, unkontrolliert

Funktion
bekämpfen unangenehme Zustände,
schützen die Person vor Verletzung

··> *Manager und Feuerbekämpfer als Beschützer im Beispiel von Herrn Wilk*

Wir greifen das Beispiel von Herr Wilk (aus dem letzten Kapitel) wieder auf und betrachten seine Teile, ihre Rollen und Qualitäten unter diesem Gesichtspunkt genauer.

Zuerst seine Manager: Der Helfer kümmert sich viel um andere Menschen und sorgt dafür, dass es der Familie gut geht und ihre Wünsche befriedigt werden. Er trägt stark dazu bei, dass Wilk ein so rücksichtsvoller, fürsorglicher und liebevoller Ehemann und Vater ist. Aufgrund dieser positiven Wirkung auf seine Mitmenschen erfährt Wilk viel Dankbarkeit, Zuneigung und Beliebtheit von anderen. Auch sein Unabhängiger ist ein Manager, der innere Stärke und Autonomie anstrebt. Er stellt sicher, dass Wilk gut alleine klarkommt, sich selten auf andere verlässt oder auf ihre Hilfe angewiesen ist. Dieser Teil sorgt dafür, dass Wilk sich nicht bedürftig oder schwach fühlt. So hat er wenig Wünsche und Bedürfnisse, ist gewissermaßen selbstgenügsam und erlebt selten, dass er von anderen enttäuscht oder im Stich gelassen wird. Beide Teile, der Unabhängige und der Helfer, arbeiten als Alliierte eng zusammen und bewirken, dass Wilk die Wünsche anderer wichtiger nimmt als seine eigenen.

Nun löst der Kollege, Herr Bergmann, bei Wilk eine Reaktion aus, die er im Privatleben in dieser Form noch nie erlebt hat. Dessen Unselbstständigkeit und vorwurfsvoll-anspruchserhebendes Fordern sind für Wilk, der sich so etwas selber nie zugestehen würde, eine Provokation. Er reagiert auf ihn schroff, ärgerlich, abweisend. Dies geschieht so spontan und impulsiv, dass Wilk es nicht kontrollieren kann. Neben dem Kritiker, der das Verhalten des Kollegen abwertet, tritt hier vor allem der Abschotter auf den Plan. Er wehrt sich gegen die unverhältnismäßig starken Wünsche und Ansprüche und hält sich damit den Kollegen vom Leib. Diese Reaktion ist nicht geplant oder überlegt, sondern passiert blitzschnell und unbewusst. Nach außen hin sorgt der Abschotter, von seiner Qualität her ein Feuerbekämpfer, für Abgrenzung. Nach innen bewirkt er, dass der bedürftige Teil nicht übergangen wird. In privaten Kontakten taucht der Abschotter übrigens nur äußerst selten auf. Hier herrscht in erster Linie der Helfer vor, der ihn auffordert: „Du kannst andere nicht im Stich lassen. Ehefrau, Kinder, Eltern, Freunde – alle müssen sich wohlfühlen."

Verletzliche Teile wirken aus dem Untergrund

Der bedürftige Teil, den Wilk im Coaching entdeckte, war schon lange weit in den Hintergrund gedrängt. Wenn andere etwas forderten, hatte er wenig Kontakt zu seinen Bedürfnissen. Er konnte die eigenen Wünsche so gut wie nie bemerken, und wenn, dann waren sie so flüchtig, dass er sie nicht ernst genommen hat. Die Empfindungen des bedürftigen Teils – sich nicht wahr- und ernstgenommen zu fühlen – waren ein maßgeblicher Auslöser für Wilks schroffe Reaktion. Es war dieser Teil, der vom Verhalten des Kollegen empfindlich getroffen wurde und der sich jetzt deutlicher meldete: „Was ist mit mir? Wer nimmt mich wahr, wer hilft mir?" Oder, anders ausgedrückt, der „wunde Punkt", der vom Kollegen Bergmann getroffen wird, ist der bedürftige Teil.

Wilks Helfer-Verhalten steht in engem Zusammenhang mit dem bedürftigen Teil. Der Helfer kennt Bedürftigkeit sehr gut und tut deshalb viel für andere Menschen. Helfer und Unabhängiger bewirken, dass Wilk für sich selbst mit möglicher Unterstützung durch andere sehr zurückhaltend ist. Die Befriedigung seiner eigenen Bedürfnisse bleibt damit aber auf der Strecke. Obwohl sowohl Helfer wie Unabhängiger überaus positive Absicht hegen, haben sie über Jahre dazu beigetragen, dass die Befriedigung von Wilks Interessen auf der Strecke blieb. Sie haben den bedürftigen Teil mit seinen Gefühlen und Wünschen im inneren System immer weiter verdrängt, ja regelrecht verbannt. Und dadurch entstanden zunehmend mehr innere Spannungen.

Ein verletzlicher Teil wirkt auch dann, wenn er nicht bewusst wahrgenommen wird. Bei Kritik beispielsweise meldet sich das Gefühl, nicht zu genügen, nur für den Bruchteil einer Sekunde, bevor ein Teil wie die Coole dazu Stellung bezieht. Dadurch verschwindet der sich ungenügend fühlende Teil sofort aus dem Wahrnehmungsfeld. Jochen Scholl spürt die Unsicherheit nur kurz in dem Augenblick, wo er sich in Frage gestellt fühlt und sich etwas im Bauch zusammenzieht. Im nächsten Moment wird dieses Gefühl schon zugedeckt vom Erklärer. Bodo Wilk spürt seine Bedürfnisse schon gar nicht mehr. Bei ihm melden sich gleich die Schroffheit und der Ärger, wenn der Kollege schon wieder etwas von ihm will. Wenn Wilk mehr Aufmerksamkeit und Unterstützung bekommen würde, wenn also die Balance zwischen Geben und Nehmen mehr im Gleichgewicht wäre, müsste der Abschotter nicht so extrem reagieren.

Einige der aufgestauten Spannungen wurden mit der Reaktion des Abschotters entladen. Allerdings hinterlässt die abweisende Wirkung des Abschotters Wilk sehr unzufrieden. Dies ist ein häufiges Phänomen von Feuerbekämpfern. Deren überschießende und unkontrollierte Reaktion führt oft dazu, dass die Probleme hinterher eher größer geworden sind. Belastend für das innere System ist, dass vor allem die verletzlichen Teile sich die innere Kritik und Abwertung zu Herzen nehmen. Sie fühlen sich in ihrer Unfähigkeit und Minderwertigkeit bestätigt und ihr emotionaler Druck steigt.

Wenn verletzliche Teile nicht wahrgenommen und verdrängt werden, bekommen sie oft noch mehr Ladung.

Wenn verletzliche Teile nicht wahrgenommen, sondern abgelehnt oder verdrängt werden, erhöht sich deren emotionale Ladung. Wenn man einen Ball unter Wasser hält, nimmt der Druck hochzuschnellen umso mehr zu, je tiefer er gedrückt wird. Das ist mit verletzlichen Teilen genau so. Je mehr Druck ein Beschützer-Teil ausübt, um einen unerwünschten, verletzlichen Zustand zurückzudrängen, umso stärker wird die Tendenz des verletzlichen Teils, auszubrechen und die Person mit den Gefühlen zu vereinnahmen. Und umso mehr sind wiederum die Beschützer gefordert – die dann noch extremer reagieren.

Beispiele innerer Dynamik

···› *Die zurückgezogene Trainerin*

Elisa Fischer ist eine erfahrene Trainerin und Beraterin. Sie hat viel Routine im Kontakt mit Menschen, mit Präsentationen vor Gruppen und bei öffentlichen Auftritten. Die Arbeit und auch die damit einhergehende Aufmerksamkeit machen ihr Spaß. Sie kann es genießen, im Mittelpunkt zu stehen. Hin und wieder jedoch erlebt sie sich in Gruppensituationen – in Seminaren, aber auch bei Empfängen oder Parties – unvermittelt zurückgezogen und unsicher. In diesem Zustand fühlt sie sich gehemmt, isoliert, unbeholfen und kommt sich selbst fremd vor. Ausgelöst wird dies, wenn es ihr schwerfällt, mit den anderen näher in Kontakt zu kommen und sobald sie sich als nicht zugehörig erlebt. Wenn etwa in einer Seminarpause alle Teilnehmer rege miteinander im Gespräch sind, sie aber alleine in einer Ecke steht und niemand Kontakt zu ihr sucht, dann beginnt ein innerer Rückzug. Umso mehr, wenn es davor auch schon Momente gab, die ihr signalisierten, dass sie außerhalb des Seminarraums nicht die erhoffte Aufmerksamkeit hat. Ein Teil, den sie die „Kühl-Distanzierte" nennt, schiebt sich dann dazwischen und vermeidet zunehmend den Kontakt zu den anderen. Wenn das passiert, wirkt sie desinteressiert und abweisend. Zwar fühlt sie sich in diesem Zustand unwohl, aber es ist ihr angenehmer, als sich im Kontakt mit anderen unbeholfen und gehemmt zu fühlen. Einen Tag oder auch schon ein paar Stunden später blickt sie selbstkritisch auf sich und kann es nicht fassen, dass sie sich wieder so zurückgezogen, distanziert und abweisend verhalten hat. Die Seite in ihr, die darüber richtig verärgert ist, nennt sie die „Professionelle Darstellerin". Dieser Teil wirkt kompetent, ist rhetorisch sicher, kommunikativ und im ganzen Auftritt routiniert und souverän. Die Darstellerin kann eindrucksvoll erklären und lehren und Menschen in ihren Bann ziehen. Dieser Manager-Teil steht in einer starken Polarisierung mit dem unsicheren Teil, den Fischer die „Gehemmte" nennt. Die Gehemmte hat ihren Ursprung in der Schulzeit, als sie nicht zu den Beliebten gehörte, in den Pausen oft alleine da stand und sich sehr unbeholfen darin fühlte, mit anderen ins Gespräch zu kommen oder mit ihnen zu spielen. Es war eine Zeit, in der Elisa Fischer als junges Mädchen ohne Freunde war und sich sehr einsam fühlte.

Die Kühl-Distanzierte, die sie – wie es ein typischer Feuerbekämpfer tut – so unvermittelt vereinnahmt, hat leider eine äußerst negative Wirkung nach außen. Die unpersönliche, zurückgezogene Ausstrahlung Elisa Fischers und ihr scheinbares Desinteresse wirken auf andere sehr abweisend. Das hat den Effekt, dass sie ihr eher aus dem Weg gehen und kein persönliches Gespräch mit ihr suchen. Dadurch fühlt sich die Gehemmte weiterhin übersehen und zunehmend isoliert, was wiederum die Feuerbekämpferaktivität des kühl-distanzierten Teils verstärkt.

Die hier beschriebene Dynamik ist natürlich eine sehr individuelle. Ein anderer Mensch könnte bei einer ähnlichen Empfindlichkeit – missachtet zu werden – schriller, ausdrucksvoller, aufdringlicher reagieren. Ein „expressiver Teil" wäre dann in Führung. Und eine dritte würde möglicherweise besonders aktiv den Kontakt zu den Menschen in der Gruppe suchen, sich innerlich auf sie einstellen und sich sehr darum bemühen, eine angenehme, anziehende, charmante Gesprächspartnerin zu sein. Eine „Kontakfreudige" oder „Charmante" hätte dann die Rolle übernommen, die „Gehemmte" zu schützen.

⇢ *Der Oberlehrer*

Otto Blum, Mitte 50, ist Projektleiter. Ein jüngerer Kollege, mit dem er gelegentlich Machtkämpfe erlebt, neigt dazu, ihn in Projektsitzungen im Beisein von anderen mit zynischen, flapsigen, aber auch abfälligen Kommentaren zu provozieren. In diesen Situationen wird Blum regelmäßig besserwisserisch und oberlehrerhaft. Der „Oberlehrer", so bezeichnet er diesen Teil, weist den Kollegen schulmeisterlich zurecht. Das passiert meistens vollkommen automatisch und unkontrolliert. Dahinter verbirgt sich ein unterlegener Teil, der sich bei Konkurrenz- und Machtkämpfen schnell bedroht fühlt. Der Oberlehrer, als Feuerbekämpfer, versucht im Gespräch Oberwasser zu behalten, dem anderen die Stirn zu bieten und Stärke zu demonstrieren. Obwohl die Reaktion des Oberlehrers mit einer positiven Intention unterlegt ist – nämlich eine unterlegene Position zu vermeiden –, löst der Teil eine negative Wechselwirkung aus. Denn er stachelt den jüngeren Kollegen weiter an. Auf den empfundenen Angriff verteidigt dieser sich verstärkt mit zynischen Bemerkungen.

Gute Absichten – aber extreme Rollen

Beschützer haben gute Absichten, auch wenn ihre Rollen manchmal extrem sind.

Wie diese Beispiele zeigen, haben Beschützer gute Absichten, auch wenn ihre Rollen manchmal extrem sind. Die heftigen, unkontrollierten Reaktionen von Feuerbekämpfern können auf die Außenwelt abweisend, kämpferisch, verletzend oder bedrohlich wirken. Und das ruft später wiederum Manager auf den Plan, die mit dem Ergebnis unzufrieden sind, denn deren Aufgabe ist es ja, in der Außenwelt gut anzukommen und vernünftig zu sein. Aber auch Manager können in extremere Rollen hineingeraten. Manchmal verhalten sie sich wie Top-Manager in einem Unternehmen: Sie sind ständig im Einsatz, arbeiten ohne Unterlass, gönnen sich keine Pause oder Auszeit, laufen auf Hochtouren und sind in Gefahr, an Burn-out zu erkranken. Manager-Teile können so dominant und überkontrollierend in Führung gehen und andere Teile derart stark verdrängen, dass kaum mehr Raum ist für andere Qualitäten. Das innere System gerät zunehmend aus der Balance. Ein leistungsorientierter Teil kann so übermäßig stark werden, dass eine Person keine Entspannung im Leben mehr findet. Durch den Dauereinsatz und das Tempo, in dem sie alles erledigt, können sich Schlafstörungen entwickeln. Durch den Druck, alles zu schaffen, jagt sie möglicherweise von einem Ziel zum anderen und wird extrem ungeduldig mit sich und anderen. Sie kann Angst davor haben, loszulassen, die Geschwindigkeit zu reduzieren, sich Pausen zu gönnen. Die Angst, die nicht rational, sondern emotional begründet ist, könnte bedeuten, dass Loslassen mit Scheitern, Stillstand oder Chaos verbunden wäre. Oder, in einem anderen Fall, kann ein rationaler Teil so stark ausgeprägt sein, dass die Person Emotionen sofort im Keim erstickt, alles nüchtern, distanziert und sachlich betrachtet und damit kaum Nähe und Emotionalität zulässt. Die Sorge eines solchen rationalen Manager-

Teils könnte sein, dass das Wahrnehmen von Gefühlen sie zu weich und berührbar werden lässt.

Unsere Erfahrung zeigt: Solange die Absichten und Bedenken von Beschützer-Teilen nicht in der Tiefe begriffen werden, haben diese kein Vertrauen, dass man mit den verletzlichen Teilen dahinter besser umgehen könnte. Und sie werden dazu neigen, um fast jeden Preis ihren Einfluss zu behalten. Für die Selbstführung heißt das: Die Befürchtungen und Intentionen von Beschützern müssen näher erforscht und verstanden werden, bevor sich eingeschliffene Verhaltensmuster verändern können.

Solange die Absichten und Bedenken von Beschützer-Teilen nicht in der Tiefe begriffen werden, haben diese kein Vertrauen, dass man mit den verletzlichen Teilen besser umgehen könnte.

Selbst-Coaching

Teile-Landkarte

Zweck: Ein Bild über die eigenen Persönlichkeitsteile bekommen und wie sie zueinander im Verhältnis stehen.

Grobstruktur: Aufbauend auf der Liste aus dem Selbst-Coaching des letzten Kapitels wird intuitiv ein Bild entworfen, in dem die Teile symbolisch, grafisch oder illustrativ dargestellt werden. Benötigt werden dafür Papier und Buntstifte.

Zeitbedarf: 20 bis 30 Minuten.

Wenn Sie sich die Liste der Persönlichkeitsteile (aus dem Selbst-Coaching des letzten Kapitels) anschauen, dann werden Ihnen vermutlich einige Teile auffallen, die in Ihrem Leben eine wichtige Rolle spielen, und andere, die nur selten auftreten. Sie können nun ein Bild anfertigen, das ausdrückt, welche Teile in Ihrem Leben (oder bezogen auf eine bestimmte Situation) vorherrschend sind. In diesem Bild können Sie darstellen, welche Polarisierungen oder Allianzen zwischen den Teilen bestehen, welche in Führung und welche eher beschützt sind. Diese intuitive Darstellung lässt die Bedeutung der einzelnen Teile und deren Beziehung zueinander noch anschaulicher und greifbarer werden.

Dazu schlagen wir vor, dass Sie mit Papier und Farbstiften intuitiv eine symbolische „Draufsicht", eine Art „Landkarte" entwerfen, die für Sie stimmig erscheint. Es sind keinerlei künstlerische Talente nötig, eher ein bisschen Experimentierfreude und Neugier.

1. Sie können ein Bild davon zeichnen, wie Ihre Teile insgesamt in den letzten Monaten verteilt waren, oder jeweils ein Bild, das die Konstellation der Teile in einem bestimmten Lebensfeld darstellt, zum Beispiel die berufliche oder die private „Person". Es kann auch eine Darstellung von Teilen sein, die in einer ganz bestimmten Situation oder in einem gegenwärtigen Entscheidungsprozess vorherrschen.

2. Für Ihre individuelle „Landkarte" empfehlen wir, sich von der Kategorisierung in „Manager", „Feuerbekämpfer" und „Verletzliche/Verbannte" wieder zu lösen – da es oft Teile gibt, die sich nicht eindeutig zuordnen lassen oder die Eigenschaften aus mehr als einer Kategorie haben. Entscheidend ist Ihr Gefühl intuitiver Stimmigkeit – denn jede Innenwelt ist einzigartig.

3. Erlauben Sie sich, Ihre ganz eigene Form dafür zu finden. Dafür sind Ihrer Phantasie keine Grenzen gesetzt. Einige Möglichkeiten könnten sein:
   a. verschieden große Kreise, die wichtigsten größer in der Mitte, die anderen kleiner drum herum;
   b. verschiedene symbolische Flächen, rund, eckig, gezackt, wolkig – und in verschiedenen Farben, die am besten zu der jeweiligen Qualität des Teils passen;
   c. verschiedene Figuren, Gestalten und/oder Symbole;
   d. ein Torten- oder Balkendiagramm, das anteilig die verschiedenen Größen bzw. die Wichtigkeit der einzelnen Teile ausdrückt;

e. die Form eines Mind-Maps oder die eines Baumes mit verschiedenen Ästen oder einer Blume mit unterschiedlichen Blüten.

4. Sinnvoll ist es, dabei zu berücksichtigen, wie viel Raum einzelne Teile in der Persönlichkeit einnehmen, welche Teile näher beieinander oder weiter auseinander stehen, welche oft zusammenwirken oder in ihren Intentionen weit voneinander entfernt sind.
5. Empfehlenswert für die Übersicht ist es auch, die Namen der Teile jeweils dazuzuschreiben.
6. Wenn Sie eine „Landkarte" gezeichnet haben, können Sie auch mit Ihrem Partner oder einem guten Freund darüber sprechen und ihn oder sie nach deren Sicht fragen – ob sie Ihre Vorstellungen so nachvollziehen können, ob sie andere Eindrücke haben oder vielleicht sogar noch ganz andere Anteile sehen. Auch über die Wirkungen und Wechselwirkungen Ihrer Persönlichkeitsteile können Sie Interessantes erfahren. Wenn Sie wollen, können Sie zusätzlich die nachfolgenden Fragen im Coaching-Abschnitt reflektieren, für sich alleine oder mit einem Gesprächspartner.

Eine solche Landkarte kann für längere Zeit ein wichtiges Hilfsmittel für die Selbstführung sein. Sie kann zur Selbsterkenntnis beitragen. Sie wächst und verändert sich mit zunehmender Bewusstheit über die eigene Innenwelt.

Coaching

Teile-Landkarte reflektieren

Für einen Klienten kann es wertvoll sein, sich einen Überblick über seine Persönlichkeitsteile zu verschaffen – entsprechend der Anleitung beim Selbst-Coaching. Dieses Bild kann die Teile enthalten, die generell im Leben, bezogen auf das Anliegen oder bei einer konkreten Situation eine Rolle spielen. Wenn dieser Überblick erstellt wurde, ist ein nächster Schritt dann die Reflexion des Bildes. Damit kann das Verständnis über die innere Dynamik noch deutlicher vertieft werden.

Die folgenden Fragen stellen eine Möglichkeit dar, die Landkarte systematisch zu reflektieren:

1. „Wie fühlen Sie sich gegenüber diesen Teilen Ihrer Persönlichkeit?"
Mit dieser Frage kann man Teile identifizieren, auf die andere Teile kritisch reagieren. Der Coach kann bei starken Reaktionen des Klienten nachforschen, ob die entsprechenden kritischen oder ablehnenden Teile auf der „Landkarte" bereits berücksichtigt sind. Frage des Coachs: „Wie geht's Ihnen mit dieser Coolen?" Antwort Klient: „Die ist mir etwas unangenehm!" Frage Coach: „Welcher Teil mag die Coole nicht?" Antwort Klient: „Der Menschenfreund in mir."

Häufig werden mit dieser Frage noch andere Teile entdeckt, die vorher nicht bewusst waren.

2. „Welche Teile sind meist / oft in Führung?"
Hier kann der Coach auch einiges aus seiner persönlichen Wahrnehmung des Klienten ergänzen. Klienten sind sich häufig der Teile, mit denen sie am stärksten identifiziert sind – insbesondere vernünftiger, rationaler oder erklärender Teile – kaum bewusst. Die am stärksten ausgeprägten Teile gehören meist so selbstverständlich zur Persönlichkeit, dass sie nicht als Teile wahrgenommen werden, sondern als „Ich". Das, was der Coach beim Klienten erlebt oder was sich aus einigen Rückmeldungen anderer ergibt, kann die Selbsterkenntnis hier deutlich erweitern. Wichtig ist natürlich immer die respektvolle, fragende Haltung als Coach.

3. „Welche Teile springen wann an? Wie ausgelöst? Woran merken Sie das?" (z.B. Körpersignale, typische Gedanken, Gefühle?)
Mit diesen Fragen können Automatismen genauer betrachtet werden. Vor allem dienen sie aber dazu, somatische Marker und andere mögliche Erkennungsmerkmale herauszuarbeiten, die dem Klienten ermöglichen, künftig früher zu bemerken, wenn ein Teil sich meldet und dabei ist, die Führung zu übernehmen.

4. „Wie sind die Teile zueinander in Beziehung?" (Polarisierungen, Allianzen)
Die innere Dynamik, vor allem typische innere Wechselwirkungen, die den Klienten einschränken oder unflexibel sein lassen, können mit dieser Frage erforscht werden. Besonde-

res Augenmerk kann man darauf legen, welche Teile öfter zusammenwirken, welche konträr sind oder sich gar bekämpfen.

5. „Welchen Teilen möchten Sie im Leben mehr Raum geben?"

Hier geht es um längerfristige Entwicklungsfragen, oft auch um grundlegende Fragen nach Orientierung und Sinnhaftigkeit im Leben. Damit bekommt man einen Ausgangspunkt, zu überlegen, wie bestimmte Teile gegebenfalls mehr in den Vordergrund geholt werden können.

6. „Auf welche Teile möchten Sie mehr achten? Welche Teile möchten Sie besser führen?"

Konkrete Umsetzungsstrategien können mit so einer visuellen Unterstützung manchmal leichter herausgearbeitet und im Kontext anderer Persönlichkeitsteile besser abgestimmt werden.

7. „Was verstehen Sie über die Wirkung einzelner Teile nach innen und nach außen auf andere Personen?"

Hier lohnt es sich häufig, länger zu verweilen und dem Klienten zu helfen, diese Zusammenhänge genauer zu erforschen. Durch die Landkarte wird manchmal sehr klar, warum eine Veränderung nicht so leicht ist – weil es gar nicht selten vorkommt, dass einige Persönlichkeitsteile vordergründig ganz froh sind, wenn alles so bleibt wie es ist, etwa ein „Sicherheitsbedürftiger", ein „Zweifler" oder eine „Unsichere".

8. „Wenn Sie an bestimmte andere Personen, Situationen, innere Zustände denken – wie möchten Sie Ihre Teile da aufstellen?"

Mit dieser Frage lassen sich für schwierige Situationen stimmige Konstellationen besprechen, die bessere Ergebnisse erhoffen lassen als bisher. Diese „innere Aufstellung" könnte dann auch noch in einem nachgestellten Dialog oder im Probehandeln in der Phantasie ausprobiert werden.

9. „Was würde Sie noch als Rückmeldung meinerseits dazu interessieren?"

Es kann überraschend sein, was über das Besprochene hinaus für einen Klienten noch wichtig ist. Manchmal kommen auf diese Weise entscheidende Arbeitsfelder zu Tage – wie zum Beispiel eine grundsätzliche Unsicherheit, ob er sich selber richtig einschätzt, oder sein Bedürfnis nach Bestätigung.

Hinweis: Der ursprüngliche Auftrag und das Ziel des Coachings muss immer die Hauptorientierung dafür sein, welchen Forschungsfeldern sich der Coach zuwendet und was genauer mit den Fragen vertieft wird.

7.

Das Selbst

„Ich war in einem Gefühl von Weite und Zeitlosigkeit."
„Plötzlich verstand ich – und war mit allem in Frieden."
„Ich fühlte mich frei und doch verbunden mit allem."
„Ich wusste: Das ist mein tiefster, unzerstörbarer Kern."
„Ich konnte weiterhin alles wahrnehmen, die Geräusche, meine Emotionen, mein Denken – aber irgendwie war ich jenseits davon – fast so wie reines Bewusstsein."
„Ich empfand tiefste Verbundenheit mit allem Leben."

Fast jeder kennt Momente, in denen er tiefen Frieden, Klarheit und Einssein mit sich und der Welt erleben oder zumindest erahnen konnte. Viele erfahren dies am ehesten in der Natur – auf einem Berggipfel, am Meer, in der Wüste. Dann, wenn alle innere Aufgeregtheit, Nöte, Gedanken und Gefühle zurücktreten und weniger wichtig sind, entfaltet sich ein Zustand, der anders ist als das Alltagsbewusstsein. Manchmal erlebt man eine Gelassenheit, gepaart mit dem Wissen, dass alles, was jetzt geschieht, was man jetzt tut, seine Richtigkeit hat. Einige Menschen erleben dies beim Sport, Musizieren, Malen oder bei einer anderen Tätigkeit, in der sie ganz aufgehen. Auch wer über längere Zeit Achtsamkeit geübt oder meditiert hat, hat wahrscheinlich schon einen Geschmack von diesem Zustand bekommen.

Das eigene Sein so zu erleben, erinnert an das, was Maslow (2002) als „Peak-Experience" oder Csikszentmihalyi (2002) als „Flow" beschrieben haben. Aber am nächsten kommen dem, was wir meinen und was Richard Schwartz bei seiner therapeutischen Arbeit entdeckt hat, Beschreibungen spiritueller Traditionen, wie beispielsweise aus dem Buddhismus, die das ursprüngliche Wesen des Menschen als weise und mitfühlend ansehen.

In diesem Kapitel geht es darum, diesen Zustand von Gleichmut, Weisheit und Verbundenheit als den inneren Platz kennenzulernen, von dem aus das System der Persönlichkeitsteile am besten gesteuert werden kann und der auch die Entwicklung einzelner problematischer Anteile am leichtesten ermöglicht.

Die (Wieder-) Entdeckung des Selbst

Die Frage, wer wir im tiefsten Inneren, in unserem Kern, eigentlich sind, beschäftigt die Menschheit, seit wir über uns nachdenken können. Es gibt Antworten von religiösen Führern, Philosophen, Psychologen, Biologen, Medizinern, Hirnforschern und vielen anderen. Letztlich sucht und versucht sich wohl jeder und jede Einzelne mit einer für ihn oder sie passenden Antwort.

Wir wollen auf den Diskurs zum Thema „Was ist das Selbst" nicht näher eingehen. Einerseits gibt es wohl kaum jemanden, der dazu wirklich einen umfassenden Überblick hätte (vielleicht Ken Wilber [2001 a-c], der versucht hat, die wesentlichen Sichtweisen zur menschlichen Bewusstseinsentwicklung in eine Zusammenschau zu bringen). Andererseits geht es uns vor allem um einen pragmatischen Zugang zu der Instanz, die aus unserer Erfahrung am besten die Vielfalt der Persönlichkeitsanteile führen kann. Wir werden in diesem Kapitel darüber reflektieren, wie das Modell des Systems der inneren Familie „entdeckt" wurde, wie sich ein selbstnaher Zustand anfühlt, welche wesentlichen Merkmale dazugehören und wie diese Sichtweise zu einigen gängigen Weltbildern passen könnte. Dass wir den Begriff „Selbst" trotz seiner unterschiedlichen Bedeutungen verwenden, hat damit zu tun, dass er am besten zur Alltagssprache passt und dass er bereits in IFS und ähnlichen Psychotherapieansätzen benutzt wird.

Doch nun zur Geschichte: Richard Schwartz (2003) war in den 1980er Jahren ein bekannter Familientherapeut in den USA. Er hatte ein Standardwerk über systemische Familientherapie (1988) herausgebracht – und war trotzdem enttäuscht über die Grenzen dieses Vorgehens. Ihm war aufgefallen, dass oft, wenn eine Familie nach den Vorstellungen der Therapeuten eigentlich schon gesund war und alle wesentlich besser miteinander kommunizierten als vorher, das kranke Kind, weswegen die Therapie begonnen wurde, immer noch nicht von seinen Symptomen „geheilt" war.

Seine Neugier ließ ihn etwas versuchen, was unter Familientherapeuten damals als unpassend galt: Er wollte herausfinden, was im Inneren des kranken Kindes oder Jugendlichen vorging, und begann mit Einzelgesprächen. Dabei begegneten ihm ganz ähnliche Mechanismen wie vorher in der Familie. Bei dem Versuch, sich dem Symptom, etwa einer Ess-Brech-Sucht, zuzuwenden, erzählte eine Patientin darüber selbstkritisch herablassend, auch abwehrend und mit einer Haltung, die ausdrückte: „Ich krieg' das schon alleine in den Griff!" Das war fast so wie vorher der Vater, der meinte: „Wenn sie nur wollte und sich beherrschen würde, dann müsste sie nicht so mit dem Essen rummachen!" Genau wie in der ersten Familientherapiesitzung, wo es überhaupt nicht möglich war, mit dem Kind direkt zu sprechen, weil erst die Erwachsenen ihre Sichtweisen erzählen mussten, war es hier nicht möglich, mit der Seite in Kontakt zu treten, die eigentlich „krank" war. Hier begann Richard Schwartz, dasselbe Vorgehen wie mit der Familie auf die inneren Persönlichkeitsteile anzuwenden: Er sprach so lange mit jedem Teil, der sich in den Vordergrund drängte, bis dieser entspannte und seiner Position so sicher war, dass er sich im weiteren Verlauf mehr zurückhalten konnte und bereit war, den Kontakt zu anderen Teilen des Systems zuzulassen.

Richard Schwartz entdeckte, dass der Ablauf immer ähnlich war: Zuerst musste er sich um die Anteile kümmern, die in Kontrolle waren, die eher vernünftigen, erwachsenen Manager. Dann kamen die heftigen, impulsiven Feuerbekämpfer dran und erst zuletzt konnte sich das zeigen, was an Schmerz und Verletzlichkeit dahinter versteckt

Die Systematik dieses Vorgehens besteht darin, jeweils den Teil, mit dem gerade gesprochen worden war, darum zu bitten, sich beim weiteren Gespräch mit dem nächsten Teil nicht einzumischen.

war. Die aus der Famlientherapie abgeleitete Systematik dieses Vorgehens bestand darin, jeweils den Teil, mit dem gerade gesprochen worden war, anschließend darum zu bitten, sich beim weiteren Gespräch mit dem nächsten Teil nicht mehr einzumischen, sondern vorübergehend beiseitezutreten. Wenn der Teil dazu bereit war, sollte er versuchen, sich im inneren System etwas zu separieren und sich auf einen entfernteren Beobachtungsplatz im Bewusstsein zurückzuziehen.

Neben dem, dass es den meisten Patienten mit etwas Geduld erstaunlich gut gelang, Teile „beiseite zu bitten", war für Richard Schwartz die größte Überraschung – mit der für seine Arbeit nachhaltigsten Wirkung – die Entdeckung des inneren Zustandes, der entsteht, wenn alle Teile sich separiert hatten. Tatsächlich gab es immer wieder den Moment, wo alle Klienten bei den Fragen „Was ist das jetzt für ein Teil?" und „Wäre der bereit, beiseitezutreten?" konstant zu sehr ähnlichen Antworten kamen: „Das ist jetzt kein Teil mehr wie die anderen, das bin ich selbst – ich selbst in meinem tiefsten Inneren!"

Weil dieser Zustand einerseits so andere Qualitäten hat als die Teile und weil er andererseits so zentral und kernhaft für jeden Menschen zu sein scheint, hat Schwartz einfach aus der Beschreibung seiner Klienten „Das bin ich selbst" oder „Das ist mein wahres Selbst" seine Bezeichnung abgeleitet: das „Selbst" (englisch: The „Self").

Seit den 1980er Jahren ist einige Zeit vergangen und vor allem in USA ist IFS inzwischen ein sehr weit verbreitetes Modell geworden, mit dem viele Therapeuten und Coaches arbeiten. Und alle machen immer wieder dieselbe Erfahrung: Jeder Klient kann – früher oder später – dieses Selbst in sich finden. Es scheint, als würde der Mensch von hier aus eine innere Weisheit und eine mitfühlende Zugewandtheit gegenüber all seinen Teilen haben, auch den schwierigsten, sodass er mit großer Sicherheit die richtige Richtung findet, mit der jedem Teil geholfen werden kann.

In einem selbstnahen Zustand hat der Mensch eine innere Weisheit und eine mitfühlende Zugewandtheit gegenüber all seinen Teilen.

Wir wollen hier Richard Schwartz zu Wort kommen lassen – mit der Faszination über seine ersten Erfahrungen mit dem „Selbst" seiner Klienten:

„In diesem Zustand von Sanftmut und Mitgefühl fragte ich diese Klienten, was für eine Stimme oder welcher Teil gerade anwesend war. Sie alle antworteten in etwa Folgendes: ‚Das ist kein Teil, wie jene anderen Stimmen es sind, das entspricht mehr dem, wie ich wirklich bin, das ist mein Selbst.' Ohne es zu wissen und unerwartet, war ich auf eine neue Möglichkeit gestoßen, Menschen dabei zu helfen, einen Zugang zu dem Selbst zu finden, von dem viele spirituelle Traditionen sprechen. Begriffen hatte ich dies aber erst Jahre später. An dem Punkt wühlte mich die Erkenntnis regelrecht auf, einen Weg gefunden zu haben, durch den die Therapie für meine Klienten und für mich so viel anstrengungsloser und effektiver wurde. (…) Am erstaunlichsten war die Tatsache, dass Klienten, sobald sie sich

im Zustand des Selbst befanden, zu wissen schienen, was zu tun oder zu sagen war, um einer jeden inneren Persönlichkeit zu helfen. Es wurde immer deutlicher, dass ich sie nicht zu lehren brauchte, wie sie sich gegenüber den verschiedenen Gedanken und Emotionen, die sie Teile nannten, verhalten sollten, denn sie fingen entweder automatisch an, zu tun, was der Teil brauchte, oder sie begannen Fragen zu stellen, die zu Antworten führten, wie dem Teil zu helfen war. Meine Aufgabe bestand hauptsächlich darin, ihnen dabei zu helfen, im Zustand des Selbst zu bleiben, und dann aus dem Weg zu gehen, wenn sie selbst zu Therapeuten für ihre eigenen inneren Familien wurden."

Sobald sich Klienten im Zustand des Selbst befinden, scheinen sie zu wissen, was zu tun oder zu sagen ist, um einer jeden inneren Persönlichkeit zu helfen.

Welche Qualitäten ein selbstnaher Zustand hat und wie er mit Hilfe eines Beraters erreicht werden kann, zeigt folgendes Beispiel aus einem Coaching:

Egon Müller ist eine mittlere Führungskraft einer Bank, ein exzellenter Fachmann auf seinem Gebiet und oft bei Sitzungen mit Vorständen und obersten Führungsebenen mit dabei. Ihn stört es sehr, dass er dazu neigt, in diesen Gremien viel zu zurückhaltend zu sein. Immer wieder hat er den Eindruck, von seiner Fachkompetenz her wäre es wichtig, sich einzubringen, aber er lässt diese Momente einfach verstreichen und ärgert sich hinterher, dass er wieder mal den Mund nicht aufbekommen hat. Während er im Coaching darüber spricht, wirkt er angespannt und mit sich selbst ungeduldig. Seine Worte klingen hart und voller Vorwurf, was diese Zaghaftigkeit betrifft. Der Coach fragt ihn, ob es sein könnte, dass dieser Tonfall von einer kritischen Seite seiner Persönlichkeit stammt, die sich über die Zaghaftigkeit ärgert. Müller, dem das Modell der Persönlichkeitsteile aus einem früheren Coaching bekannt ist, bestätigt dies nach kurzem Nachsinnen. Der Coach fragt ihn dann, ob er diesen kritischen Teil bitten könnte, innerlich beiseitezutreten und sich für einige Minuten zurückzuhalten, um mehr über die Zaghaftigkeit und deren Gründe zu erfahren. Als der kritische Teil auf Abstand geht, geschieht eine subtile, aber bemerkenswerte Veränderung mit Herrn Müller: Er wirkt nicht mehr so angestrengt und hart, er atmet tiefer und ruhiger.

Mit sanfter und gleichzeitig klarer Stimme sagt er: „*Ja, das geht. Ich bin ganz überrascht. Das fühlt sich deutlich besser an ... weniger kritisch.*" Der Coach bittet ihn dann, sich dem Teil zuzuwenden, der sich in der Situation oft so zaghaft und zurückhaltend fühlt, und fragt ihn, ob er diesen Teil spüren kann. Erstaunt sagt Müller: „*Ja, diese Seite kann ich jetzt deutlicher wahrnehmen. Diese Ängstlichkeit ist mir irgendwie vertraut.*" Und auf die Frage: „*Wie fühlen Sie sich denn jetzt gerade diesem ängstlichen, zaghaften Teil gegenüber?*" antwortet er: „*Eigentlich bin ich neugierig auf ihn.*" Nach kurzem Schweigen fährt er fort: „*Und er tut mir eher leid. Er wirkt so eingeschüchtert ...*". Die ganze Ausstrahlung von Egon Müller hat sich verändert, sie vermittelt Gelassenheit. Sein Gesicht wirkt weicher und drückt Verständnis aus. An dem inneren Platz, von dem aus er jetzt spricht, scheint er weniger gefangen zu sein in seinen vorherigen Gedanken und Emotionen. Trotzdem wirkt er nicht distanziert, sondern wohlwollend und annehmend gegenüber dem inneren Geschehen. Und er will jetzt die Gründe für die Angst besser verstehen. Der Coach ermuntert Müller, sich dem Teil zuzuwenden und ihn zu fragen, woher seine Mutlosigkeit kommt, warum er so ängstlich ist.

In dieser kurzen Sequenz zeigen sich einige der wichtigsten „selbstnahen" Qualitäten:

- *Gelassenheit:* Ein Mensch in diesem Zustand ist ruhig, entspannt, innerlich zurückgelehnt.
- *Unabhängigkeit:* Er hat eine innere Sicherheit, aus der heraus er auch „schwierige" Teile betrachten kann.
- *Neugier:* Er ist nicht mehr abwertend, sondern offen und neugierig.
- *Mitgefühl und Verbundenheit:* Er empfindet ganz selbstverständlich eine annehmende, mitfühlende, fürsorgliche Haltung und kann mit dem Teil in eine liebevolle Beziehung treten.
- *Weisheit und Kreativität:* Er weiß von innen heraus, was ein sinnvoller nächster Schritt ist, der für den Teil, mit dem er in Kontakt ist, hilfreich wäre.

Im weiteren Verlauf zeigen sich noch zwei weitere Eigenschaften des Selbst: Tiefes Verständnis und Zuversicht. Auf Herrn Müllers Frage an den „Ängstlichen", warum er so furchtsam sei, kommen alte Bilder ins Bewusstsein zurück, die lange vergessen waren. Der Teil fühlt sich wie der 7-jährige Junge, der, nachdem er mit den Eltern umgezogen ist, in eine neue Klassengemeinschaft kommt, die ihn lange Zeit nicht aufnimmt. Wegen seines fremden Dialektes wird er ständig gehänselt und ausgelacht. Auch wenn das schon so lange in der Vergangenheit zurückliegt – emotional ist der Teil immer noch darin gefangen. Aufgrund der emotionalen Ladung, die im Ängstlichen heute noch vorherrscht, hat Müller bis zu diesem Zeitpunkt nur ganz selten den Mut gefunden, unaufgefordert etwas zu sagen. Wenn er sich in einer Gruppe von Menschen befindet, von denen er abhängig ist, aber denen er sich nicht wirklich zugehörig fühlt, gerät er automatisch in den schüchtern-zurückgezogenen Zustand. Rational konnte er das bislang weder nachvollziehen noch anders steuern.

Dass der ängstliche Junge immer noch in diesen alten Erlebnissen feststeckte, war für Herrn Müller eine sehr überraschende Erkenntnis. Und dass das eine so starke Wirkung auf sein gegenwärtiges Verhalten hatte, war ihm vollkommen unbewusst. Mit diesem tieferen Verständnis konnte er von da an viel besser mit der Ängstlichkeit umgehen. Dadurch, dass er sie mit den Erfahrungen des Jungen in Verbindung bringen konnte, war es leichter, sie anzunehmen und damit eine realistische Sicherheit in den Führungs-Gremien zu entwickeln.

Die Merkmale eines selbstnahen Zustandes sind auch Eigenschaften, die jemanden auszeichnen, der auf gute Weise Führung übernehmen könnte.

Im Laufe der Zeit haben Therapeuten, Coaches und andere Personen, die mit IFS arbeiten, bei selbstnahen Zuständen immer wieder diese Merkmale beobachten können. Gelassenheit, Unabhängigkeit, Neugier, Verständnis und Mitgefühl, Weisheit und Kreativität, Zuversicht und Verbundenheit – all das sind Eigenschaften, die jemanden auszeichnen, der auf gute Weise Führung übernehmen könnte. Und auch im inneren System kann eine Instanz mit diesen Qualitäten optimal dafür sorgen, dass zwischen den Teilen mehr Harmonie herrscht, sie gut integriert sind und die gesamte Persönlichkeit sich stimmig und sinnvoll entwickeln kann. Kurz: Das Selbst (oder ein selbstnaher Zustand) ist am besten geeignet, innere Führung zu übernehmen. Der Begriff „Selbstführung" bekommt so eine noch tiefgründigere Bedeutung.

Das Selbst aus der Sicht verschiedener Weltbilder

Menschen sind verschieden und wie sie die Welt, in der sie leben, erklären, ist ebenfalls recht unterschiedlich. Inwieweit die Vorstellung von Persönlichkeitsteilen und eines Selbst da hineinpasst, ist für jeden eine ganz persönliche Entscheidung. Wir sind vom pragmatischen Wert der IFS-Sicht zum „Selbst" überzeugt und erleben es sowohl für uns als auch in unserer Arbeit immer wieder als außerordentlich hilfreich. Deshalb wollen wir es möglichst vielen Lesern leichtmachen, es auf ihre Weise auch für sich selbst zu nutzen. Auch wenn wir uns in diesem Buch auf die praktische Anwendung von Selbstführung konzentrieren, wollen wir mit einem kleinen Einschub kurz auf grundsätzliche theoretische Fragen zu diesem Modell eingehen. Die folgenden Reflexionen aus unterschiedlichen Perspektiven könnten hier aufschlussreich sein. Es sind Sichtweisen von drei häufigen Weltverständnissen, die wir exemplarisch darstellen wollen: die der Naturwissenschaften, die postmoderner konstruktivistischer Ansätze und die aus religiösen oder spirituellen Traditionen.

Aus naturwissenschaftlichcr Sicht

Naturwissenschaftliche Forschung beruht eigentlich immer auf einem Dreischritt, der individuelle Ergebnisse intersubjektiv überprüfbar macht und so ein Optimum an Objektivität anstrebt:

1. in einer wiederholbaren Anordnung ein Experiment machen;
2. die Ergebnisse beobachten und dokumentieren;
3. die Ergebnisse mit anderen im wissenschaftlichen Diskurs austauschen, die mit gleicher Versuchsanordnung ebenfalls Ergebnisse beobachtet haben.

Dabei hat eine Aussage so lange Gültigkeit, bis sie widerlegt wird. Dieser wiederholte Versuch zur Falsifizierbarkeit ist Grundlage wissenschaftlichen Vorgehens.

Insofern erfordert es zum Erforschen der Qualitäten des Selbst vor allem wiederholte Experimente gleichen Vorgehens mit sorgfältiger Beobachtung und Dokumentation sowie einen differenzierten wissenschaftlichen Diskurs.

Einerseits könnte die unzählige Male gemachte Beobachtung selbstnaher Zustände bei der Arbeit mit IFS schon als gewisser empirischer Beweis gelten. Andererseits müssten aber vor allem kritische Forscher der gleichen „Versuchsanordnung" folgen und die Ergebnisse unvoreingenommen beobachten – was unseres Wissens noch nicht geschehen ist. Weitere Forschung steht hier noch aus. Allerdings könnten aktuelle Ergebnisse der Hirnforschung mit langjährig praktizierenden Buddhisten (die selbstnahe Zustände in ihrer Meditation schnell herstellen können) als Hinweis gelten, dass Hirnfunktionen und geistige Leistungen in diesem Zustand gegenüber normalem Denken deutlich anders und feiner sind. Dass diese geistigen Qualitäten auch für einfache Sterbliche ansatzweise erreichbar sind, zeigen Forschungsergebnisse mit Menschen, die für 40 Stunden – sozusagen eine „Arbeitswoche" – entsprechende Übung in Achtsamkeitsmeditation erworben haben. Daniel Goleman mit dem Dalai Lama (2005), Matthieu Ricard (2007) und Sharon Begley (2007) etwa haben einige dieser Ergebnisse zusammengetragen.

Aus postmoderner konstruktivistischer Sicht

Konstruktivismus besagt – verallgemeinernd und kurz gefasst –, dass jedes Individuum und jede Gruppe von Menschen ihre Sichtweise der Welt selber konstruieren: „Man sieht und erkennt nur das, was man kennt." Dies entspringt unter anderem kulturellen Normen, den Möglichkeiten und Grenzen sprachlichen Erfassens der Wirklichkeit und familiärer oder schulischer Erziehung. Viele systemische Therapeuten und Berater gehen davon aus, dass es für die Lösung von Problemen oder die Heilung von Leiden vor allem darum geht, dem Klienten Wege zu besseren, für ihn nützlicheren Wirklichkeitskonstruktionen zu ermöglichen.

Sollte die Sichtweise des IFS lediglich eine Konstruktion sein – ausgelöst durch den Kontakt mit Menschen (oder Büchern), die diese Sicht vermitteln –, so wäre in erster Linie der Nutzen für eine gute Lebensbewältigung entscheidend. So gesehen erscheint uns diese Sicht als außerordentlich nützlich – und wir laden alle ein, diese Sichtweise für sich selber zu überprüfen.

Aus spiritueller oder religiöser Sicht

Das Selbst ist dem, was der ursprüngliche Buddhismus als Nirwana bezeichnet, ähnlich: Ein innerer Zustand, der gleichzeitig leer und verbunden ist mit der Fülle des Lebens – ohne damit identifiziert zu sein. Ein Bewusstsein, das alles wahrnehmen kann, ohne verhaftet zu sein. Aus dieser Leere entstehen dann als erste Grundeigenschaften Weisheit, Mitgefühl und (Lebens-)Kraft – sehr ähnlich zu den Qualitäten des Selbst.

Christliche Mystiker beschrieben oft eine Art Vereinigung mit Gott, in der es sich so anfühlt, als sei Gott nicht außerhalb, sondern inwendig in ihnen, und als seien sie von göttlichen Qualitäten erfüllt. Dies dürfte wiederum sehr ähnlich sein zu dem Erleben eines Menschen im Selbst – oder in einem weitgehend selbstnahen Zustand.

Vielleicht passt auch ein Bild, das in ähnlicher Weise in vielen religiösen Überlieferungen enthalten ist: Der göttliche Kern jedes einzelnen Menschen ist wie ein Funke oder ein Tropfen aus dem großen göttlichen Feuer oder Urmeer – von der Qualität her identisch mit seinem Ursprung –, aus dem er stammt und mit dem er sich letztlich wieder vereint. Wiederanbinden (lateinisch: religere) an diesen Ursprung heilt. Diese Sehnsucht, die Trennung vom Ursprung zu überwinden, ist sicher ein Hauptgrund für die spirituelle oder religiöse Suche, die viele Menschen antreibt.

···› *Zurück zur Praxis*

Wir erleben in den vergangenen Jahren immer wieder, dass in dem Maße, wie man etwas Abstand zu einem Teil gewinnt, mit dem man bislang stark identifiziert war, sich mehr Gelassenheit, Wohlwollen und Akzeptanz einstellen. Diese Qualitäten haben weit mehr Wirkung als nur einen „Wohlfühl-Effekt". Das aus unserer Sicht bedeutsamste Phänomen ist, dass die Gefühle, Einstellungen, Interessen und Erfahrungen von Teilen in einem selbstnahen Zustand deutlich besser angenommen und verstanden werden können als aus irgendeinem anderen inneren Blickwinkel heraus. Wenn man Teile in dieser akzeptierenden, wohlwollenden Haltung betrachtet, zeigen sie mehr über ihre Hintergründe, die bis dahin verschlüsselt waren. Ein Ergebnis davon ist, dass extreme Reaktionsmuster deutlich zurückgehen, ein anderes, dass sich Spannungen oder Polarisierungen leichter lösen. Für uns hat ein selbstnaher Zustand vor allem einen sehr pragmatischen Wert im Coaching und Selbst-Coaching: Empathie sich selbst gegenüber herzustellen und dadurch die Beziehung zu sich und seinen Teilen zu verbessern.

Teile können in einem selbstnahen Zustand deutlich besser angenommen und verstanden werden als aus irgendeinem anderen uns bekannten inneren Blickwinkel heraus.

In der zweiten Hälfte des Buches werden wir unterschiedliche praktische Anwendungsmöglichkeiten ausführlich darstellen. Wir hoffen, dass die spezifische Bedeutung der hier verwendeten Begriffe von „Selbst" oder „selbstnahen Zuständen" in der alltäglichen Erfahrung damit lebendig werden kann.

Selbst-Coaching

Wenn Sie eine bereits länger anhaltende schlechte Stimmung oder ein destruktives Handeln besser regulieren wollen, dann ist der erste Schritt, den Teil, der sich so fühlt oder so handelt, zu identifizieren. Sobald Sie ihn deutlicher greifen können, wäre der nächste Schritt, sich etwas davon zu separieren. Das erfordert Zeit, Raum und Achtsamkeit. Zuerst bitten Sie ihn wohlwollend, etwas auf Abstand zu gehen und Ihnen selbst mehr Raum zu geben. Wenn Sie jedoch bemerken, dass Sie innerlich den Teil bekämpfen, dass Sie ihn loswerden wollen oder sich darüber ärgern, dann können Sie davon ausgehen, dass gerade ein anderer Teil Ihrer Persönlichkeit reagiert. Dann befinden Sie sich nicht in einem offenen und neugierigen selbstnahen Zustand. Das wird der Normalfall sein und hier setzt der pragmatische Nutzen des Konzeptes vom Selbst an: Da das Selbst – als innere, unabhängige, neutrale Instanz der Persönlichkeit – Teile grundsätzlich offen und wohlwollend betrachtet, muss es immer dann von anderen Teilen überlagert sein, wenn die Haltung nicht annehmend ist. Insofern kann man leicht überprüfen, ob zum Beispiel ein innerer Kritiker versucht, einen Antreiber wegzuschieben – oder ob das Selbst den Antreiber freundlich zugewandt bittet, etwas Abstand herzustellen.

Sie können fast immer davon ausgehen, dass ein Teil, der abgelehnt und bekämpft wird, die Tendenz haben wird, dominanter zu werden. Das Phänomen kennen Sie vermutlich: Wenn man eine schlechte Stimmung oder ein Gefühl wie Angst bekämpft, wird sie stärker. Bezogen auf den Kontakt zu Teilen und den Umgang mit ihnen heißt das, auch schwierigen Teilen gegenüber eine empathische Haltung anzustreben. Wenn man ihnen empathisch zugewandt ist, reagieren sie entspannter und weniger aktiv oder alarmiert. Sich von Teilen zu separieren, heißt nicht, diese Teile durch das Separieren zu kontrollieren oder sie wegzudrängen. Es heißt vielmehr: Genug Abstand zu ihnen zu gewinnen, um dem eigenen Wesenskern mehr Raum zu geben und sie aus einem selbstnäheren Zustand heraus wahrzunehmen.

Übung „Ein Geschmack vom Selbst“

Zweck: In einen selbstnäheren Zustand kommen.
Grobstruktur: In Achtsamkeit Teile bemerken und nacheinander bitten, zurückzutreten. Papier und Stift in Reichweite.
Zeitbedarf: 20 bis 30 Minuten.

Folgende Übung können Sie nach dem Durchlesen selber einmal ausprobieren. Sie können dabei auch zwischendurch auf die Anleitung schauen.

1. Setzen Sie sich bequem hin, Rücken aufrecht, Füße auf dem Boden.
2. Schließen Sie die Augen oder richten Sie den gesenkten Blick entspannt auf einen Punkt vor sich.
3. Beginnen Sie dann, wie bei der Übung der Achtsamkeit, mit dem konzentrierten Beobachten des Atems.

4. Wenn Sie abgelenkt werden – durch einen Gedanken, eine Körperempfindung, ein Geräusch oder ein Gefühl –, wenden Sie sich den jeweiligen Gedanken, Körperempfindungen oder Gefühlen zu und fragen Sie sich: Welcher Teil könnte das jetzt sein, der das denkt oder fühlt?
5. Gehen Sie mit allen inneren oder äußeren Wahrnehmungen so um.
6. Unabhängig davon, ob Sie den Teil gleich identifizieren können oder ob es unklar bleibt, wer es ist – wenden Sie sich dem Teil (oder Gefühl, Gedanken) für einen Moment interessiert und offen zu.
7. Wenn Sie möchten, können Sie dabei verweilen und nachspüren, ob es etwas gibt, was der Teil von sich zeigen oder sagen möchte.
8. Sie können den Teil dann fragen, ob er bereit wäre, sich für ein paar Minuten etwas von Ihnen zu separieren, etwas mehr auf eine Beobachterposition im Hintergrund zurückzuziehen und Ihnen selbst mehr Raum zu geben.[1]
9. Wenn ein Teil beiseitegetreten ist, dann erlauben Sie sich, einfach den inneren Zustand wahrzunehmen, der danach entstanden ist.
10. Wenn Teile (Gedanken / Gefühle) sich nicht so schnell separieren, dann sollten Sie sie fragen, was sie brauchen oder was sie befürchten und noch etwas bei ihnen verweilen. Manchmal drängen sich auch nur wichtige Alltagsfragen oder anstehende Erledigungen in den Sinn. Das können Sie zur Erinnerung einfach auf einen Zettel schreiben. Nach ein paar Minuten können Sie den Teil dann noch mal fragen, ob er jetzt, wo er gehört worden ist, bereit wäre, in den Hintergrund zu treten.
11. Wenn Teile dann weitgehend separiert sind, bleiben Sie – so lange Sie wollen – in dem Zustand, der sich innerlich leer oder weit oder leicht anfühlen kann.

---

1 Für viele Menschen ist es hilfreich, sich vorzustellen, dass ein Teil wie ein Mensch einem zur Seite steht oder sich tatsächlich räumlich in gewisser Entfernung hinstellt oder setzt. Anderen gelingt es, sich durch bewusstes, tiefes Atmen mehr Raum zu schaffen und dadurch mehr Abstand zu einem Teil herzustellen.
Über die amerikanische Website www.bigmind.org sind Videos zugänglich sowie DVDs mit Anleitungen aus einem Seminar erhältlich, in denen jeweils einige besonders typische Teile adressiert, kennengelernt und dann beiseite gebeten werden. Dies bietet sehr wertvolle Erfahrungen mit selbstnahen Zuständen.

Coaching

Die Bedeutung des selbstnahen Zustandes im Coaching

Für den Transfer in den Alltag spielt die Erfahrung eines selbstnäheren Zustandes eine entscheidende Rolle. Wenn der Klient im Coaching die Erfahrung macht, einen abgelehnten, schwierigen Teil mit mehr Akzeptanz und Verständnis zu betrachten, dann ist er auch im Alltag dazu viel eher in der Lage. Die positive Erfahrung im Coaching kann wie ein Leitbild oder eine Orientierung wirken, häufiger so mit sich und seinen Teilen umzugehen. Immer wieder berichten Klienten, dass der wohlwollende Kontakt zu einem bislang abgelehnten oder ambivalenten Teil dazu geführt hat, dass er im Alltag weniger extrem reagiert.

Es ist aus unserer Sicht nicht erforderlich, mit Klienten theoretisch über das Konzept vom Selbst zu sprechen. Diesen Zustand weiter zu ergründen oder zu erklären, ist oft überflüssig und kann dadurch, dass es zum Theoretisieren verführt, sogar hinderlich sein. Vielen ist schnell einsichtig, dass es im Inneren eine Instanz oder Führung gibt, die unabhängig von den Teilen ist. Die meisten Klienten spricht es an, wenn man den Vergleich mit einer Person bringt, die sich in einer Beziehung nicht akzeptiert und angenommen fühlt. Sie können sich gut vorstellen, dass ein Teil – wie ein Mensch – dazu neigt, auf Ablehnung heftig zu reagieren. Manchmal hilft es, noch andere Namen für das Selbst zu wählen, wie das „Ich" oder das „bewusste Ich", der „Wesenskern" oder die Seele des Menschen.

Starke Beschützer-Teile können es allerdings schwierig machen, mehr Zugang nach innen zu bekommen. Sie zeigen sich in unterschiedlicher Weise. Zum Beispiel in Form von Vorbehalten, nach innen zu gehen und etwas genauer zu erforschen oder durch Skepsis gegenüber Vorschlägen. Solche Bedenken müssen vom Coach unbedingt ernst genommen werden. Man kann sich Beschützer-Teile vorstellen wie Bodyguards oder Wachhunde, die nicht einfach „auszutricksen" sind. Sie haben gute Gründe, aufmerksam aufzupassen. So wie ein Gast die Hausherrin oder den Hausherrn respektiert, so sollte man wertschätzend mit den Beschützern umgehen. Das tut man, indem man mögliche Vorbehalte oder Widerstände des Klienten interessiert aufgreift und sich mit ihnen ernsthaft und authentisch auseinandersetzt. Wenn der Klient im Verlauf des Coaching-Prozesses das Vertrauen entwickelt, sich von Teilen etwas zu separieren, dann ist der Weg zur Innenwelt frei. In diesem Zustand ist der Klient wirklich offen und neugierig für sich und seine Erfahrungen. Dann können Zusammenhänge differenziert und mühelos erforscht werden, und es entsteht Raum für Neues und Ungewohntes. Der Klient wird flexibler, experimentierfreudiger und lässt sich eher darauf ein, neue Perspektiven einzunehmen. Innere Kämpfe oder Polarisierungen lösen sich auf, wenn das Selbst wie ein innerer Moderator wirkt. Dadurch kann eine tiefere Bereitschaft für Veränderung entstehen. Vor allem aber gewinnt der Klient Vertrauen in diese Kraft und weise Intelligenz in sich selbst. Sehr viele Psychotherapieansätze verlassen sich ja explizit auf diese innere Weisheit. Je mehr erfahrungsgestütztes Vertrauen der Therapeut – oder Coach – in die Selbstheilungskraft hat, desto leichter findet auch sein Klient dazu Zugang.

Als Coach eigene Teile kennen

Wenn ein Coach mit Teilen des Klienten arbeitet, gehört es zur Professionalität, seine eigenen Anteile gut zu kennen und sie regulieren zu können. Aus welcher Position oder Haltung heraus der Coach arbeitet, hat natürlich eine starke Wirkung auf sein Gegenüber. Wenn seine Reaktionen den Prozess negativ beeinflussen oder eine problematische Wechselwirkung mit dem Klienten entsteht, muss er seinen eigenen Anteil daran rechtzeitig erkennen. Ein „lösungsorientierter Teil“, der ungeduldig wird, wenn der Klient nicht rasch eigene Lösungen findet, kann beim Klienten Druck auslösen. Ein „Helferteil“ kann es schwer aushalten, wenn es dem Klienten richtig schlecht oder während des Coachings vorübergehend sogar noch schlechter geht. Der Coach kann möglicherweise nicht mehr entspannt begleiten und läuft Gefahr, seinem Klienten zu viel abzunehmen. Ein „Harmonieteil“ kann dem Coach dabei im Wege stehen, einem aggressiven Klienten ein ehrliches Feedback zu geben – aus Sorge, dass dies die Beziehung belasten könnte oder der Klient seinen Ärger beim Coach entlädt.

Gerade weil Wechselwirkungen mit Klienten so leicht und schnell entstehen, ist es aus unserer Sicht für eine tiefer gehende Beratung notwendig, dass der Begleiter zu seinen eigenen Teilen auch Abstand nehmen kann. Der Coach sollte frühzeitig bemerken, wenn er eine eigene Agenda verfolgt, wenn er nicht mehr neutral sein kann oder sich verstrickt.

8.

Selbstführung

„Mit dieser Unsicherheit kann ich jetzt besser leben."
„Mit mehr innerem Abstand konnte ich sehen, dass ..."
„Ich war verblüfft, wie leicht es ging, die Situation aus einer anderen Perspektive zu betrachten."
„Als ich mich innerlich zurücklehnte, ging es ganz einfach."
„Den Besserwisser habe ich jetzt gut im Griff!"
„In dem Gespräch war ich innerlich optimal aufgestellt."
„Als der Druck wich, konnte ich klarer denken."

Inneres Team – innere Führung

Man kann Selbstführung vergleichen mit der Führung in einem gut eingespielten Arbeitsteam. Solange alles optimal läuft, wird sie nicht weiter hinterfragt.

Man kann Selbstführung vergleichen mit der Führung in einem gut eingespielten Arbeitsteam. Solange alles optimal läuft, wird sie nicht weiter hinterfragt. Die Führung des Teams braucht nicht viel Aufmerksamkeit. Das Management fällt kaum auf. Im Inneren ist es ähnlich: Sofern das Handeln wirksam und die erzielten Ergebnisse optimal sind, strebt kaum jemand bessere Selbstführung an. Man hat seine Routinen und Strategien für die alltäglichen Herausforderungen – und auch bei schwierigen Situationen schlägt man sich so durch. An die Limitierungen der eigenen Manager hat man sich ebenfalls gewöhnt. Oft übersieht oder toleriert man für lange Zeit, dass etwa ein Antreiber zu chronischer Überlastung oder ein Harmonie-Teil zu unverhältnismäßiger Anpassung führt.

Bewusste Selbstführung wird erst zum Thema, wenn einzelne Teile Spannungen und Reaktionen hervorrufen, die sich limitierend auf die eigene Lebensqualität oder auf Beziehungen auswirken. Wenn es Schwierigkeiten gibt im Umgang mit sich oder anderen, wenn die eigenen Ziele nicht erreicht werden oder wenn man an wiederkehrenden automatischen Reaktionen etwas ändern will, dann muss man sich wie eine Führungskraft um das eigene Team kümmern. Anlass dazu können Rückmeldungen oder Hinweise von anderen sein, aber auch die eigene Unzufriedenheit, gesundheitliche Probleme und manchmal Träume.

Ein entscheidender Schritt bei der Selbstführung ist, eine allparteiliche Sicht auf die eigene Person zu finden.

Souveräne Selbstführung entsteht aus einer anderen, übergeordneten Perspektive – einer allparteilichen Sicht auf die eigene Person. „Allparteilich" wird bei Mediationen und Vermittlungen zwischen Konfliktparteien als Bezeichnung dafür verwendet, dass der Mediator für die Sichtweisen aller Konfliktparteien denselben Grad an Verständnis aufbringt, also quasi auf Seiten aller Parteien steht. Ohne diesen umfassenden Blick auf die eigene Innenwelt ist die Gefahr groß, dass die Teile, die gewöhnlich in Führung sind, den Zugang zu neuen Optionen unbewusst erschweren. Ein Rationaler, der üblicherweise alles durchdenkt und analysiert, kann verhindern, dass man sich in eine Situation hineinfühlt. Ein Macher, der gerne schnell loslegt, lässt u.U. wenig Raum für Besinnung und Reflexion. Oder eine Anspruchsvolle tendiert dazu, besonders kritisch und voreingenommen zu sein. Damit werden die Sichtweisen anderer Teile oft völlig ausgeblendet. Wenn es darum geht, neue Wege oder Lösungsansätze für eingefahrene Verhaltensweisen zu finden, ist es aus unserer Sicht effektiver, mit mehr Distanz auf sich zu blicken – aus einem „selbstnäheren" Blickwinkel heraus.

Das Selbst als Moderator

Eine solche unabhängige Position kennen viele Leser aus der Berufswelt: Die Funktion eines Moderators. Ein guter Moderator verfolgt mit seinem Engagement die übergreifenden Interessen eines Teams. Dazu gehören Allparteilichkeit, Achtung für jeden Einzelnen und das Bemühen, alle Teammitglieder mit ihren Stärken gut zu integrieren. Er hat nicht die fertige Lösung parat, aber er hat die Weisheit und Kreativität, die Teammitglieder so anzusprechen, dass sie sich selber in Richtung neuer Lösungen bewegen. Allerdings kann ein Moderator nur wirken, wenn alle Teammitglieder – und vor allem die bisherige Leitung – ihm diese Führung überlassen.

Wie ein Moderator braucht das Selbst das Mandat, sprich das Vertrauen der Teile, um Führung zu übernehmen.

Mit dem Selbst ist es sehr ähnlich wie mit einem Moderator: Nach unserer Erfahrung hat diese Instanz im Menschen keine eigenen inhaltlichen Interessen oder Ziele – sie vertritt eher Grundwerte, die bei der inneren Prozesssteuerung wie Leitlinien wirken. Aber – genau wie der Moderator – braucht das Selbst das „Mandat", sprich: das Vertrauen der Teile, um mehr Führung zu übernehmen. Zuzulassen und zu erleben, dass dies funktioniert, ist meist ein längerer Prozess. Teile, die bisher die Führung innehatten oder sie in heiklen Momenten impulsiv übernahmen, müssen sich darauf einlassen, dass es auch anders geht.

Das kann beispielsweise so aussehen: Angenommen, jemand neigt dazu, in Verhandlungen schnell in einen Positionskampf zu gehen. Dabei ist gewöhnlich ein durchsetzungsstarker, aggressiver Kämpfer in Führung. Wenn nun die Person ein paar Mal erlebt, dass sie sich auch weniger kämpferisch für ihre Interessen einsetzen kann und zu guten Ergebnissen kommt, entsteht beim Kämpfer das Vertrauen, sich nicht mehr so schnell in Verhandlungen einschalten zu müssen. Oder: Jemand hat die Tendenz, bei Entscheidungsprozessen anderen gegenüber sehr bestimmend aufzutreten, weil er befürchtet, dass sonst nichts vorangeht. Bemerkt er jedoch, dass die Kollegen sehr wohl Verantwortung übernehmen, sobald sein dominierender Teil etwas zurücktritt, dann wird es für ihn zunehmend selbstverständlicher, sich zurückzuhalten und den anderen mehr Raum zu geben.

Die Bezeichnung „innere Familie“ ist stimmiger als „inneres Team“ – Teile lassen sich genauso wenig kündigen wie Familienmitglieder.

Der Vergleich des „inneren Teams“ mit Arbeitsteams hat allerdings eine große Schwäche: Er suggeriert, Teammitglieder, die nicht dazupassen, einfach rauswerfen zu können. An diesem Punkt erweist sich das Bild der inneren Familie als stimmiger: Man bleibt mit seinen Teilen genauso verbunden wie mit Familienmitgliedern – selbst wenn man versucht, sich von ihnen zu trennen und sie zu vergessen. Beim Familienbild könnte übrigens auch ein weiterer Vergleich hilfreich sein: Das Selbst liebt alle Teile – so wie eine gute Mutter alle Kinder liebt – die Erfolgreichen genauso wie die Kleinen, die Rabauken oder die Schwachen.

Wie kann nun Selbstführung, wie kann die Funktion dieses „mütterlichen Moderators“ im Alltag aussehen? Eine annehmende und neugierige innere Haltung für schwierige Teile zu finden ist hier der entscheidende Schritt. Dies ist Voraussetzung dafür, dass sich die Beziehung zu den Teilen verbessert und innere Spannungen und extreme Reaktionen reduziert werden können. Gleichzeitig liegt hier wahrscheinlich die größte Hürde bei der Selbstführung. Denn Ausgangspunkte für bessere Selbstführung sind ja gerade die Aspekte der eigenen Persönlichkeit, mit denen man nicht zufrieden ist und auf die man eher kritisch blickt. Man will etwas verändern, und das mit einer annehmenden und wohlwollenden Haltung in Einklang zu bringen ist nicht leicht.

Die eigenen Teile näher erforschen – am Beispiel von Elisa Fischer

Angenommen, die Trainerin Elisa Fischer (die wir im Kapitel „Vielfalt von Persönlichkeitsteilen“ vorgestellt haben) möchte das kühl-distanzierte Verhalten verändern. Wenn sie im Verlauf eines Seminars in diesen Zustand gerät, könnte sie sich in der Mittagspause etwas Zeit zum Reflektieren nehmen, anstatt das Seminar einfach so weiter zu leiten. Sie könnte versuchen, den inneren Rückzug etwas genauer wahrzunehmen und sich innerlich die Fragen stellen: „Was lässt dich, Kühl-Distanzierte, gerade so stark sein? Warum bist du da? Was befürchtest du, würde passieren, wenn du nicht da wärst?“

Diese Art der Reflexion ist nicht rational geprägt. Sie hat wenig mit fokussiertem Nachdenken oder vernünftigem Hinterfragen im üblichen Sinne zu tun, sondern mehr mit achtsamem Hinfühlen. Wenn es Elisa Fischer gelingt, in einer offenen und abwartenden inneren Haltung zu sein, werden Antworten von alleine auftauchen. Sie könnte beginnen, deutlicher wahrzunehmen, dass sich im Hintergrund etwas Scheues, Kindliches und Unsicheres verbirgt. Nach einiger Zeit könnten sich auch bildhafte Erinnerungen melden, in denen sie sich gehemmt und unbeholfen in Gruppen bewegt hat. So würde sie die emotionale Bedeutung des distanzierten Teils – der sie vor der Unsicherheit der Gehemmten bewahren will – besser spüren und verstehen. Unsere Erfahrung ist, dass die Teile selbst alle wichtigen Informationen besitzen und dass deren Antworten treffender und umfassender sind als die einer rein rationalen Analyse.

Die Antworten der Teile sind meist treffender und umfassender als die einer rationalen Analyse.

Wenn Elisa Fischer versteht, wie die Empfindsamkeit der Gehemmten mit dem kühl-distanzierten Verhalten zusammenhängt, wird sie darauf zukünftig besser achten können. Sie kann versuchen, diesen verletzlichen Teil besonders dann bewusst wahrzunehmen und anzunehmen, wenn sie sich ausgeschlossen fühlt. Sobald es ihr gelingt, die Gehemmte zu akzeptieren, wachsen die Chancen, eine offene Haltung gegenüber Gruppen zu finden, die sie nicht mit ganz offenen Armen empfangen.

In gewissem Sinne ist so ein Selbstgespräch wiederum ähnlich wie bei einem realen Team: Moderierte Gespräche geschehen außerhalb der „regulären Arbeitszeit". Für die Selbstführung heißt das, die Person nimmt sich außerhalb der Alltagsherausforderungen die Zeit, sich der inneren Familie zuzuwenden. Diese Reflexionszeit kann im Anschluss an eine herausfordernde Situation stattfinden, die man genauer erforschen möchte, oder sie kann im Vorfeld einer noch bevorstehenden dazu dienen, sich innerlich gut vorzubereiten.

Die Reflexion der Frage, warum ein Beschützer-Teil besonders dominant vorherrscht, führt oft dahin, herauszufinden, was in der Persönlichkeit beschützt wird. Wenn man versteht, was die Beschützer so extrem reagieren lässt, und man die bislang nicht wahrgenommenen verletzlichen Teile dahinter erkennen kann, fällt es leichter, diese manchmal ungeliebten Teile besser anzunehmen. Dann macht Sinn, was zuvor sinnlos zu sein schien. Dann entsteht Verständnis, wo zuvor Unverständnis herrschte. Und es entsteht mehr Verantwortung für verletzliche Teile, wo zuvor Verdrängung war.

Selbstausdruck – für Teile sprechen

Die Kommunikation mit anderen Menschen und die Wirkung, die wir auf sie haben, ist ein zentraler Bestandteil des Lebens. Wie wir kommunizieren und welche Ausstrahlung wir dabei haben, entscheidet häufig über Erfolg oder Misserfolg, Kooperation oder Widerstand, Vertrauen oder Misstrauen. Erfolgreiche und wirksame Gesprächsführung hängt natürlich von vielen Faktoren ab. Bezogen auf Selbstführung wollen wir hier eine Form der Kommunikation näher betrachten, die sich auf die Interaktion mit anderen Personen positiv auswirken kann und die relativ schnell umsetzbar ist.

In vielen schwierigen Gesprächen übernimmt ein Teil die Führung und man spricht aus dem jeweiligen Teil heraus. Wenn beispielsweise ein dominanter Teil vorherrscht, die Stimme laut und eindringlich und der Tonfall fordernd-bestimmend wird, reagiert das Gegenüber mindestens genauso stark auf die emotionale Ladung oder Färbung des Teils wie auf den Inhalt. Wenn es gelingt, mehr Abstand zu einem solchen dominanten Teil zu finden und das auszusprechen, was das eigentliche Anliegen dahinter ist, dann wird der emotionale Ausdruck weniger von der Qualität des Teils gefärbt sein und entspannter oder ruhiger wirken.

Oft verdrängt der Teil, der in Führung ist, andere unerwünschte Teile. Diese können so sehr in den Hintergrund gedrängt sein, dass auch wichtige Gefühle und Informationen zurückgehalten werden. Jochen Scholl (Kapitel 3) spürt den Ärger nicht mehr, Gabi Taler (Kapitel 2) nimmt nicht wahr, dass sie sich innerlich und äußerlich kleinmacht, und Bodo Wilk (Kapitel 5) ist sich nicht bewusst, dass er mit seinen Bedürfnissen auf der Strecke bleibt und sich ausgenutzt fühlt. Die Kommunikation kann kraftlos und unlebendig wirken, wenn der emotionale Gehalt fehlt, wenn den Worten die Energie und der Ausdruck der Gefühle abgehen. Wir schlagen deshalb vor, mehr auf so eine Art des konstruktiven Selbstausdrucks zu achten und für die eigenen Teile zu sprechen – das heißt, deren Gefühle, Interessen, Sichtweisen mitzuteilen.

Für konstruktiven Selbstausdruck ist man innerlich mit den Gefühlen eines Teils in Kontakt und bringt dann so viel in die eigene Kommunikation mit ein, wie einem sinnvoll erscheint.

Für einen Teil sprechen heißt, diesem nicht ganz das Steuer zu überlassen, ihn aber auch nicht zu verdrängen. Man ist innerlich mit den Gefühlen in Kontakt, ohne davon vereinnahmt zu werden. Mit etwas mehr Abstand ist es leichter, die verschiedenen Gefühle, Gedanken, Impulse des Teils wahrzunehmen und davon dann so viel in die Kommunikation einfließen zu lassen, wie einem möglich und sinnvoll erscheint.

···› *Ein Beispiel*

Eine Mitarbeiterin kommt mit einem Anliegen zu ihrer Führungskraft. Sie hat einen kreativen Verbesserungsvorschlag, der ihr sehr am Herzen liegt. Der Vorgesetzte reagiert darauf kurz angebunden und abwehrend – und das nicht zum ersten Mal. Er signalisiert ihr häufiger, dass er ihre Ideen nicht wertschätzt. Bei der Mitarbeiterin entstehen Frustration und Unverständnis. Bei den ersten desinteressierten Signalen des Chefs fühlt sich ein resignierter Teil, der weiß, dass die Führungskraft schwer zu überzeugen ist, ohnmächtig und gibt innerlich auf, nach dem Motto: Das bringt nichts mehr. Ein anderer, sachlich-rationaler, Teil setzt sich jedoch weiter für die Sache ein, zählt vernünftige, logische Gründe auf und hinterfragt die Argumente der Führungskraft. Zu dem visionären und kreativen Teil besteht inzwischen keine Verbindung mehr. Die Argumentation zeigt wenig Wirkung. Die Art, wie der sachlich-rationale Teil argumentiert und hinterfragt, wirkt so vorsichtig und gebremst, dass es dem Vorgesetzten leichtfällt, nicht darauf einzugehen. Unbewusst braucht diese Mitarbeiterin viel Energie dafür, ihre Resignation, Enttäuschung und Frustration zu regulieren. Diese lassen sich aber nicht so leicht „wegmanagen". Der sachlich-rationale Teil ist stark in Führung, aber die Gefühle des Resignierten wirken untergründig weiter und tragen dazu bei, dass die Argumentation kraftlos wirkt und die Vorschläge von der Führungskraft weiterhin leicht abgeblockt werden.

Die Mitarbeiterin müsste lernen, in so einem Fall zu erkennen, dass der sachlich-rationale Teil keine überzeugende Wirkung hat und ihre Enttäuschung ernst nehmen, anstatt sie wegzudrücken. Wenn sie sich in dieser Situation auf den Selbstausdruck konzentrieren und für ihre Teile sprechen wollte, dann wäre der erste Schritt, etwas Abstand zu dem resignierten Teil herzustellen. Sobald sie genug Abstand hätte, um das Gefühl der Enttäuschung und der Frustration wahrzunehmen, ohne davon vereinnahmt zu werden, könnte sie aussprechen, was dieser Teil empfindet, z.B.: „Ich bin sehr enttäuscht, dass Sie den Vorschlag so schnell von der Hand weisen. Es ist frustrierend, dass Sie sich mit der Vision, die unser Team damit verbindet, nicht weiter auseinandersetzen wollen. Wir haben uns viele Gedanken darüber gemacht, auch Ihre Argumente dagegen haben wir berücksichtigt und dafür Lösungen entwickelt. Deshalb würde ich mir sehr wünschen, dass Sie sich diese Ideen noch mal durch den Kopf gehen lassen und wir das zu einem anderen Zeitpunkt weiter vertiefen." Die Kunst hierbei ist, die emotionale Ladung des Teils angemessen zu übersetzen – nicht zu kämpferisch, aber auch nicht wehrlos. Die Führungskraft kann eine so formulierte Botschaft nicht mehr so leicht ignorieren und wird dazu eher Stellung beziehen.

Im Zusammenhang mit dem Selbstausdruck haben wir bis jetzt nur die Wirkung nach außen beschrieben. Nicht zu unterschätzen ist die Wirkung, die das Benennen der Gefühle nach innen hat. Der Selbstausdruck kann eine effektive Möglichkeit der Selbstregulierung sein, wenn man sich im Gespräch von Zuständen wie Ohnmacht, Verwirrung, Sprachlosigkeit, Ärger oder Ungeduld beeinträchtigt oder blockiert fühlt. Das Bemühen, diese Gefühle zu unterdrücken, zu verdrängen oder zu kontrollieren, erhöht fast immer den eigenen emotionalen Druck. Selbstausdruck hingegen kann befreiend wirken.

Selbstausdruck im Gespräch kann eine effektive Möglichkeit der Selbstregulierung sein, wenn man sich von unangenehmen Zuständen beeinträchtigt fühlt.

Natürlich gibt es dafür, wie für alles emotional intelligente Verhalten, keine Standardrezepte. Was tatsächlich in einer Situation angemessen und hilfreich ist, hängt immer von mehreren Faktoren ab, vor allem von der Persönlichkeit des anderen, der Beziehung zueinander, dem Kontext, den eigenen Zielen. Wenn beispielsweise die oben erwähnte Mitarbeiterin aus Erfahrung weiß, dass der offene Ausdruck von Gefühlen für ihren Chef äußerst befremdlich ist, dann wäre es möglicherweise wirksamer, nicht den resignierten, sondern eher den visionären Teil mehr nach vorne treten und reden zu lassen.

Teile bewusst einsetzen

Die Wirkung auf Personen in unserem Umfeld wird stark davon geprägt, welche Teile unserer Persönlichkeit in der jeweiligen Interaktion und Beziehung vorherrschend sind. Oft gestaltet sich der Kontakt mit anderen schwierig, weil die Teile, die gerade in Führung sind, die Situation verschlimmern oder eskalieren lassen. In solchen Fällen lohnt es sich, darüber nachzusinnen, welcher Teil bei dem bisherigen Verhalten im Vordergrund war. Auch, welche anderen Qualitäten, Fähigkeiten – oder Teile – einem noch zur Verfügung stehen könnten, um mit der Herausforderung optimal umzugehen. Wie die Führungskraft eines Teams kann man das innere Team zurate ziehen und überlegen, ob nicht ein anderer Persönlichkeitsteil hilfreicher wäre, die vorliegende Aufgabe zu bewältigen.

···› *Ein Beispiel*

Josef Wolf, Personalchef eines mittelgroßen Unternehmens, kommt in Gesprächen mit dem Betriebsratsvorsitzenden immer wieder in Schwierigkeiten. Wenn dieser resolut und bestimmend seine Positionen vertritt, beispielsweise sagt: „Das haben wir so entschieden und das ist Fakt!", dann fängt Wolf regelmäßig an, mit ihm zu kämpfen. Das hat zur Folge, dass dieser noch unnachgiebiger wird und sich beide schnell in erstarrten Fronten wiederfinden.

Wolf will an diesem Ablauf endlich etwas ändern und nimmt sich eines Abends Zeit, sein Verhaltensmuster zu reflektieren. Er beginnt damit, den letzten Vorfall in der Phantasie herzuholen, sich die Äußerungen des Betriebsrates zu vergegenwärtigen und dann genauer zu erforschen, welcher Teil in ihm selbst reagiert. Als er sich sein Gegenüber vorstellt, merkt er fast augenblicklich, wie innerlich etwas fest wird und er entschlossen dagegen angehen will. Er kennt die Reaktion gut – und hat diesen entschiedenen Persönlichkeitsteil seinen „Leader" genannt. Der will sich einfach nichts vorschreiben lassen und sieht überhaupt nicht ein, auf unsinnige Beschlüsse anderer Rücksicht nehmen zu müssen. In der Phantasie betrachtet er dann die gesamte Situation von außen, mit mehr innerer Distanz – und da wird ihm schnell klar, dass es seinem Gegenüber vermutlich ähnlich geht und dieser genauso wenig nachgeben kann.

Wolf sieht klarer, dass sein Leader in solchen Situationen zur Zuspitzung neigt. Er fragt sich, wie er damit geschickter umgehen könnte. Wenn der Leader allerdings am Steuer ist, dann fällt ihm auch jetzt nichts anderes ein. Also versucht er, etwas zurückzubitten. Das erfordert Überredungskunst, selbst wenn es jetzt nur darum geht, in der Phantasie etwas Neues auszuprobieren. Sobald der Leader aber ein wenig zurückgetreten ist, sieht Wolf eine neue Möglichkeit: Als erfahrener Personaler hat er in unzähligen Gesprächen sehr gute Erfahrungen mit seinem neugierigen „Beraterteil" gemacht. Da war er zwar selten so unter Druck, aber mit dem könnte er es hier doch auch mal versuchen. Er stellt sich vor, was dieser Berater sagen würde – und das klingt in der Phantasie ziemlich anders: „Mhm, Sie haben das also ausführlich besprochen ... ich würde gerne ihre Überlegungen besser verstehen. Es wäre schön, wenn Sie mir die Hintergründe erläutern würden." Er versetzt sich noch einmal in sein Gegenüber hinein und ist sicher, dass der überrascht wäre und weniger Grund hätte so zu kämpfen. Das könnte also einen Versuch lohnen.

Ein paar Wochen später ist er ganz zufrieden, dass dieser Lösungsansatz ein Schritt in die richtige Richtung war und die letzten beiden Verhandlungen mit dem Betriebsratsvorsitzenden besser gelaufen sind. Aber es ärgert ihn, wie schnell sein Leader immer noch dazu neigt, das Steuer in die Hand zu nehmen. Denn wenn's eng wird, muss Wolf sich immer noch sehr beherrschen, damit der Leader die Situation nicht entgleisen lässt. Da in den kommenden Wochen wichtige Gespräche anstehen, entschließt er sich, dem Betriebsrat ein Treffen in einem anderen Umfeld vorzuschlagen, wo es ihm leichter fallen dürfte, den Leader zurückzuhalten. Er bittet ihn zu einem gemeinsamen Abendessen in einem Restaurant – einfach um sich etwas besser kennenzulernen und vielleicht die gegenseitigen Erwartungen an den Umgang miteinander zu besprechen. Und, siehe da, mit der neugierigen Haltung seines inneren Beraterteils gelingt es ihm tatsächlich, eine menschlichere und partnerschaftlichere Beziehung aufzubauen. Monate später, als er auf die Entwicklungen zurücksieht, bemerkt er befriedigt, dass die erstarrten Fronten nie wieder so heftig aufgebaut wurden. Es war ihm gelungen, seinen Leader zu zügeln und rechtzeitig umzuschalten, bevor Diskussionen sich verhärteten. Natürlich gab es weiterhin engagierte Kontroversen – aber die vorherige Feindseligkeit hatte aufgehört.

Das Selbst ist wie ein „Fußball-Coach"

Um sich das bewusste Einsetzen eines Persönlichkeitsteiles besser vorstellen zu können, hilft vielleicht das Bild eines Mannschaftssports – zum Beispiel Fußball. Teile sind wie Spieler. Bei automatischen Reaktionen hat sich einer den Ball geschnappt und versucht verbissen, alleine durchzukommen – und übersieht dabei völlig, dass noch andere auf dem Platz stehen und ein anderer möglicherweise viel besser positioniert ist, um ein Tor zu schießen.

Bei automatischen Reaktionen versucht quasi ein Spieler alleine mit dem Ball durchzukommen und übersieht dabei, dass andere Spieler/Teile besser positioniert sind, um ein Tor zu schießen.

Das Selbst ist bei diesem Ansatz der Selbstführung vergleichbar mit einem Fußballtrainer. Im Wettkampf sind die Spieler dran und der Coach sitzt am Spielfeldrand. Ob die Spieler sich jetzt im Ernstfall an die Möglichkeiten erinnern, die sie im Training oder bei Gesprächen mit dem Trainer erkannt haben, hängt von ihnen selber ab. Genauso muss sich bei einer automatischen Reaktion der Teil, „der sich den Ball geschnappt hat", daran erinnern, dass er nicht der Einzige ist und dass es oft besser ist, rechtzeitig eine andere Strategie zuzulassen.

Um zu erkennen, welcher Teil im Vordergrund ist – wer den Ball hat –, sind somatische Marker sehr hilfreich.

Der Vergleich lässt sich übrigens noch weiter ausbauen: Um zu erkennen, welcher Teil im Vordergrund ist – wer den Ball hat –, sind somatische Marker sehr hilfreich. Eine Person erkennt ihren Kämpfer möglicherweise daran, dass der Oberbauch fest und die Stimme lauter wird. Eine andere bemerkt ihren – viel zu nachgiebigen – Gute-Miene-Teil am automatischen Hochziehen der Mundwinkel, tieferen Ausatmen und leichten Senken der Schultern. Oder jemand erkennt seinen zurückgezogenen Teil daran, dass er flacher atmet, seine Brust eng wird und er den Blickkontakt vermeidet. Diese Körpersignale sind quasi die Nummern auf dem Trikot, die oft die schnellste Identifizierung ermöglichen. Und das Innehalten entspricht einem kurzen Blick über den Platz zum Trainer – also dem Selbst –, um einen anderen Überblick zu bekommen.

Selbst-Coaching

Teile bewusst einsetzen

Zweck: Bessere Selbstführung in einer bislang unbefriedigend verlaufenden schwierigen Situation. Mentale Vorbereitung auf eine unmittelbar bevorstehende Situation.

Grobstruktur: In Achtsamkeit den gegenwärtigen Zustand erforschen. Abstand zu einem vorherrschenden Teil finden. Einen anderen Teil oder eine hilfreiche Qualität innerlich herholen. Papier und Stift in Reichweite.

Zeitbedarf: 20 Minuten.

Ausgangspunkt für die folgende Übung ist eine konkrete Situation oder Reaktion aus der Vergangenheit, von der Sie annehmen, dass sie in Zukunft so oder so ähnlich wieder vorkommen wird. Sie können sich mit dieser Reflexion auf solche Momente vorbereiten, um sich zukünftig dabei besser zu führen. Diese Übung entfaltet ihre Wirkung besser, wenn Sie sie mehrmals machen.

1. Werden Sie achtsamer und holen Sie sich die Situation und Reaktion in der Phantasie innerlich her.
2. Worauf und wie reagieren Sie? Beobachten Sie, welche Gedanken, Gefühle und Impulse sich einstellen. In was für einen Zustand geraten Sie?
3. Prägen Sie sich diesen Zustand möglichst genau ein. Welche körperlichen Anzeichen (Körperhaltung, Stimme, Druck, Wärme ...) gehen damit einher? Was sind spezielle Merkmale dieses Zustands? An welchen körperlichen Anzeichen (somatischen Markern) könnten Sie Ihr Verhalten in der Zukunft früher erkennen?
4. Spüren Sie nach, welcher Teil ausgelöst wird. Können Sie dem, was innerlich reagiert, einen Namen geben? Welcher Teil geht in diesem Zustand in Führung, welche Anteile von Ihnen treten zurück? Gibt es einen Teil, der besonders destruktiv reagiert?
5. Wenn Sie Ihren Zustand genauer erforscht und den Teil, der in Führung ist, identifiziert haben, versuchen Sie, etwas Abstand dazu zu gewinnen. Sie können zum Beispiel etwas bewusster und tiefer atmen – das wirkt unterstützend.
6. Bitten Sie den Teil innerlich, sich mehr zurückzuhalten und Sie mehr in Führung sein zu lassen. Sie könnten sich vorstellen, dass der Teil Ihnen zur Seite oder weiter hinten steht – oder sich auf eine Art „Beobachterbank“ setzt.
7. Sobald Sie die Situation etwas freier und unvoreingenommener betrachten können, besinnen Sie sich darauf, welche anderen Teile oder Qualitäten Ihnen zur Verfügung stehen, die vielleicht mit der Situation besser umgehen könnten.
8. Holen Sie sich eine solche unterstützende Qualität innerlich her (z.B. Neugier, Offenheit, Ruhe). Vielleicht kennen Sie auch – aus anderen Situationen – einen Teil Ihrer Persönlichkeit, der hier positiv und hilfreich wirken könnte.

9. Stellen Sie sich jetzt vor, dass dieser Teil oder diese Qualität innerlich Gestalt annimmt, dass Sie diese unterstützenden Aspekte in sich verkörpern.
10. Beobachten Sie in der Phantasie, wie sich Ihr Zustand und Ihr Verhalten in der Situation jetzt verändern. Was ist anders? Was tun Sie jetzt? Wie fühlen Sie sich dabei?
11. Spielen Sie diese Seinsqualität und das neue Verhalten in der Phantasie durch. Wie zufrieden sind Sie jetzt? Was ist besser? Wo möchten Sie noch weiter ansetzen? Was könnte Ihnen dabei innerlich helfen?
12. Prägen Sie sich die körperlichen Merkmale dieses wünschenswerten Zustandes ein. Welche körperlichen Veränderungen, welche somatischen Marker gehen damit einher? Welche körperlichen Signale könnten Ihnen helfen, sich in Zukunft bewusst an diesen neuen Zustand zu erinnern und dort hinzusteuern?

Coaching

Teile visualisieren

Das Visualisieren von Teilen kann eine sinnvolle Unterstützung bei der Klärung des Anliegens von Klienten und bei ihrer Zielerreichung sein. Teile, die im Prozess identifiziert werden, können auf Papier oder Moderationskarten geschrieben werden. Coach und Klient können dann die Karten hin und her schieben und sie gemeinsam zueinander in Beziehung setzen. Genauso lässt sich mit einem Schreibblock oder mit Flipchart arbeiten. Das Visualisieren veranschaulicht die Dynamik der Teile. Es macht für den Klienten sichtbar, wie Teile untereinander und auch nach außen auf andere Menschen wirken.

···› *Ein Beispiel*

Ein Klient, Dr. Herbert Schad, Doktor der Chemie, berichtet davon, dass er im Rahmen eines Assessments in der Firma die Rückmeldung bekam, er wirke auf andere zu sachlich, distanziert und manchmal auch arrogant. Sein Ziel ist, im Rahmen des Coachings besser einzuschätzen, wie genau dieses Fremdbild entsteht, und Ansätze zu entwickeln, wie er darauf Einfluss nehmen kann.

Beim näheren Nachfragen sagt Schad über sich, dass er als Chemiker extrem rational-analytisch sei. Er könne Menschen nicht verstehen, die so ganz anders an Dinge herangingen wie er – die emotional und intuitiv entschieden, vage Vorstellungen hätten und auf seine nüchterne Argumentation mit ungeprüften Gegenargumenten reagierten. Ihm sei auch bewusst, dass er Menschen sehr abwerte, die so emotional gesteuert seien und nur vom Bauch her entschieden.

Coach und Klient beginnen zuerst damit, die an der Wirkung beteiligten Teile zu identifizieren und sie dann näher zu erforschen. *(Die Passagen, die sich auf das Coaching von Dr. Schad beziehen, sind kursiv dargestellt.)*

1. Klären Sie als Erstes, in welchen Situationen der Klient diese Wirkung auf andere hat und ob sie an bestimmte Bedingungen geknüpft ist. *In diesem Fall lösen „emotionale, intuitive und schlecht informierte, weniger gründliche Leute“ deutliche Ablehnung in ihm aus.*
2. Fragen Sie den Klienten, wie viel Raum der Teil (in solch einer typischen Situation) einnimmt, wie stark er im Vordergrund ist. *„Wenn das ganze Blatt Papier die gesamte Persönlichkeit darstellen würde, wie viel Raum nimmt der Teil ein, den Sie den „Rationalen Analytiker“ nennen?“*
3. Bitten Sie ihn, für diesen Teil eine Form auf dem Papier zu finden. Das kann ein Symbol für den Teil sein, eine Fläche oder auch eine Gestalt. Wichtig ist, dass er intuitiv diesem Teil einen Platz auf dem Papier gibt, der ausdrückt, wie groß und wie wichtig er ist. Ein bedeutsamer Teil wird dabei wahrscheinlich eher viel Raum einnehmen und prominent wirken, während ein ungeliebter Verletzlicher eher einen kleinen Randplatz zugewiesen bekommt.

4. Wenden Sie sich dann den anderen Teilen zu, die bezogen auf das Anliegen oder die Fragestellung des Klienten eine Rolle spielen und verfahren Sie mit diesen ebenso.

5. Achten Sie darauf, dass der Klient die nachfolgenden Teile in Beziehung zu den vorherigen zeichnet. *Der Coach kann hier zum Beispiel fragen: „Dieser Teil, der auf die anderen herabsieht und sie als dumm und undifferenziert betrachtet, wo hat der, bezogen auf den Rationalen Analytiker, seinen Platz? Ist er weit von ihm entfernt oder nahe dran? Ist er genauso groß oder kleiner in so einem Moment?“*

6. Geben Sie dem Klienten auch Zeit, in diesem Prozess die Teile genauer zu beschreiben und ihnen passende Namen zu geben.

7. Fordern Sie den Klienten immer wieder auf, sich die Situation möglichst konkret vorzustellen und dabei genau zu beobachten, was innerlich in ihm reagiert. *Beispielsweise sagt Dr. Schad dann: „Da ist auch noch ein Teil in mir, der es nicht fassen kann, dass jemand so unreflektiert ist ... Ich weiß nicht, wie ich es schaffen soll, so jemanden mit rationalen Argumenten zu überzeugen ... Der ist wie von einem anderen Planeten und ich finde keinen Zugang ... Das macht mich ratlos.“*

8. Dann bitten Sie ihn, auch für dieses Gefühl, selbst wenn es nur sehr flüchtig da ist, einen Ausdruck zu finden. Wie steht dieses Gefühl oder dieser Teil in Bezug auf die anderen Teile?

9. Weitere Teile können identifiziert werden, wenn Sie den Klienten bitten, wahrzunehmen, wie er auf diesen Teil reagiert, der nun auf dem Papier dargestellt ist. Wenn der Klient beispielsweise sagt „Der ist viel zu groß“ oder „Ich mag den gar nicht“, können Sie ihn fragen, welche Seite von ihm auf diesen Teil so kritisch reagiert. Auf diese Weise können noch weitere Teile identifiziert werden, insbesondere wichtige Beschützer, mit denen der Klient so stark identifiziert ist, dass er sie bislang kaum wahrgenommen, geschweige denn bewusst gesteuert hatte.

Während der Visualisierung tauchen oft wichtige Zusammenhänge auf, die im Vorgespräch nicht erwähnt wurden und die bis dahin auch dem Klienten nicht bewusst waren. Dieser Prozess an sich kann schon recht ergiebig sein, insbesondere, wenn er in Achtsamkeit stattfindet. Der Klient kann dabei deutlicher die verschiedenen Phasen und die unterschiedlichen Reaktionen in einer Interaktion mit anderen wahrnehmen. Das fertige Bild ist meist sehr aufschlussreich – und kann als Ausgangspunkt für die weitere Arbeit dienen. *In diesem Fall versteht Dr. Schad beispielsweise besser, dass er mit seinem unnahbaren und besserwisserischen Auftreten eine unterschwellige Hilflosigkeit kompensiert. Er erkennt, wie dominant der Rationale Analytiker und der Überhebliche sind. Ihm wird bewusst, dass er tatsächlich hier ansetzen müsste: Einen Weg zu finden, diesen Überheblichen besser – wie er es ausdrückt – „in den Griff zu bekommen“.*

Die anschließende Arbeit an der Selbstführung

Im Anschluss an die Reflexion und Nachbesprechung der Visualisierung kann der Coach noch gezielt an der Selbstführung arbeiten. Im weiteren Prozess – *wir setzen dabei das Beispiel von Dr. Schad weiter fort* – kann er mit dem Klienten klären:

1. In welchen Situationen ist *der Überhebliche* besonders aktiv?
2. Wie bemerkt er diesen Teil? Wie verändert sich sein Zustand, wenn sich *der Überhebliche* mehr nach vorne schiebt?
3. Wie kann er seine Aufmerksamkeit für diesen Teil erhöhen und ihn früher bemerken? Was würde eine bessere und frühere Wahrnehmung *des Überheblichen* bewirken?
4. Was wäre anders, wenn der Teil in dieser Situation mehr beiseite treten würde? Wie würde er sich dann verhalten? Was wäre dann anders?
5. Welche Qualität könnte er noch hinzunehmen? Welcher Teil seiner Persönlichkeit könnte in dieser Situation hilfreich sein und positiv wirken?
6. Wie könnte eine andere innere Aufstellung seiner Teile aussehen?
7. Was wäre anders, wenn er mit *der Hilflosigkeit* anders umgehen könnte? Und wie sähe das aus?
8. Wie und wann kann er sich zukünftig auf solche Situationen und eine bessere Selbstführung mental vorbereiten?

Ein mögliches Ergebnis der Arbeit an der Selbstführung

Im Verlauf des Coachings ist es Herbert Schad gelungen, mehr Zugang zu seiner Neugier zu finden, die ihm in letzter Zeit abhandengekommen war. Er beschrieb diese Seite als einen „Kindlich-neugierigen Teil", der Menschen zugewandt und noch etwas verspielt war. Als Schad diesen Teil innerlich willkommen hieß, wurde ihm bewusst, dass dieser Teil und der Rationale Analytiker ganz gut Seite an Seite arbeiten konnten. Beide wollen schließlich die Welt entdecken und verstehen – nur auf unterschiedliche Weise. Der kindlich-neugierige Teil konnte sich auf die „fremdartigen" Menschen besser einlassen, ihnen zuhören und neugierig nachfragen. Der Rationale Analytiker war im Einsatz, wenn er seine Sichtweise differenziert einbringen und bedeutsame Hintergründe näher erforschen wollte. Das Zusammenspiel der beiden hatte zur Folge, dass Schad im Laufe der nächsten Wochen in vielen Gesprächen zugänglicher und partnerschaftlicher wurde.

9.

Veränderung durch Selbstdialog

„Ich sollte mich mal um die Seite in mir kümmern, die so unbeherrscht ist."
„Da muss ich mit meinem Harmoniebedürftigen verhandeln."
„Diese heftige Reaktion würde ich gern ablegen!"
„Ich frage mich, warum diese Seite so stark ausgeprägt ist."
„Da muss ich mal mit mir Zwiesprache halten!"
„Ich weiß nicht, warum dieser Teil immer wieder so stark reagiert."

Wer sich mit Selbstführung beschäftigt, möchte sich meistens weiterentwickeln. Entwicklung ist Veränderung – und das heißt: Neues zu lernen. Wobei dieses Lernen weniger ein Aufnehmen von Wissen ist, sondern vor allem ein Lernen aufgrund neuer Erfahrungen. Ein Hauptfaktor dabei ist das Lernen auf der Ebene von Anschauungen. Wenn sich eine wichtige Grundüberzeugung verändert, wird das Repertoire an Handlungsmöglichkeiten immens erweitert. Würde beispielsweise ein stets angetriebener Mensch mit einer Überzeugung wie: „Nur wenn ich Außerordentliches leiste, werde ich geliebt" erleben, dass er auch ohne exzellente Performance mit sich zufrieden sein kann und von Familie, Kollegen und Vorgesetzten weiterhin wertgeschätzt wird, dann könnte er künftig vermutlich ebenso erfolgreich handeln – aber mit weniger Anstrengung.

Wie Persönlichkeit geprägt wird

Die Bedeutung von Anschauungen – und wie sie sich im inneren Dialog mit Teilen verändern können, wollen wir in diesem Kapitel näher betrachten. Moderne neurobiologische Forschungen bestätigen heute weitgehend tiefenpsychologische Erklärungsmodelle, die davon ausgehen, dass vor allem die frühen Kindheitserfahrungen für die Bildung der Persönlichkeit eine entscheidende Rolle spielen. Biologische Voraussetzungen und Lernvorgänge wirken dabei zusammen und erzeugen Grundeinstellungen dem Leben gegenüber, die „Anschauungen" genannt werden.

Aufgrund dessen, wie ein Mensch frühe Erfahrungen innerlich verarbeitet, bildet er emotional verankerte Anschauungen über sich und seine Welt.

Viele Ansätze in Psychotherapie und Coaching beruhen auf der Annahme, dass unsere Persönlichkeit von diesen grundlegenden Überzeugungen geformt und gesteuert wird. Ein Mensch macht Erfahrungen und aufgrund dessen, wie diese Erfahrungen innerlich verarbeitet werden, bildet er Anschauungen über sich und seine Welt. Das geschieht früh, wird emotional verankert und bleibt oft unbewusst. Besonders prägend ist das emotionale Klima, in dem ein kleines Kind aufwächst. Aber auch traumatische, emotional verstörende Erfahrungen können eine unbewusste, nicht mehr hinterfragte Anschauung begründen. Wie Situationen erlebt und interpretiert werden, ist jedoch ein sehr individueller Vorgang, bei dem auch genetische Voraussetzungen und angeborene Vorlieben eine Rolle spielen.

Anschauungen manifestieren sich in automatischen Reaktionsmustern, typischen Empfindlichkeiten und eingeschliffenen Verarbeitungsformen. So entwickelt jeder Mensch bevorzugte Denk-, Fühl- und Handlungsstile.

Persönlichkeit verändern – geht das überhaupt?

Bevor wir Beispiele dafür bringen, wie Anschauungen entstehen, noch eine Antwort auf eine Frage, die viele beschäftigt: Können Menschen, wenn sie erwachsen sind, ihre Persönlichkeit überhaupt noch verändern? Unsere Erfahrung sagt: In gewissem Maße – ja! Und auch Ergebnisse der Hirnforschung sprechen dafür. Gerald Hüther (1997), ein anerkannter deutscher Neurobiologe, verwendet in seinem Buch „Biologie der Angst" ein schönes Bild für die Plastizität des Gehirns: Man kann es sich so vorstellen wie eine große Landschaft mit vielen Straßen. Die häufig benutzten werden ausgebaut, bis hin zu mehrspurigen Autobahnen, die wenig oder nicht gebrauchten überwuchern und werden unpassierbar. Aber, und das ist entscheidend: Da, wo vorher unpassierbares Niemandsland war, können neue Verbindungsstrecken entstehen und immer wieder genutzt, werden daraus neue, breite Bahnen. Dieses Bild veranschaulicht die Biologie des Lernens: Auch bei begrenztem Baumaterial (in Summe nimmt die Zahl der Nervenzellen mit höherem Alter ab) lassen sich durch intensive Erfahrungen und Wiederholung neue stabile Handlungsroutinen entwickeln. Entscheidend ist nicht so sehr die Anzahl der Nervenzellen, sondern die Zahl und Stärke der Synapsen dazwischen – die durchs Benutzen mehr und beständiger werden.

Durch Wiederholung und intensive Erfahrungen lassen sich neue stabile Handlungsroutinen entwickeln.

Neben dem – vielleicht auch mühsam anmutenden – Lernen durch wiederholte Erfahrungen gibt es einen weiteren entscheidenden Faktor für Veränderung: Die Intensität, mit der etwas erlebt wird. Gerhard Roth beispielsweise stellt in seinem Buch „Fühlen, Denken, Handeln" (2003, S. 303) fest, dass „Dinge umso besser erinnert werden, je deutlicher sie von emotionalen Zuständen begleitet waren". Ebenso, wie ein traumatisches Ereignis durch die ausgeprägte emotionale Aktivierung des Gehirns in kürzester Zeit quasi „die Welt verändern kann", lassen sich durch emotional ebenso intensive positive neue Erlebnisse auch neue Sichtweisen auf die Welt entwickeln. Besonders wirksam ist das emotionale Umlernen bei Anschauungen, wenn genau dort, wo eine Überzeugung im emotionalen Erfahrungsgedächtnis gespeichert wurde, neue, für das gegenwärtige Leben stimmigere und befriedigendere Erlebnisse zugelassen werden. Klaus Grawe (2001, S. 767), einer der wegweisenden Pioniere neurobiolo-

Mit emotional intensiven Erlebnissen entwickeln sich neue Sichtweisen.

gisch fundierter Psychotherapie betont: „Nur während ein Schema wirklich aktiviert ist, kann der gewohnte Ablauf unterbrochen und in eine neue Richtung gelenkt werden. Ob in der Therapie ein bestimmtes Schema tatsächlich aktiviert ist, erkennt man am besten daran, ob in diesem Augenblick die dem Schema entsprechenden Emotionen erlebt werden."

Bezogen auf die Entfaltung von Selbstführung im Coaching und Selbst-Coaching heißt das: In einem ersten Schritt spürt man mit Achtsamkeit die inneren Muster oder Persönlichkeitsteile auf, die die alten, begrenzten Erfahrungen gespeichert haben. Und in einem weiteren Schritt kann genau hier, wo – oft aufgrund früherer Erfahrungen – eine eingeengte Weltsicht vorherrscht, etwas Neues erlebt werden.

Die Macht unbewusster Anschauungen

Ein Produktionsleiter beispielsweise vermeidet alles, was ihm als Schwäche ausgelegt werden könnte, beruflich wie privat. Abgesehen von seinem gelegentlich aggressiven Auftreten ist ihm der Ausdruck von Gefühlen absolut fremd. Als Junge ist er in einer Familie mit vier älteren Brüdern aufgewachsen und bei ihnen wie bei den Schulkameraden hat er als Kleiner immer wieder erlebt, dass Ängstlichkeit, Vorsicht und jeglicher Ausdruck von „weicheren" Gefühlen belächelt wurden. So ist es nicht verwunderlich, dass er als Erwachsener in einem männlich geprägten Umfeld hart und unverwundbar auftritt. Die frühen Demütigungen wirken als unbewusster Glaubenssatz weiter: „Deine Gefühle sind lächerlich." Der „Unverwundbare" als Beschützerteil hat die Überzeugung: „Du darfst keine Schwäche zeigen." Der Produktionsleiter kennt diese inneren Zusammenhänge nicht, und er hat keine Ahnung, wie seine – für ihn ganz selbstverständliche – Art, in der Welt zu sein, entstanden ist.

Tatsächlich hat man in der Regel kaum Zugang zu den grundlegenden eigenen Anschauungen, da sie sehr früh im Leben und ohne die Möglichkeit bewusster Reflexion entstanden sind. Auch deshalb sind sie sehr machtvoll und bestimmen, wie die gegenwärtige Wirklichkeit interpretiert wird. Sie beeinflussen fortwährend Denken und Handeln. Das geschieht so automatisch, dass diese Interpretationen unbewusst bleiben. Und das, obwohl viele unserer Sichtweisen, die aus der Vergangenheit stammen, oft überholt sind. Sie werden als selbstverständliche Wirklichkeitswahrnehmung verkannt, sodass man – wie bei diesem Produktionsleiter – das eigene Verhalten nicht so leicht hinterfragen oder verändern kann.

Unbewusste Überzeugungen beeinflussen fortwährend das Denken und Handeln und sind der Antrieb für unterschiedliche Teile der Persönlichkeit.

Weil unser Erfahrungshintergrund ausgesprochen vielfältig ist, wird unsere Innenwelt nicht nur von einer Anschauung geprägt. Wären wir in der Lage, alle Teile der Persönlichkeit näher zu erforschen, würden wir entdecken, dass jeder Teil seine eigene, individuelle Anschauung hat. Wilks bedürftiger Teil etwa glaubt: „Niemand ist für mich da" und fühlt sich alleingelassen. Sein unabhängiger Teil jedoch lebt nach dem Motto: „Ich brauche niemanden" und vermeidet, auf die Hilfe anderer angewiesen zu sein. Hier herrschen zwei polare Anschauungen von Teilen vor.

Einigen Lesern werden die möglichen Hintergründe leistungsorientierter Persönlichkeitsteile vertraut sein. Sie sind von einer Sichtweise gesteuert, die lauten könnte: „Alles kann und muss errungen werden. Es gibt immer etwas zu tun!" Bei genauerer Betrachtung verbergen sich dahinter fast immer Teile, die in der Erfahrung und Überzeugung leben, nicht gut genug zu sein. So kommt es, dass viele der Menschen, die erfolgreich, gut situiert und angesehen sind, in der Angst leben, versagen zu können. Ständig sind sie getrieben von der Suche nach Bestätigung. Manche von ihnen handeln aus der Überzeugung heraus, dass weniger Tun Rückschritt bedeutet. „Stillstand ist Rückschritt" ist eine typische Aussage eines solchen leistungsorientierten Teils. Jeder noch so kleine Misserfolg trifft den verletzlichen Nicht-gut-genug-Teil. Damit dieses Versagensgefühl, das in seiner schmerzhaften Ausprägung in der Gegenwart eigentlich keinen Bezug zur Realität hat, nicht wahrgenommen wird, springt sofort der leistungsorientierte Teil an – was bis zum Burn-out oder ähnlich schädlichen körperlichen Folgen führen kann.

Die Umwelt verstärkt oft innere Polarisierungen

Ein Grund dafür, weshalb diese Hintergründe häufig unerkannt bleiben, ist, dass die meisten Verhaltensmuster und die dahinter liegenden Anschauungen von Beschützer-Teilen in unserer Gesellschaft natürlich und sinnvoll erscheinen. Sie sind das Ergebnis durchschnittlicher Erfahrung und normaler Erziehung. Unsere Managerteile lernen viel über Leistung, Erfolg, Effektivität, Pflichten und Anerkennung aus den Medien, von den Eltern und Lehrern. Auch aus den Peergroups werden Leitlinien vermittelt, was man tun oder lassen muss, um gut durchs Leben zu kommen. Die Seiten der Persönlichkeit, die nicht so gut ins Umfeld passen, schiebt man eher beiseite. Dabei lernt man, sie samt ihren Gefühlen und Verhaltensweisen zu verdrängen. So zeigen sie sich seltener und führen ein Schattendasein.

Wie Kindheitserfahrungen verarbeitet wurden – kulturell gefördert und individuell ausgeprägt –, bedingt dann die systemische Dynamik zwischen den Teilen unserer Persönlichkeit. Manager wollen, dass es der Person gut geht. Dazu müssen sie mit der Welt so umgehen, dass weder die Empfindungen der Verletzlichen noch die weniger akzeptablen Impulse der Feuerbekämpfer gefährlich werden können. Sie haben oft eine Art „Nie-wieder-Mentalität", aus der heraus sie um fast jeden Preis die Wiederholung unangenehmer früherer Erfahrungen und Gefühle verhindern wollen.

Das, was vermieden und bekämpft wird, sind jedoch nicht nur isolierte Impulse oder Emotionen. Es sind Wesenszüge von Persönlichkeitsteilen, die sich abgeschoben und mit negativen Bewertungen belastet fühlen. Je stärker sie verdrängt werden, desto vehementer reagieren sie. Die Verletzlichkeit des Gedemütigten hinter dem Unverwundbaren des Produktionsleiters nimmt mit jedem Vorwurf der Ehefrau, jedem Versagen des pubertierenden Sohns, jeder Kritik durch den Geschäftsführer eher zu – und damit die Anstrengung, Gefühle eigener Unfähigkeit und Versagensängste zu bekämpfen. Die Spannung zwischen Unverwundbarem und Gedemütigtem verschärft sich. Genauso hatte sich bei Wilk der Gegensatz zwischen Unabhängigem und Bedürftigem verschlimmert. Und auch die Polarisierung zwischen einem Leistungsorientierten und Nicht-gut-genug-Teil kann sich immer mehr zuspitzen.

Je stärker Teile verdrängt werden, desto vehementer reagieren sie.

Selbstdialog

Angesichts dieser Polarisierungen stellt sich die Frage, wie mehr Balance und Harmonie im inneren System entstehen kann. Das Verstehen der Zusammenhänge der inneren Dynamik ist ein erster wichtiger Schritt. Gerade für rational denkende Managerteile ist es hilfreich, die systemische Logik der Innenwelt nachzuvollziehen. Aber für echte Veränderungen reicht die rationale Analyse selten aus.

Wie ein gutes Gespräch mit einem Freund führt auch der innere Dialog mit einem Teil zur besseren inneren Beziehung.

So, wie ein gutes Gespräch mit einem anderen Menschen zu mehr Verständnis führt, als wenn man diesen nur beobachtet oder über ihn nachdenkt, führt der innere Dialog mit einem Teil zur besseren inneren Beziehung. Dieser „Selbstdialog“ erscheint manchen im ersten Moment ungewöhnlich, insbesondere wenn er nicht „live“ erlebt werden kann. Da sich diese wertvolle Möglichkeit auch ohne Unterstützung eines Coaches oder Therapeuten durchführen lässt, wollen wir sie hier vorstellen. Von einigen Menschen, die vorher noch keine Berührung mit IFS hatten, haben wir erfahren, dass sie nach der Lektüre des Buchs „Systemische Therapie mit der inneren Familie“ von Richard Schwartz gute Erfahrungen damit gemacht haben, ganz allein mit ihren Teilen zu arbeiten. Trotzdem wollen wir anmerken, dass es sehr viel leichter ist, einen Selbstdialog mit Hilfe eines Coaches oder Therapeuten durchzuführen, oder ihn zumindest einmal mit externer Unterstützung erlebt zu haben.

Der Dialog mit einem Teil ist ein bewusstes, strukturiertes Selbstgespräch. Man kann sich das analog zu einem Vieraugengespräch mit einer anderen Person vorstellen. Dabei geht es vor allem darum, die Anliegen, Befürchtungen und Interessen von Teilen besser zu verstehen. Manchmal ist es auch nötig, prägende Aspekte ihrer Geschichte und die daraus abgeleiteten Überzeugungen tiefer nachzuempfinden. Diese Einsicht wirkt sich positiv auf die Selbstführung aus. Ein Mensch, der sich verstanden und angenommen fühlt, ist eher bereit, sich auf etwas Neues einzulassen – das gilt genauso für Teile unserer Persönlichkeit. Das erfordert – wie mit Menschen – Zeit, Geduld und die Bereitschaft, wirklich zuzuhören.

Anlass für einen Selbstdialog können problematische Verhaltensmuster sein, die man besser verstehen und verändern möchte. Oder ein schwieriger Entscheidungsprozess, bei dem man zwischen zwei Seiten hin- und hergerissen ist. Grund kann sein, sich beeinträchtigt zu fühlen von einer unangenehmen Stimmung, von irritierenden, destruktiven oder negativen Gefühlen. Angenommen, jemand befindet sich seit Tagen in einem angetriebenen, angestrengten Zustand. Dann könnte es Sinn machen, sich ein paar Minuten Zeit zu nehmen für den Teil, der mit diesem Zustand einhergeht. Dazu sucht er sich einen Platz, wo er sich ungestört und in Ruhe dem „Rastlosen" zuwenden kann. So, wie er einen Bekannten fragen würde, was ihn gestresst und angespannt sein lässt, befragt er den Teil, wie es kommt, dass er so empfindet und reagiert.

Eine Frage direkt an einen Teil zu richten, hat eine andere Wirkung, als das vertraute „sich selbst" Hinterfragen.

Die Frage an den Rastlosen direkt zu richten, hat eine andere Wirkung, als das vertraute „sich selbst"-Hinterfragen, was los ist oder warum man sich so fühlt. Vom Verstand her wäre die Antwort beispielsweise: „Ich habe gerade einen extrem hohen Zeitdruck. Ich schaffe es sonst nicht, das alles gut hinzukriegen. Es gibt niemanden, der mir das abnehmen kann." Reflexion, Nachsinnen, inneres Zwiegespräch – das ist vielen vertraut, wenn sie innere Zustände besser verstehen wollen. Im Selbstdialog erfährt man jedoch noch mehr über das emotionale Erleben des Teils und die tiefer liegenden Ursachen für Stimmungen oder Verhaltensweisen.

Der Unterschied beim Selbstdialog besteht primär darin, dass man sich eben nicht irgendwie selber etwas fragt, sondern die Frage direkt an den Persönlichkeitsteil richtet. Die Aufmerksamkeit bleibt konsequent fokussiert bei diesem Teil. Wenn Menschen den Selbstdialog praktizieren, sehen manche sich selbst in dem Zustand des Teils bildlich vor sich. Andere nehmen körperlich wahr, wie sich der Zustand des Teils anfühlt, und konzentrieren sich auf die entsprechende somatische Empfindung. Einige können ihn als Gestalt oder Form sehen. Was auch immer wir vom Teil wahrnehmen können – seine Gefühle oder Körperempfindungen, sein Verhalten, seine Gestalt –, darauf ist die Konzentration ausgerichtet und dadurch bleiben wir mit ihm in Verbindung.

Im Dialog mit dem Rastlosen könnte sich zeigen, dass der Teil so schuftet, damit bald alles geschafft ist und dann Zeit für anderes übrig bleibt. Er übt so viel Druck aus, weil er in kurzer Zeit viel wegarbeiten will, damit man möglichst bald zur Ruhe kommen kann. Bei genauerem Nachfragen jedoch wird deutlich, dass er sich so einsetzt, weil es einen verletzlichen Teil gibt, der sich eigentlich von der Menge dessen, was zu tun ist, überfordert fühlt. Die Antwort des Teils wird ähnlich erlebt wie beim Nachspüren oder Nachsinnen. Sie zeigt sich in Form von Empfindungen, Bildern, Erinnerungen oder Gedanken – manchmal mit klaren Sätzen oder Botschaften, andere Male eher flüchtig oder dif-

Antworten eines Teils zeigen sich in Form von Empfindungen, Bildern, Erinnerungen oder Gedanken. Sie haben oft überraschend andere Inhalte als rationale Erklärungen.

fus. Allerdings haben solche Antworten eine andere Qualität und oft einen überraschend anderen Inhalt als rein rationale Erklärungen. Es erfordert Geduld und eine entspannte, abwartende innere Haltung, denn die Antworten entstehen langsamer als in der alltäglichen Denkgeschwindigkeit. Obwohl sie vielleicht zögerlicher auftauchen, sind sie oft gefühlsintensiver und emotional eindrucksvoller.

Eine Wirkung des Selbstdialogs ist, dass man die verborgenen Befürchtungen, Wünsche oder Interessen eines Teils im Alltag bewusster berücksichtigen und Zustände besser regulieren kann. Dann ist das Tun eines Rastlosen – wie in diesem Beispiel – nicht mehr blinder Aktionismus. Man hat selbst im Blick, worum es geht – mehr innere Ruhe –, und kann etwas entspannter und wortwörtlich „selbstbestimmter" mit dem Gefühl von Überlastung und Überforderung umgehen.

Selbstdialog mit Managern

Die ersten Selbstdialoge – im Coaching wie im Selbst-Coaching – sollten vorzugsweise mit Manager-Teilen stattfinden. Das geht zurück auf die Erfahrung mit der systemischen Familien-Therapie. Es ist beim Gespräch mit der Familie selten möglich, mit dem Kind zu sprechen, welches als „Symptomträger" Anlass für die Therapie ist. Zuerst wollen die Eltern gehört werden – und wenn ein Therapeut versucht sein sollte, zuerst das Kind zu befragen, antwortet so gut wie immer ein Elternteil und erklärt seine Sichtweise. Im inneren System wirken die Manager ähnlich wie – besorgte und um Lösungen bemühte – Eltern. Die meisten Menschen können relativ leicht Zugang zu Manager-Teilen finden. Diese brauchen in erster Linie Vertrauen, dass nichts Unangenehmes geschieht, wenn sie ihr gewohntes Eingreifen etwas zügeln. Wenn sie erleben, dass genügend Reife, innere Stärke und auch andere Qualitäten in der Persönlichkeit vorhanden sind, erlauben sie sich, ihr automatisches Kontrollverhalten loszulassen.

Ein Beispiel aus dem Coaching

Wir wollen den Selbstdialog mit einem Manager-Teil anhand eines Beispiels beschreiben. Der Leser findet möglicherweise leichter Zugang zu diesem Vorgehen, wenn er es wie ein Teilnehmer in unserem Seminar beim Coaching miterlebt.

Hugo Mattes ist ein junger, erfolgreicher Abteilungsleiter und hat gute Chancen, den nächsten Karrieresprung zu machen. Ihm wurde von der Personalentwicklung ein Coaching empfohlen, weil er bei wichtigen Präsentationen und Vorträgen eher starr, unlebendig und spröde wirkt. Er ist sachlich-fachlich „1a" vorbereitet, aber emotional kommt er bei Kollegen und Vorgesetzten nicht so überzeugend und motivierend an.

Eine frühere Entwicklungsmaßnahme – ein Rhetorik-Training – hatte an seinem öffentlichen Auftreten wenig verändern können.

Im Coaching ist sein Ziel, an diesem „streng-harten" und „überfokussierten" Verhalten, wie er es beschreibt, zu arbeiten, um zukünftig lockerer aufzutreten. In der zweiten Coachingsitzung möchte er diese Seite näher kennenlernen. Es interessiert ihn, besser zu verstehen, warum er bei diesen Auftritten so angespannt, eng und überfokussiert wird. Der Name, den er für den Teil findet, ist „Tough Guy".

Der Coach hilft ihm, mit diesem Teil innerlich in Kontakt zu kommen – über die vertraute emotionale und körperliche Anspannung, die Mattes in diesen Situationen empfindet. Über den körperlichen Zustand ist der Zustand des Tough Guy relativ schnell wieder präsent – er fühlt und sieht sich im Vortrag –, wie er angespannt, eher ausdruckslos und streng da vorne steht. Jetzt bittet der Coach ihn, den Teil zu fragen, warum er so stark vorherrscht. Mattes konzentriert sich auf den Tough Guy, zu dem er über ein enges, angespanntes Druckempfinden im Brustbereich Zugang findet. Auf die Frage hin taucht innerlich eine Antwort auf. Der körperliche Druck ist deutlich mit Gedanken verknüpft, die die Überzeugung des Teils ausdrücken, er könne es sich nicht leisten, entspannt, locker und weniger auf die Inhalte fokussiert zu sein. Die Botschaft ist, der Teil müsse sich anstrengen und Gefühle unterdrücken, weil Mattes sonst den Faden verliere. Es taucht dann noch ein Bild auf, in dem Mattes unkonzentriert und unsicher wirkt. Der Coach bittet Mattes, bei diesem Bild zu bleiben und wahrzunehmen, was der Teil damit noch zeigen oder sagen will. Mattes erfährt die Befürchtung des Teils, dass ihm das Ganze entgleitet und er „ins Schwimmen" kommt. Mattes ist überrascht über diese anschaulichen Bilder und die relativ klaren Botschaften. Er ist neugierig und möchte mehr von dem Teil begreifen. Der Coach schlägt Mattes vor, ihn zu bitten, noch mehr über seine Gefühle zu zeigen und auch, wofür er sich so stark einsetzt. Nach einer Weile kommen Empfindungen an die Oberfläche, die Mattes bis dahin so noch nicht erkannt hatte. Der Tough Guy ist überzeugt, Mattes würde die Anerkennung und Wertschätzung seiner Vorgesetzten und Kollegen verlieren. Sein Horror-Szenario ist, dass er versagt, sich lächerlich macht, von den anderen abgewertet wird und das Ganze im Fiasko endet. Mit der Unterstützung des Coaches ist Mattes in der Lage, diese Gefühle ernst zu nehmen. Er versteht zwar noch nicht alles, aber er spürt, dass sich diese Befürchtungen des Tough Guys sehr real anfühlen. Der Coach fragt nach, ob Mattes Interesse hat, noch mehr über mögliche Hintergründe dieser Vorstellungen zu verstehen, was er bejaht. Auf die Ermutigung des Coaches: „Bitten Sie den Teil, Ihnen noch mehr darüber zu zeigen, was ihn zu dieser Annahme veranlasst", tauchen flüchtige Szenen auf: Von ihm als etwas unscheinbarem, blassem und schmächtigem Jugendlichen. Er nimmt wahr, wie dieser sich im Kreise von „tollen Hechten" unbedeutend und wertlos fühlte. Er spürt, dass der Tough Guy auch heute noch die Überzeugung hat, sich besonders bemühen zu müssen, um etwas darzustellen und gut anzukommen. Insbesondere bei den hochkarätigen Gremien, vor denen er im Unternehmen auftritt.

Als der Coach Mattes fragt, was er selbst zu den Überzeugungen und Befürchtungen des Tough Guy meint, spürt er kurz nach und erwidert, dass er diese gut verstehen und nachvollziehen kann. Das, was der Teil ihm über die Vergangenheit zeigt und warum er sich so anstrengt, macht ihm Sinn. Aber er wundert sich darüber, dass sich das Erleben von damals immer noch so stark auf die Gegenwart auswirkt. Der Coach erklärt Mattes, dass der Teil offensichtlich immer noch in der Überzeugung lebt, das, was er damals erlebt hat, könne auch heute passieren. Mattes stimmt nickend zu. Einerseits ist ihm natürlich vollkommen klar, dass er heute ein anderer Mensch ist, dass er ausgeprägte Stärken und Fertigkeiten entwickelt hat und hohes Ansehen im beruflichen und privaten Umfeld genießt. Andererseits spürt er jetzt – viel deutlicher als sonst – diese subtile, untergründige Sorge, vom Sockel zu stürzen. Mattes erkennt, wie diese ehrgeizige, rigide Seite seiner Persönlichkeit – trotz ihrer positiven Schutzfunktion – heute seiner Wirkung auch oft schadet und einem entspannten, lockeren Auftreten im Wege steht.

Manche Teile leben in der Überzeugung, das, was sie damals erlebt haben, könne auch heute passieren.

Ähnlich wie Manager, die viel leisten und denen Lob und Anerkennung guttun, wünschen sich auch die Leistungsträger der Persönlichkeit für ihren Einsatz Wertschätzung. Und es ist wichtig, ihnen diese zu geben, auch wenn ihre extremen Verhaltensweisen manchmal zu Nachteilen führen. Ohne diesen Schritt ist der nächste kaum möglich – nämlich den Manager zu bitten, sich in solchen Situationen mehr zurückzuhalten. Wenn ein Manager-Teil sich nicht wertgeschätzt fühlt, wird er nicht bereit sein, sich zu ändern. Deshalb fragt der Coach Mattes, ob er dem Teil gegenüber Dankbarkeit empfinden kann für alles, was er bislang geleistet hat. Als Mattes dies bejaht, schlägt der Coach vor, dem Tough Guy dafür zu danken, dass er sich schon so viele Jahre für Bestätigung und Anerkennung einsetzt. Mattes gelingt das recht gut, für den Tough Guy ist es zunächst ungewohnt, aber dann sehr wohltuend – etwas von der gewohnten Anspannung scheint von ihm abzufallen.

Den Leistungsträgern der Persönlichkeit tut es gut, wenn sie für ihren Einsatz Wertschätzung erhalten.

Mit Unterstützung des Coaches geht Mattes noch einen Schritt weiter. In der Phantasie lässt er innerlich eine zukünftige Präsentation vor dem Vorstand auftauchen und bittet den Tough Guy, in dieser Situation etwas beiseitezutreten. Er ist beeindruckt, wie selbstverständlich und mühelos das jetzt geht. Er spürt, dass der „Unscheinbare" nicht so stark auftaucht wie befürchtet. Dieser Teil ist zwar als Gefühl ansatzweise wahrnehmbar, aber es beunruhigt ihn nicht mehr. Mit der Distanz, die er jetzt zum Tough Guy hat, weichen die Härte und der Druck aus seinem Inneren. Er fühlt sich unbeschwerter und freier und ist mehr in Kontakt mit sich und mit dem Publikum. Aufgrund der eindrücklichen Erfahrung ist er zuversichtlich, dass ihm das auch in der Realität besser gelingen wird.

Der Selbstdialog ist eines der wirksamsten Instrumente bei der Selbstführung – so wie es das Mitarbeitergespräch für eine Führungskraft ist. Ein Teil reagiert ähnlich wie ein

Mensch, der sich von einem einfühlsamen Zuhörer ernst genommen, gehört und verstanden fühlt. Ein Teil kann dann bereit sein, mehr loszulassen, zu entspannen, zurückzutreten oder besser zu kooperieren. Das Entscheidende ist, dass sich die innere Beziehung zu einem Teil verbessert, vor allem da, wo vorher eine Störung oder Spannung war.

Verletzlichen Teilen fehlt oft Zugehörigkeit

Manche Menschen erleben immer wieder Situationen, in denen sie von heftigen Gefühlen überschwemmt werden. Für sie stellt sich die Frage, wie sie es schaffen, sich in diesen Momenten besser zu regulieren und nicht von den Gefühlen dermaßen vereinnahmt zu werden. In der „akuten Situation" – im Alltag oder auch im Coaching –, wenn ein empfindsamer Zustand stärker wird und uns zu überwältigen droht, müssen wir zuerst in der Lage sein, etwas Abstand dazu herzustellen. Denn nur, wenn wir nicht vollständig mit diesen Gefühlen identifiziert sind, können wir sie besser regulieren. Wir müssen uns davon etwas separieren, um mehr aus dem Selbst heraus zu handeln. Bewusstes Atmen, ein Moment des Innehaltens, sich gut zureden, eine andere Körperhaltung einnehmen, Gefühle benennen – all das sind wirksame Möglichkeiten dafür. Bereits ein wenig Abstand zu einem Gefühl oder einem Teil bewirkt eine Entlastung in der gegenwärtigen Stimmungslage.

Wenn man sich intensiver mit Zuständen wie Einsamkeit, Ohnmacht, Unsicherheit, Mutlosigkeit befasst, stellt sich meistens heraus, dass es verletzliche Teile sind, die diese Stimmungen oder Emotionen haben. Dass solch ein Gefühl ungewöhnlich intensiv erscheint, hat sehr häufig damit zu tun, dass ein Teil noch im Erleben der Vergangenheit feststeckt und ihm positive oder ermutigende Erfahrungen in der Gegenwart fehlen. Verletzliche Teile haben früher fast immer Situationen erlitten, in denen sie sich als belastend oder unerwünscht erlebten. Damals sind dann Anschauungen entstanden wie: „Ich bin zu schwierig" oder: „Ich bin hier nicht willkommen." Vor diesem Hintergrund erklärt sich die entscheidende neue Erfahrung, die man solchen Teile ermöglichen muss: Sich endlich angenommen und zugehörig zu fühlen! Dabei geht es in erster Linie um die Zugehörigkeit in der eigenen Persönlichkeit. Es führt zu einer deutlichen inneren Entspannung, wenn die verletzlichen, an den Rand geschobenen Anteile sich angenommen fühlen. Wenn beispielsweise Mattes seinen unscheinbaren Teil, anstatt ihn zu bekämpfen, mehr akzeptieren würde, müsste der Tough Guy weniger stark sein.

Es ist ein Zeichen von Reife, wenn man gut für seine schwachen Seiten sorgen kann. Wenn Verletzliche besser integriert sind, man sie liebevoll annimmt und bewusster auf sie achtet, dann ist ein grundlegender Schritt in Richtung Veränderung und besserer Selbstführung getan. Bemerkenswert ist bei unserer Arbeit immer wieder, dass verbannte Teile umso weniger dazu neigen, eine Person zu vereinnahmen, je selbstnäher der innere Zustand ist, von dem aus sie agiert. Das ist wie bei einer realen Arbeitsgruppe: Wenn der Moderator aus einer Haltung heraus handelt, die allen Anwesenden glaubhaft vermittelt: „Hier wirst du akzeptiert, hier wirst du gehört und hier werden deine Interessen und Befürchtungen ernst genommen“, dann können auch emotional aufgebrachte Personen sich leichter zügeln und warten, bis man sich ihnen zuwendet.

Der Selbstdialog mit einem verletzlichen Teil

Eine kleine Anmerkung zur Arbeit mit verletzlichen Teilen vorweg: Ohne eigene Erfahrung mit dem Selbstdialog ist es kaum realistisch, die nötige Konzentration und Haltung alleine herzustellen. Wir wollen aber dem Leser einen Eindruck vermitteln, was mit einem professionellen Begleiter möglich ist und so vielleicht die Neugier dafür wecken, sich solch eine Begleitung auch einmal zu gönnen.

Dazu kommen wir zurück auf Elisa Fischer (siehe Kapitel 6 und 8). Sie sucht jetzt einen Coach auf, weil sie alleine nicht weiterkommt. Denn wenn sie heutzutage mal nicht in Form ist, sich eher geschwächt fühlt und nicht die gewünschte Aufmerksamkeit und Anerkennung von anderen bekommt, meldet sich häufig die Gehemmte mit ihrer Anschauung: „Ich gehöre nicht dazu, niemand sieht mich!“ Da die damit verbundenen Gefühle schon im Ansatz unerträglich sind, verfällt Elisa Fischer dann sofort in das Muster der Kühl-Distanzierten. Dieser Teil, der bereits in der Schulzeit erlebt hat, dass Einsamkeit weniger spürbar ist, wenn sie den Kontakt zu anderen von vornherein vermeidet, wird auch heute noch von dieser Erfahrung gesteuert. Sie fühlt sich einfach weniger verletzlich, wenn sie sich zurückzieht. Aber das distanzierte Verhalten verstärkt heute wie damals die negative Wechselwirkung mit anderen Menschen: Elisa Fischer wird in solchen Momenten von anderen eher noch mehr gemieden.

Über diesen Zusammenhang ist ihr schon einiges klargeworden, auch, wie genervt ihre Professionelle Darstellerin dann auf die „Rückzugsmasche“ der Kühl-Distanzierten reagiert. Aber sie hat immer noch kein Mittel gegen dieses alte Muster gefunden. Sich gut zuzureden, konnte das bisher nicht verändern. Und jedes Mal, wenn sie sich wieder innerlich abgeschottet hat, war sie hinterher frustriert und unzufrieden. Sie hat inzwischen das Gefühl, dass sich diese inneren Polarisierungen einfach nicht auflösen. Professionelle Darstellerin und Kühl-Distanzierte reagieren beide genervt und hilflos auf die Gehemmte. Da Elisa Fischer nach wie vor große Schwierigkeiten mit dieser Gehemmten hat, ist es ihr im Coaching ein wichtiges Anliegen, sich endlich mit dieser Seite näher auseinanderzusetzen.

In der Sitzung begegnet sie als Erstes der Kühl-Distanzierten. Über die Körperempfindungen bekommt sie ein klares Gefühl von ihr: Der Atem wird flacher, die Gesichtsmuskulatur spannt sich an und die gesamte Körperenergie zieht sich mehr nach innen.

Sie geht mental-rational in den Kopf. Im Kontakt mit diesem Teil tauchen dann Gefühle von Einsamkeit auf. An dieser Stelle steigen wir jetzt ein – die Ansprache erfolgt in diesem Beispiel in der Du-Form:

C: Frage sie mal, ob sie dir mehr über diese Gefühle zeigen kann.
K: (Nickt und wartet etwas ab) Ja, es tauchen Bilder auf, wo ich in der Schule ganz isoliert war. Als kleines Mädchen, das in der Ecke sitzt und um das sich niemand kümmert. Sie traut sich überhaupt nicht, auf die anderen zuzugehen.
C: Wie geht's dir mit ihr?
K: Sie tut mir leid
C: Was würdest du als Nächstes tun?
K: Mich mal neben sie setzen und erst mal nur da sein, warten *(zwei Minuten Schweigen, sie wirkt berührt).*
C: Ist das ok, die Gefühle des Mädchens zu spüren?
K: Ja, ich bin einfach berührt ... und es ist schön, ihr jetzt nahe zu sein ... ich habe sie auf den Schoß genommen ... und sie zeigt mir, wie einsam sie sich fühlt ... dass sie da immer mutloser geworden ist.
C: Frage sie mal, was sie von dir bräuchte.
K: (spürt nach) Sie möchte einfach da sein dürfen und, dass ich sie nicht immer so wegschiebe ...
C: Gibt's noch etwas, das ihr wichtig wäre?
K: Sie braucht meine Aufmerksamkeit.
C: Ja, verstehe ich. Kannst du ihr das geben? Kannst du ihr das zusagen?
K: (nickt) Das tut gut.
C: (nach ein paar Augenblicken Stille) Ich würde vorschlagen, noch ein Stückchen weiterzugehen, damit du mit der Kleinen in Zukunft besser umgehen kannst. Hättest du daran Interesse?
K: Ok.
C: Dann bitte ich dich, die Ausgangssituation noch mal herzuholen, also so eine Gruppe, wo du nicht so im Mittelpunkt stehst.
K: Ok.
C: Und spüre mal nach, wo im Bezug zu deinem Körper die Kleine einen guten Platz hat, wo und wie du sie hier gut wahrnehmen kannst. Das kann wieder auf deinem Schoß sein, kann aber auch neben oder hinter dir sein ...
K: Links neben mir, an der Hand.
C: Schön, und dann schau mal, wie es dir jetzt geht und was du nun in dieser Gruppensituation machen würdest.
K: Also erst mal muss ich sagen, dass sich das alles viel freier anfühlt als vorher, ich fühle mich nicht mehr so angespannt und ich kann abseits stehen in der Pause, die Teilnehmer betrachten und mich freuen, dass es denen miteinander gut geht ... und wenn ich will, dann kann ich mich irgendwo dazustellen, muss nichts sagen ... und die Pro-

fessionelle muss auch gar nicht mehr im Mittelpunkt stehen, die ist im inneren Bild eher an meiner rechten Seite. Meine „rechte Hand" *(lächelt)* und ist sogar froh, dass sie Pause hat ... Es ist einfach viel weniger Angst in mir ...

Mehrere Aspekte werden in diesem Beispiel deutlich:

- Solange Teile sich unverstanden, abgelehnt oder gar bekämpft fühlen, neigen sie dazu, mit ihren Gefühlen und Anliegen in immer extremere Rollen zu geraten.
- Verletzliche Teile suchen Zugehörigkeit. Eine annehmende Haltung ihnen gegenüber verringert ihre Ängste und Verunsicherungen und die Beschützer können sich mehr zurücklehnen.
- Verletzliche stecken oft in der Vergangenheit fest. Dann ist entscheidend, ihnen und vor allem ihren Emotionen dort zu begegnen, diese Emotionen wahr- und ernstzunehmen und ihnen zu vermitteln, dass man sie versteht. Dieses „Bezeugen" (englisch: witnessing) aus einem selbstnahen Zustand heraus ist meist der entscheidende „Veränderungs"-Schritt. Dabei ist das damals prägende innere Muster emotional aktiviert, ohne die Persönlichkeit erneut emotional zu überschwemmen. Die „alten" Gefühle in einer unerschrockenen, annehmenden und verständnisvollen Haltung zu erleben, ist eine neue, intensive Erfahrung. Daraus können dann für die gegenwärtige Realität neue Anschauungen entstehen.
- Oft ist es hilfreich, für so einen Teil symbolisch einen „guten Platz" zu finden: Man kann etwa seine „Kleine" an die Hand nehmen oder seinem „schüchternen Jungen" erlauben, sich hinter einer Schulter zu verstecken.

Sobald man bereit ist, innerlich eine positive Beziehung zu einem verletzlichen Teil herzustellen, kann man ihm – wie gute Eltern einem Kind – angesichts äußerer Herausforderungen auch mal „gut zureden". Das Entscheidende ist, dass ein verletzlicher Teil sich sicher, akzeptiert und nicht erneut abgewiesen fühlt. Er muss im Alltag erleben, dass er eine Daseinsberechtigung hat. Das kann zum Beispiel heißen, dass man diesem Teil vor oder nach schwierigen Situationen vermittelt, dass es völlig in Ordnung ist, wie es ihm geht: „Ich verstehe, dass du dich so fühlst, und ich kümmere mich darum."

Wenn es eine zentrale Aussage zur Selbstführung gibt, dann ist es diese: Gute Selbstführung beruht auf einer guten Beziehung zu allen Teilen der eigenen Persönlichkeit!

Wenn Teile im Coaching, im Selbst-Coaching und dann auch in der Alltagsrealität erleben, dass ihre – zum großen Teil alten – Befürchtungen sich nicht bewahrheiten und die Person sehr wohl in der Lage ist, heikle Situationen gut zu meistern, dann relativieren sich ihre früheren Anschauungen. Neue Optionen im Handeln tun sich auf und es wird immer selbstverständlicher, nicht mehr in die alten Erlebens- und Handlungsmuster zu verfallen. Unsere Fähigkeit, aus Erfahrungen zu lernen, besteht ein Leben lang.

Wenn Teile erleben, dass ihre Befürchtungen sich nicht bewahrheiten, relativieren sich ihre Anschauungen.

Selbst-Coaching

Selbstdialog – mit einem Beschützer bei einer automatischen Reaktion

Zweck: Mehr über die Hintergründe und die Intention eines Beschützers bei einer automatischen Reaktion kennenlernen. Besser verstehen, welche Teile versuchen, den „wunden Punkt" zu beschützen.

Grobstruktur: Eine automatische Reaktion in der Phantasie herholen.
Die dabei ausgelösten Teile der Persönlichkeit identifizieren.
Zu einem Teil, den man näher kennenlernen möchte, Kontakt herstellen und damit in inneren Dialog treten. Papier und Stift in Reichweite.

Zeitbedarf: 20 bis 30 Minuten.

Wir empfehlen, den Selbstdialog mit Beschützern und nicht mit beschützten Teilen zu machen. Der Dialog mit einem verletzlichen Teil sollte die ersten Male nur in Begleitung eines erfahrenen Coaches oder Therapeuten geschehen.

1. Wählen Sie eine automatische Reaktion aus, mit der Sie unzufrieden sind. Am besten eine, die Ihnen schon etwas vertraut ist, vielleicht auch aus der Reflexion im Kapitel „Automatische Reaktionen".
2. Beginnen Sie, mit der Aufmerksamkeit nach innen zu gehen, und werden Sie etwas achtsamer für die Innenwelt. Nehmen Sie Ihren Körper wahr und beobachten Sie für eine Weile den Atemfluss.
3. Lassen Sie dann das Geschehen – all das, was in der auslösenden Situation typischerweise passiert – möglichst konkret vor Ihrem inneren Auge in Zeitlupe ablaufen. Sammeln Sie die Eindrücke ein, zum Beispiel den Wortwechsel, die Ausdrucksweise und den Gesichtsausdruck des anderen sowie alle weiteren relevanten Aspekte dieses Momentes.
4. Beobachten Sie möglichst genau und differenziert, in welchen Zustand Sie hineingeraten. Was reagiert innerlich in Ihnen? Welche Teile melden sich dabei? Ist ein Teil empfindlich getroffen?
5. Welcher Teil versucht, die Situation gut zu bewältigen oder in den Griff zu bekommen? Welcher Teil herrscht besonders stark vor, wer tritt da in Aktion?
6. Wenn Sie den Teil, der hier in Führung ist, identifiziert haben, dann wenden Sie sich ihm zu. Machen Sie sich Ihre Absicht bewusst: Dass Sie den Teil besser verstehen wollen. Stellen Sie sicher, dass Sie dabei in einer offenen, neugierigen Haltung sind.
7. Wie genau reagiert der Teil, was tut er? Beobachten Sie sein Verhalten (wird er laut, unterbricht den anderen, wird kämpferisch, hört nicht mehr zu, versucht den anderen zu überzeugen ...?).
8. Wenn Sie diesem Teil einen Namen geben würden oder ihn umschreiben, was könnte passen? Vielleicht regt Sie sein Verhalten zu einem Namen an oder auch, wie er nach außen wirkt.
9. Konzentrieren Sie sich auf diesen Teil und versuchen Sie, ihn noch deutlicher wahrzunehmen. Achten Sie dabei auch auf Ihren Körper, denn Teile sind oft über Körperwahrnehmun-

gen zugänglich. Möglicherweise bleibt die Verbindung zu dem Teil eher diffus. Das ist für das weitere Vorgehen vollkommen in Ordnung. Es kann sein, dass Sie manche seiner Merkmale oder Gefühle deutlich wahrnehmen können – wie zum Beispiel Druck oder Unruhe, besonders in bestimmten Körperregionen. Möglich ist auch, ein Bild von ihm zu bekommen, eine Art visuelle Form oder Gestalt, die Sie mit Ihrem „inneren Auge" sehen können.

10. Sobald Sie innerlich Verbindung zum Teil haben, können Sie Fragen stellen zu dem, was Sie besser verstehen wollen. Mögliche Fragen zu Beginn könnten sein: „Was lässt dich so reagieren, denken, fühlen?", „Wofür setzt du dich ein?", „Was befürchtest du, könnte passieren, wenn du das, was du tust, nicht tun würdest?"

11. Warten Sie ab, was der Teil Ihnen daraufhin zeigt. Die Antwort, die von innen entsteht, kann ein Bild, ein Gefühl, ein Satz sein. Wenn sie eher diffus und nicht so greifbar ist, dann bleiben Sie einfach noch länger bei der Frage.

12. Sie können auch fragen: „Was möchtest du mir zeigen?", „Was soll ich von dir verstehen?" Weitere wichtige Fragen wären: „Was beschützt du in mir?", „Was versuchst du zu vermeiden, zu verhindern?", „Was lässt dich so sicher sein, dass das passieren würde?"

13. Wenn der Teil Ihnen zeigt, was seine Befürchtungen sind, können Sie ihn auch noch fragen, woher er diese Überzeugungen oder Gefühle hat.

14. Vielleicht zeigt der Teil, was dahinter steckt, was seine Erfahrungen sind oder auch, was er beschützt.

15. Sie können dem Teil innerlich antworten und ihm zeigen, dass sie ihn verstehen oder auch wertschätzen. Sie können ihm sagen, wie wichtig er ist oder was Sie – aus dem neu gewonnenen Verständnis heraus – in Zukunft bewusster beachten wollen.

Den Selbstdialog, so wie hier beschrieben, können Sie auch durchführen, wenn Sie eine ausgeprägte Charaktereigenschaft näher unter die Lupe nehmen wollen – beispielsweise, Starrsinn, Perfektionismus, Zynismus oder Ungeduld.

Es kann sein, dass während der Übung ein anderer Teil „dazwischenfunkt", der nicht bereit ist, beiseitezutreten. Innere Kritiker oder rational-vernünftige Teile sind häufige „Kommentatoren", die unter Umständen erstmal beschwichtigt werden müssen. Um mit dem Teil, den Sie eigentlich kennenlernen wollen, den Selbstdialog fortzusetzen, ist es manchmal nötig, vorher mit dem Teil „zu sprechen", der sich da eingemischt hat – bis dieser bereit ist, wieder beiseitezutreten. Denken Sie bei diesem Prozess, der gelegentlich einige Geduld erfordert, an Eltern oder Großeltern, die sich in einer Familientherapie auch immer wieder zu Wort melden. Zumindest so lange, bis sie sicher sind, dass nichts Bedrohliches passiert und sie gegebenenfalls später zu Wort kommen können.

Auch die Konzentration kann zwischendurch nachlassen, Sie werden müde oder abgelenkt. Wenn dies geschieht, können Sie sich die letzten Wahrnehmungen oder Erkenntnisse wieder herholen, sich erneut auf den Teil konzentrieren und den Dialog fortsetzen. Ein Wechsel zwischen Achtsamkeit für den Teil und schriftlichen Notizen über die Erfahrungen ist eine gute Möglichkeit, konzentriert zu bleiben.

Coaching

Vorgehen beim Selbstdialog mit einem Beschützer

Mit einem Beschützer näher in Kontakt zu kommen, kann für den Klienten ein entscheidender Prozessschritt in seiner Weiterentwicklung sein. Er wird sich darauf leichter einlassen können, wenn der Coach ihm erklärt, dass damit mögliche Hintergründe seiner Reaktionen und auch die Aufgabe, die der Teil übernimmt, besser verstanden werden können. Wenn ein Klient nachvollziehen kann, wie mit diesem Vorgehen gute Ergebnisse erreicht werden – etwa dass tiefere Einsicht über die innere Dynamik der Teile hilft, sich selbst besser führen zu konnen –, dann entsteht mehr Vertrauen, sich der Innenwelt zuzuwenden.

Da normalerweise Manager-Teile in Führung sind, sind das auch diejenigen, mit denen man zuerst arbeiten muss, um nachhaltige Entwicklungen in der Persönlichkeit anzustreben. Sie müssen eine Bereitschaft dafür entwickeln, dass neue Wege der Selbstführung ausprobiert werden. Sie sind quasi die „Hausherren", an denen man in Selbst-Coaching und Coaching nicht vorbeikommt.

Die einzelnen Schritte des Selbstdialogs haben wir hier für die Perspektive des Coaches noch einmal differenziert dargestellt:

1. Phase: Kontakt herstellen

Den Klienten fragen, ob er Interesse hat, diesen Teil (innere Stimme, Seite, Facette seiner Persönlichkeit) von sich näher zu erforschen. Ihn fragen, wie er ihn bemerken kann. Gibt es bestimmte Worte, innere Sätze oder Einstellungen, die damit einhergehen? Hat er eine körperliche Empfindung und wenn ja, wo und wie im Körper scheint sich der Teil bemerkbar zu machen?

2. Phase: Beziehung aufnehmen

Dem Klienten vorschlagen, sich vorzustellen, dass dieser Teil oder diese Seite eine Facette seiner Persönlichkeit ist, der er sich wie in einem Gespräch „unter 4 Augen" zuwenden kann:

- „Machen Sie sich bewusst, dass es ein Teil von Ihnen ist und dass Sie sich ihm zuwenden können, wie einem Menschen, der Sie interessiert."
- „Können Sie den Teil mit etwas Abstand betrachten ... von einer Außenperspektive?"
- „Lassen Sie den Teil in Ihrer Vorstellung einen Platz einnehmen, wo Sie sich Ihm zuwenden können. Vielleicht Ihnen gegenüber, an Ihrer Seite oder irgendwo hier im Raum ...".
- „Vielleicht kann der Teil in Ihrer Phantasie auch außerhalb Ihres Körpers eine Gestalt annehmen, sodass Sie ihn sehen können. (Das muss nicht sein, manche können es, manche nicht ...) Wenn Sie ihn nicht sehen können, können Sie ihn vielleicht mit seinen Gefühlen und Impulsen wahrnehmen."

⇢ *3. Phase: Beziehung fokussieren und sicherstellen*

Sicherstellen, dass der Klient aus einem möglichst selbstnahen Zustand heraus im Kontakt mit dem Teil ist – und dass er eine neugierige, wohlwollende Haltung gegenüber dem Teil hat. Dafür sorgen, dass sich andere Teile nicht einmischen. Wichtige Fragen, die der Coach dem Klienten stellt, um zu überprüfen, ob andere Teile im Vordergrund noch stören, sind: „Wie fühlen Sie sich dem Teil (oder diesem Zustand) gegenüber? Was haben Sie dabei für Empfindungen, wenn Sie sich ihm zuwenden, wenn Sie ihn betrachten, wenn Sie ihn auf sich wirken lassen? Wie geht es Ihnen mit diesem Teil von sich?"

Wenn die Antwort gefärbt ist von Abneigung, Abwehr oder Kritik, dann kann der Coach davon ausgehen, dass es ein anderer Teil ist, der auf den ersten reagiert. Über das genaue Beobachten des Gesichtsausdrucks und der Körperhaltung, aber auch über den Tonfall der Stimme bekommt der Coach Hinweise, ob der Klient sich dem Teil gegenüber entspannt oder angespannt, offen oder abwehrend fühlt:

- „Gibt's Vorbehalte, sich jetzt dem Teil zuzuwenden?"
- „Wie fühlen Sie sich dem Teil gegenüber?"
- „Wäre der Teil, der Vorbehalte hat, bereit für einen Moment beiseitezutreten?"

⇢ *4. Phase: Den Teil näher kennenlernen und sich mit ihm vertraut machen*

Den Klienten ermutigen, in dieser offenen, neugierigen Haltung zu bleiben und dem Teil einfach Fragen zu stellen. Oft interessiert es Klienten, warum ein Teil zu dominant auftritt, so heftig reagiert, so stark ausgeprägt ist. Als Coach kann man Vorschläge machen, was der Klient den Teil fragen könnte. Mögliche Fragen, die im Einzelnen vom Prozess und vom Anliegen des Klienten abhängen, sind:

- „Können Sie dem Teil innerlich zeigen oder sagen, dass Sie interessiert / neugierig sind, ihn näher kennenzulernen?"
- „Können Sie den Teil beschreiben? Was sehen Sie? Was macht er / sagt er?"
- „Was befürchtet er, würde passieren, wenn er das, was er tut, nicht tun oder weniger tun würde?"
- „Wofür setzt er sich ein?"
- „Was beschützt er?"
- „Wo hat der Teil das (was er denkt oder empfindet, wovon er überzeugt ist) gelernt? Welche Erfahrungen haben ihn das gelehrt?"
- „Was braucht der Teil von Ihnen? Was wünscht er sich?"

Selbstdialog anhand eines Coaching-Beispiels

Um den Dialog mit einem Beschützer zu veranschaulichen, wollen wir das Coaching anhand des Beispiels von Jochen Scholl (Kapitel 3) weiter fortsetzen. Sein Ziel war, mehr Wirksamkeit im Umgang mit seinen Kollegen zu entwickeln und besser mit dem Ärger umzugehen, wenn diese sich nicht an die Verabredungen aus den Projektbesprechungen gehalten haben. Er hatte in einer vorherigen Coaching-Sitzung erkannt, dass er sich untergründig in Frage stellt und unsicher fühlt, wenn die Kollegen die Vereinbarungen negieren. Die Teile, die dann reagieren, wurden im Coaching bereits herausgearbeitet: Ein wütender Teil, den Scholl Tiger nennt, der Erklärer und der Unsichere. Ausgangspunkt für die nun vorgestellte weitere Arbeit mit dem Selbstdialog ist Scholls Satz: „Wenn ich mich nicht so unsicher fühlen würde, könnte ich meinen Ärger eher zeigen."

C: „Wie fühlen Sie sich dieser Unsicherheit gegenüber? Wie ist Ihre Einstellung dazu?"
K (er verzieht sein Gesicht und sagt in einem abwertenden Ton): „Es fühlt sich unangenehm an – ich mag sie gar nicht!"
C: „Und was in Ihnen, welche Seite von Ihnen lehnt die Unsicherheit ab?"
K: „ICH – ich finde Unsicherheit in dieser Situation einfach unangemessen, unangebracht, unprofessionell."
C: „Das verstehe ich. Es ist für Sie sehr unangenehm, sich da nicht souverän zu fühlen ...?"
K: „Genau!"
C: „Ich möchte Sie aber doch bitten, etwas differenzierter oder präziser hinzuspüren, was genau da in Ihnen reagiert, wenn die Unsicherheit auftaucht. Meine Erfahrung ist, dass es selten die gesamte Persönlichkeit ist, die ein Gefühl wie Unsicherheit ablehnt. Vermutlich ist es eine Seite Ihrer Persönlichkeit, die auf die Unsicherheit reagiert. Und diese zu identifizieren, kann wichtig sein, um mit der Situation in Zukunft besser umzugehen."
K (nickt verständnisvoll und wirkt nachdenklich): „Na ja, da ist der Anspruch, den ich an mich habe, professionell und souverän zu sein. Ich habe die Erwartung, in so einer Situation gelassen zu sein, über den Dingen zu stehen und so etwas nicht so persönlich zu nehmen. Es ärgert mich, dass ich da so empfindlich bin." *(Der Tonfall wird etwas lauter und leicht ärgerlich.)*
C: „Dieser anspruchsvolle Teil in Ihnen mag also die Unsicherheit nicht."
K: „Ja, scheint so. Da habe ich einen hohen Anspruch an mich."
C: „Hmm. Scheint also ein wichtiger Teil von Ihnen zu sein."
K: (Nickt, schweigt und sinnt nach)

Hinweis: *Der Coach identifiziert in dieser Phase die Teile, die ablehnend auf den Unsicheren Teil reagieren. Es ist Scholl nicht möglich, in einer wohlwollenden und neugierigen Haltung die Unsicherheit zu betrachten. Es kommt sehr häufig vor, dass sich Beschützer melden, wenn man sich einem verletzlichen Teil zuwendet – deshalb ist der Coach über Scholls Antworten nicht überrascht.*

C: „Und der Ärger, der sich gerade gemeldet hat, was ist mit dem? Was reagiert da? Spüren Sie da mal hin."
K: „Ja, das ist die Wut, dieser Tiger, der an die Decke gehen könnte, wenn die Kollegen mich so hängen lassen. Der reagiert sofort, wenn ich mich unsicher fühle und das Ganze nicht mal meine Schuld ist." *(Scholls Gesicht wird röter, er spricht schneller und wirkt sehr empört.)*
C: „Interessiert es Sie, zu verstehen, warum der sofort so schnell reagiert?"
K (nickt mit einem neugierigen): „Mmhm!"
C: „Dann fragen Sie ihn mal, warum er so heftig anspringt. Konzentrieren Sie sich auf den Tiger und stellen Sie ihm diese Frage."
K: (Schließt für einen Moment die Augen und sinnt nach. Seine Gesichtszüge entspannen sich.)

Hinweis: *Der Coach achtet sehr genau auf die Körpersprache von Scholl. Scholl hat einen entspannten, offenen Gesichtsausdruck und der Coach geht davon aus, dass er in diesem Moment genügend inneren Abstand zum wütenden Teil hat und der Dialog möglich ist.*

K: „Es hat irgendetwas mit der Unsicherheit zu tun ... *(Jetzt bekommt die Stimme einen nüchternen Tonfall)* Aber meine Vernunft sagt mir, dass es unangemessen ist, unsicher zu sein, weil ich ganz genau weiß, was ich mit den Kollegen vereinbart habe, und weil ich schließlich doch schon einige Erfahrung in dem Bereich habe ..."
C: „Könnten Sie diesen vernünftigen Teil mal fragen, ob er Bedenken hat, wenn wir mehr von dem Ärger verstehen wollen und Sie sich diesem ärgerlichen Teil zuwenden?"
K: „Das bringt doch nichts! Ich muss die Kollegen einfach besser überzeugen ... Und der Ärger steht mir da im Weg. Der hilft mir auch nicht weiter. Ich sollte einfach souverän bleiben, klar und deutlich Stellung beziehen." *(Inzwischen hat er offensichtlich keinen Kontakt mehr zu dem Ärger, in seinem Tonfall schwingt eine überzeugen wollende, erklärende Qualität mit.)*
C: „Ja, wenn Sie das Ganze so vernünftig und logisch betrachten wie jetzt, ist alles ganz klar. Was ist das denn für eine Seite, die sich jetzt gerade gemeldet hat? Ist das auch ein Teil?"
K (öffnet überrascht die Augen): „Na ja, das ist für mich so selbstverständlich. Dinge erklären, begründen, logisch betrachten ... das ist wohl der ‚Erklärer' in mir, der auch den Kollegen gegenüber alles noch mal im Detail erläutert."
C: „Ja, ich verstehe. Diese Seite von Ihnen scheint sich – so wie gerade eben – sofort zu melden, wenn Gefühle wie Unsicherheit oder Ärger auftauchen."
K: „Stimmt! Ja, so ist es."
C: „Herr Scholl, würde es Sie interessieren, zu erforschen, warum dieser Erklärer so eine zentrale Rolle spielt, jetzt gerade und auch in der Ausgangssituation?"
K: „Ja, schon. Denn mit dem Erklärer bin ich in der Projektsitzung ja nicht besonders wirkungsvoll!"

Hinweis: *Der Coach entscheidet sich, mit dem Erklärer weiterzuarbeiten und nicht mit dem Tiger, weil der Erklärer in der Ausgangssituation, aber auch jetzt im Coaching eine entscheidende Rolle zu spielen scheint. Er unterdrückt den Ärger in der Projektsituation und er gibt ihm auch jetzt im Coaching keinen Raum.*

C (spricht etwas langsamer und lässt mehr Pausen, damit Scholl Zeit hat, seine Erfahrungen und Gefühle genauer zu beobachten): „Dann bitte ich Sie, sich die Situation innerlich, vor Ihrem geistigen Auge, wieder herzuholen ... Und konzentrieren Sie sich jetzt auf den Moment, in dem der Erklärer sich meldet ... Was passiert innerlich, bevor der Teil anfängt mit den Erklärungen?"
K: „Da ist Wut! Am liebsten würde ich auf den Tisch hauen und dem Kollegen ordentlich meine Meinung sagen."
C: „Ok. Spüren Sie mal nach, ist das der ‚Tiger', der diese Wut hat?"
K: „Ja, ja. Der fühlt sich eingesperrt, wie in einem Käfig."
C: „Herr Scholl, lassen Sie sich noch mal für einen Moment bei dem Erklärer verweilen. Haben Sie noch Kontakt zu dem Teil? ... *(Scholl nickt)* ... Gut, dann richten Sie bitte folgende Frage an den Erklärer und beobachten Sie dann ganz genau, wie er darauf reagiert. ... Fragen Sie ihn: ‚Was befürchtest du, könnte passieren, wenn du nicht so stark wärst?'"
K (schließt die Augen und geht mit der Aufmerksam nach innen): „Ich glaube, der hat Angst vor der Wut."
C: „Fragen Sie den Erklärer, was er befürchtet. Fragen Sie ihn, was mit der Wut passieren könnte. Und bitte achten Sie darauf, dass der Erklärer Ihnen antwortet und nicht der Kopf."

K (nickt und spürt nach): „Interessant ... ein Bild taucht auf. Diese Wut hat eine unbändige Kraft, eben wie ein Tiger. Und platzt aus mir raus, geht auf den anderen los, völlig unkontrolliert ..." *(Ein fragender, verwunderter Ausdruck breitet sich auf seinem Gesicht aus.)*
C: „Hm, bleiben Sie dabei."
K: „Der Tiger könnte den anderen richtig fertigmachen und ich kann ihn nicht mehr bändigen."
C: „Fragen Sie den Erklärer, ob es das ist, wovor er Angst hat – was er versucht zu vermeiden."
K: „Ja, das wird gerade ganz deutlich. Obwohl es ja Unsinn ist, ich würde niemals so ausrasten."
C: „Wer sagt, dass das ‚ja Unsinn' ist."
K: „Na ja, mein Kopf, meine Vernunft."
C: „Das kann ich verstehen. Aber spüren Sie bitte noch mal hin, was der Erklärer selbst dazu sagen möchte."
K: „Ja ... Ich kann spüren, dass der Erklärer wirklich die Sorge hat, der Tiger könnte auf den anderen losgehen. Der hat so eine unbändige Energie!"
C: „Also, der Erklärer hat diese Angst, auch wenn die Seite der Vernunft diese für unbegründet hält."
K: „Ja, Richtig." *(Nickt bestätigend und atmet etwas tiefer durch.)*
C: „Herr Scholl, wenn Sie möchten, können Sie den Erklärer fragen, was ihn so überzeugt sein lässt, dass das passieren könnte."
K: „Ja, das würde ich schon gerne verstehen."
C: „Dann bitten Sie ihn doch, Ihnen dazu etwas zu sagen oder zu zeigen."

Hinweis: *Jetzt beginnt der Coach, nach den Erfahrungen des Teils zu fragen, die zu dieser Überzeugung geführt haben. Auch hier muss der Coach darauf achten, dass der Teil antwortet und Scholl nicht rational das berichtet, was er schon weiß. Er erkennt es vor allem daran, wie weit der Klient mit seiner Selbstwahrnehmung nach innen gerichtet ist. Auch an der emotionalen Färbung der Stimme des Klienten.*

K (ist eine Zeitlang nach innen gewandt, wirkt ruhig und konzentriert. Nach zwei, drei Minuten öffnet er die Augen): „Es tauchten eben Erinnerungen von meinem Vater auf. Er ist ein ausgesprochener Choleriker und rastet oft aus. Er hat sich auch früher oft nicht im Griff gehabt, mir und auch meiner Mutter gegenüber. Als Kind haben mir seine Wutausbrüche immer Angst gemacht. Zu Recht, denn er hat ab und zu auch ordentlich zugelangt. Wir alle haben uns damals von ihm oft terrorisiert gefühlt. Ich wollte nie so werden! ... Das ist wirklich interessant. Ich hätte das nie in Verbindung gebracht mit meiner eigenen Zurückhaltung."
C: „Es freut mich, dass für Sie da etwas deutlicher wird. Bevor wir für heute abschließen, hätte ich für Sie noch eine Frage an den Erklärer. Gehen Sie bitte noch mal in Kontakt mit ihm. *(Scholl nickt.)* Und zeigen Sie ihm innerlich, was Sie davon verstehen ... Und dann fragen Sie ihn doch mal: Wenn er sicher sein könnte, dass Sie nicht so ausrasten und aggressiv werden, ob er dann etwas loslassen könnte. Ob er sich dann erlauben könnte, etwas zurückzutreten?"

K (antwortet ganz schnell): „Interessante Frage, natürlich!"
C: „Bitte fühlen Sie noch mal nach, fragen Sie den Erklärer."
K (spricht etwas nachdenklich und langsamer): „Der kann sich das noch nicht so ganz vorstellen. Irgendwie glaubt der nicht, dass der Tiger nicht angreift ... Aber mal angenommen ... und ich selbst weiß ja, dass ich mich gut im Griff habe ... Ja, das wäre gut. Dann könnte der Erklärer zurücktreten. Und ich könnte freier reagieren."

C: „Freier reagieren? Spüren Sie mal nach, wie sieht das aus? Wie fühlt sich das an?"
S: „Der Ärger könnte mehr da sein. Ich könnte ihm etwas mehr freien Lauf lassen. Nicht ausrasten, aber einfach deutlicher kommunizieren. Und vor allem: Mir nicht alles gefallen lassen."
C: „Und was sagen Sie dazu?"
S (lächelt): „Das fühlt sich gut an. Und es kommt mir wie eine angemessene Reaktion vor."
C: „Noch eine Frage zum Schluss an den Tiger. Fragen Sie doch mal, wenn Sie möchten, was er sich von Ihnen wünschen würde."
S: „Hmm..." *(Er schließt noch einmal die Augen und sagt ein paar Sekunden später)* „Er möchte mir zeigen, dass er es mit mir gut meint ... Ja, genau ... Und er möchte, dass ich ihn zukünftig nicht einfach nur wegschiebe."
C: „Ok, wenn Sie möchten, können Sie dem Teil innerlich zeigen, dass Sie das verstehen." *(Scholl nickt.)* „Und vielleicht können Sie ihm sagen, dass Sie darauf zukünftig mehr achten wollen."
S: „Ja. Das kommt gut an. Das mache ich! Spannend ... Jetzt spüre ich auch weniger Abwehr gegenüber der Unsicherheit ... Ich glaube, das ist ein guter Weg."

Hinweis: *Dass der Klient nun das unsichere Gefühl weniger bekämpft, liegt daran, dass der ärgerliche Teil, der es bislang unterdrückt hat, entspannter ist und der Klient selbst mehr in Führung sein kann. Wenn der „Tiger" weniger bedrohlich empfunden wird und einen angemessenen Platz hat, wird auch der „Unsichere" zunehmend besser integriert werden können.*

Zwei wichtige Grundlagen für den Coach

Wir wollen die Frage hervorheben, die der Coach dem Klienten immer wieder stellen sollte, um zu überprüfen, ob Teile sich in die Arbeit einmischen: „Wie fühlen Sie sich dem Teil (oder diesem Zustand) gegenüber?" Oder ähnlich: „Was haben Sie dabei für Gefühle, wenn Sie sich ihm zuwenden, wenn Sie ihn betrachten, wenn Sie ihn auf sich wirken lassen? Wie geht es Ihnen mit diesem Teil von sich?" Solange die Antwort auf diese Frage nicht annehmend und von selbstnaher Qualität ist, muss erst der Teil identifiziert werden, der noch „dazwischenfunkt" – und mit diesem gearbeitet werden.

Der Selbstdialog ist ein sehr wirkungsvolles Vorgehen. Wenn ein Coach dadurch seinem Klienten hilft, zu seinen Teilen einen besseren Kontakt herzustellen, dann entstehen oft auch das Vertrauen und der Wunsch, sich in heiklere Gebiete hineinzuwagen. So kann es passieren, dass beim Klienten – für den unerfahrenen Coach ganz unerwartet – doch viele Gefühle hochkommen. Um genügend Sicherheit in solch sensiblen Bereichen zu haben, sind eine gute Ausbildung und viel Selbsterfahrung mit eigenen verletzlichen Zuständen unabdingbar. Deshalb ist unsere Empfehlung: Um als Coach den Selbstdialog professionell und sicher durchzuführen, muss man selbst genügend reflektierte und durch einen Coach oder Therapeuten begleitete Erfahrung mit eigenen emotionalen Prozessen gemacht haben! Eine Person, der diese Kompetenz fehlt, begibt sich sonst in Situationen, die sie nicht mehr souverän und verantwortlich steuern kann. Das wäre ähnlich unangebracht, wie als ungeübter Spieler in einem anspruchsvollen Turnier anzutreten oder sich als musikalischer Autodidakt vor ein Konzertpublikum zu stellen. Wirklich gut wird man in jeder Tätigkeit nur mit fachlich fundierter Anleitung und viel Erfahrung.

10.

Orientierung und Entscheidung

„Die meisten Entscheidungen treffe ich intuitiv."
„Trotz aller rationalen Überlegungen sagt mein Herz etwas anderes."
„Da zieht es mich richtig hin!"
„Mein Bauchgefühl sagt mir ..."
„Letztlich geht's darum, glücklich zu sein."
„Ich fühle mich total hin- und hergerissen!"
„Wenn ich nur sicher sein könnte, keinen Fehler zu machen."

Entscheidungen mit Herz und Verstand zu treffen, ist eine menschliche Qualität und eine Kompetenz, die einen hohen Wert hat. Orientierung im Leben ist nicht nur eine Domäne von rationalem Denken. Ohne emotionale Überzeugung hat eine Entscheidung keine Kraft und keine klare Richtung. Nicht umsonst ist eine Wortwurzel von Emotion das lateinische „movere" – bewegen. Nur Entscheidungen, die uns bewegen, haben gute Umsetzungschancen.

Grundlegende Orientierung hinter jeder Entscheidung

Eigentlich bedarf fast alles, was wir tun, einer Entscheidung. Ob und wann wir morgens aufstehen, wann und mit welchem Verkehrsmittel wir zur Arbeit aufbrechen, wen wir wie begrüßen, was wir wann in Angriff nehmen oder wann wir abends zurückkehren und was wir uns vor dem Einschlafen noch gönnen – alles wird, wenn auch sehr oft unbewusst, von uns entschieden. Da wir schon aus Zeitgründen nicht bei jeder kleinen Alltagsentscheidung jedes Für und Wider differenziert überlegen, handeln wir – fast automatisch – aufgrund grundlegender Orientierungen. Jemandem, für den Selbstbestimmung oder Fürsorge höchste Bedeutung hat, hilft diese innere Klarheit im Alltag auch bei kleinen Abwägungen, schnell und unkompliziert zu wissen, was zu tun ist.

Will man die Hintergründe dessen erforschen, worauf unsere jeweilige Wahl zurückzuführen ist, dann gelangt man unweigerlich zu den Werten, die man hat, zu dem, was einem wirklich wichtig ist im Leben, dem, was einem langfristig sinnvoll und erfüllend erscheint. Diese Werte sind oft von der Familie, dem sozialen Umfeld oder Vorbildern übernommen worden. Meistens gehen wir durchs Leben und lassen uns von diesen Grundüberzeugungen leiten, ohne besonders darüber nachzudenken. Interessant ist nun, diese Werte wiederum näher zu betrachten – und der Frage nachzugehen: Gibt es etwas, was uns ganz grundlegend bei all unseren Entscheidungen bewegt und motiviert? Matthieu Ricard, Sohn eines französischen Philosophen, promoviert in Molekularbiologie – und inzwischen seit über 35 Jahren praktizierender buddhistischer Mönch –, vermittelt in seinem wunderbaren Buch „Plaidoyer pour le bonheur“ (engl.: „Happiness“ 2007), dass letztlich hinter jeder Handlung die Motivation liegt, glücklich zu sein. Er zitiert abendländische Denker wie Epikur: „Man muss die Dinge pflegen, die einen glücklich machen, denn wenn wir glücklich sind, dann haben wir alles und wenn nicht, dann tun wir alles, um es zu werden“, oder Aristoteles, der Glück das einzige Ziel nannte, das „wir um seiner selbst willen wählen und niemals als Mittel für etwas anderes“. Auch wenn wir vordergründig etwas tun, was uns jetzt nicht glücklich macht, der tiefere Grund unseres Handelns ist sicherlich einer, der dafür sorgen soll, dass wir später glücklich werden, zumindest nicht unglücklicher. Und auch, wenn wir das eigene Glück dem anderer hintanstellen, geht man doch davon aus, dass einen das auf lange Sicht auch selber zufrieden sein lässt. Ob wir nun Worte wie Freude, Zufriedenheit, Heiterkeit, Befriedigung oder Entzücken gebrauchen, letztlich sind das alles Formen von „glücklich sein“.

Letztlich liegt hinter jeder Handlung die Motivation, glücklich zu sein.

Auch die Hintergründe automatischer, neurobiologischer Aspekte von Entscheidungen, die wir bereits im Kapitel „Emotionen und somatische Marker“ beschrieben haben, legen nahe, dass es die – schon biologisch bedingte – Suche nach angenehmen und das Vermeiden unangenehmer innerer Zustände sind, durch die fühlende Wesen letztlich gesteuert werden.

Ricard zeigt nun auf, dass unsere Gewohnheit, Glück in äußeren Ereignissen oder Errungenschaften zu suchen, uns im Allgemeinen nicht mit so tiefer innerer Freude erfüllen kann, wie wenn wir die Ursachen von Glück oder Leiden mehr in der Innenwelt erforschen und hier ansetzen. Ja, genau betrachtet, scheint es sogar so, dass die primäre Suche nach – oder die Abhängigkeit von – äußerem Glück oft dazu führt, eher unglücklich zu bleiben und sogar zunehmend seltener echte Freude zu empfinden. Es gibt viele Beispiele dafür, dass Menschen bei besten äußeren Bedingungen leiden und bewundernswerte Vorbilder von Menschen, die auch unter widrigsten Umständen ihr inneres Gefühl von Sinn – und damit letztlich Glück – nicht verlieren. Viktor Frankl (1998), der Begründer der Logotherapie, ist so jemand, der auch im KZ seine tiefere innere Orientierung und seinen Frieden nicht verloren hat. Auch Zeugnisse von Menschen wie Etty Hillesum (1985), die im KZ starben, legen nahe, dass es gelingen kann, bis zum Ende inneres Glück weitgehend zu erhalten.

Im Kleinen kennen wir einige Beispiele von Seminarteilnehmern, die aus dem – kurzfristig betrachtet – einschränkenden „change it, love it or leave it“ aussteigen konnten und eine innere Haltung fanden, die es ihnen ermöglichte, weniger unter den äußeren Umständen zu leiden. Dabei war es wichtig, nicht in resignierte Passivität zu verfallen, sondern konsequent und geduldig am eigenen positiven Einfluss zu arbeiten. Denn auch hier gilt: Etwas zu unterlassen, was wir tun könnten, führt letztlich oft dazu, dass unser Glück geschmälert wird – sei es durch die verpasste Chance oder durch unser schlechtes

Etwas zu unterlassen, was wir tun könnten, führt letztlich oft dazu, dass unser Glück geschmälert wird.

Gewissen. Dazu passt vielleicht das von Reinhold Niebuhr (siehe Goldberg 2007) 1943 populär gemachte Gelassenheitsgebet: „Gott gebe mir die Gelassenheit, Dinge hinzunehmen, die ich nicht ändern kann, den Mut, Dinge zu ändern, die ich ändern kann, und die Weisheit, das eine vom anderen zu unterscheiden.“ Wenn uns die äußeren Umstände zu einer Entscheidung zwingen, die wir unter anderen Bedingungen so nicht treffen würden, macht es einen psychologischen Unterschied, ob wir uns bewusst für das Unvermeidliche entscheiden oder es ständig als erzwungene Situation erleben. Wenn wir etwas innerlich annehmen, was wir nicht ändern können, fühlen wir uns wesentlich freier und selbstbestimmter, als wenn wir innerlich immer wieder gegen die Situation aufbegehren und mit unserem Schicksal hadern.

Doch nun, vor diesem Hintergrund, wollen wir betrachten, wie Entscheidungen getroffen werden – und wie Achtsamkeit und das Modell der Persönlichkeitsteile dabei sinnvoll angewendet werden können.

Arten von Entscheidungen

Einfache Alltagsentscheidungen laufen schnell, unkompliziert und manchmal auch ganz ohne bewusste Überlegung ab. Vieles ist in gewissem Sinne ja schon „vorentschieden“ – da man sich auf entsprechende Handlungsroutinen verlässt. Auch wenn man mal, ohne groß darüber nachzudenken, zwei Stunden länger im Büro bleibt, am Abend Fernsehen schaut, anstatt zu lesen, oder spontan „Ja“ zu einer Einladung sagt – solange nicht viel davon abhängt, fällt einem das leicht.

Wenn wir aber annehmen, dass eine Entscheidung größere Folgen hat und bei jeder Variante ein Verzicht unumgänglich ist, dann betrachten wir die Wahlmöglichkeiten sorgfältiger. Wenn beispielsweise die kurzfristige Einladung, ein Wochenende zu zweit in Paris bei Freunden zu verbringen, uns sehr viel Freude machen würde, gleichzeitig aber die Kinder einen Babysitter bräuchten, wir die Oma nicht schon wieder fragen wollen und man eigentlich schon zugesagt hatte, mit den Kindern zusammen am Samstag in einen Erlebnispark zu fahren, dann spielen wir die Szenarien durch und tun uns mit der Entscheidung möglicherweise sehr schwer. Hier wägt man dann auf ganz verschiedenen Ebenen ab, was jeweils wen wie glücklich oder unglücklich machen würde. Einerseits spielt das Glück anderer Personen dabei eine Rolle, andererseits sind es auch unterschiedliche eigene Persönlichkeitsteile, die bei den jeweiligen Alternativen froh oder unzufrieden wären. Je nachdem, wie ausgeprägt der innere Konflikt zwischen „Harmonieteilen“ oder „angepassten“ auf der einen Seite und „Genießern“ oder „egoistischen Teilen“ auf der anderen Seite ist, werden solche Entscheidungen zum Problem.

Unter Zeitdruck sind Entscheidungen noch herausfordernder. Das kann an der realen äußeren Situation liegen: Wenn beispielsweise etwas zu einem bestimmten Zeitpunkt abgesprochen, bestimmt oder umgesetzt sein muss, wenn reale Zeitpläne und Fristen einzuhalten sind. Aber häufig spielt bei diesen äußeren Drucksituationen die eigene Persönlichkeit eine wichtige Rolle. Die eigene individuelle „Teilelandschaft“ kann zu problematischen Mustern im Umgang mit Entscheidungen beitragen. Manche Menschen haben Anteile, die gerne etwas aufschieben oder erst dann zur Hochform auflaufen, wenn es eng wird – und gleichzeitig innere Kritiker, die dabei sehr ungeduldig werden können. Und bei anderen gibt es Teile, die es – obwohl noch lange Zeit wäre – schlecht aushalten können, wichtige Fragen länger in der Schwebe zu halten. „Macher“, „Antreiber“ oder eine „Dynamische“ sind Beispiele dafür.

Die eigene individuelle „Teilelandschaft“ kann zu problematischen Mustern im Umgang mit Entscheidungen beitragen.

Neben den Alltagsentscheidungen und den Entscheidungen unter Druck gibt es auch die „Lebensentscheidungen“, von denen das eigene Glück – und das anderer – langfristig und in hohem Maße abhängen: die Wahl des Partners, des Berufs, des Wohnorts, die Familienplanung. Damit gehen die meisten Menschen länger „schwanger“ und wollen vor allem vermeiden, damit sich oder andere ins Unglück zu stürzen. Hier ist man sich meistens bewusst, wie folgenschwer es ist, wenn man sich festlegt. Aber auch das „noch nicht entschließen können“ hat seine Konsequenzen – und kann einen Menschen ziemlich unter Druck setzen.

Orientierung verändert sich und erfordert neue Entscheidungen

Genau betrachtet müssen viele größere Entscheidungen – etwa für eine berufliche Laufbahn oder einen Wohnort – nicht für alle Ewigkeit getroffen werden, auch wenn es sich so anfühlen mag. Im Laufe der Zeit ergeben sich oft neue Möglichkeiten – und auch neue eigene Sichtweisen –, die man zum Zeitpunkt eines Entschlusses noch gar nicht berücksichtigen kann. In unterschiedlichen Lebensphasen stehen andere Werte im Vordergrund und es ist wichtig zu wissen, dass sich die eigene innere Orientierung auch einmal unvorhergesehen ändern kann. Bei größeren „Lebensfragen“ ist diese Perspektive entlastend.

Eine Architektin beispielsweise hat im Verlauf des letzten Jahrzehnts mehrere grundlegende Entscheidungen getroffen: Erst machte sie sich selbstständig und gab dafür eine attraktive Position mit langfristigem Arbeitsvertrag auf. Inzwischen ist sie in ihrer Selbstständigkeit sehr erfolgreich – sucht jetzt aber wieder nach einem Umfeld, wo sie erneut intensiv mit anderen zusammenarbeiten kann – gern auch wieder im Rahmen einer Anstellung. Dies mag Außenstehenden widersprüchlich erscheinen, vor dem Hintergrund eigener Entwicklungen macht es jedoch Sinn: Die Selbstständigkeit war Ausdruck dafür, dass, nachdem die Kinder erwachsen waren, das Thema Sicherheit an Bedeutung verlor – und der kreative, eigenverantwortliche Selbstausdruck in der Anstellung nicht genügend Raum hatte. Es war dann zwar schwer, die Unsicherheit der

Selbstständigkeit in den ersten Jahren auszuhalten – aber inzwischen ist sie sehr gefragt und gut im Geschäft. Jetzt hat sie allerdings bemerkt, dass ihre kreative Leichtigkeit auch wieder zu kurz kommt. Was aber noch schwerer wiegt: Sie fühlt sich zunehmend einsam in ihrem Erfolg, und ihr tiefes Bedürfnis nach freundschaftlich-kollegialem Kontakt und Austausch kommt immer deutlicher zu kurz. Es ist dieser entscheidende Wert der Mitmenschlichkeit, der jetzt zu der neuerlichen Umorientierung geführt hat.

Somatische Marker geben wichtige Hinweise

Wenn wir Menschen fragen, wie sie vorwiegend entscheiden – aus rationalen Überlegungen heraus oder eher intuitiv –, dann hören wir so gut wie immer: „Aus dem Bauch heraus." Oder: „Auch wenn ich viel darüber nachdenke, Listen mache, mit anderen rede – plötzlich weiß ich einfach, was richtig ist." Und: „Ich bin eigentlich sehr rational und überlegt – aber bei wichtigen Entscheidungen frage ich vor allem mein Gefühl." Auch Daniel Goleman zitiert in seinem Klassiker „Emotionale Intelligenz" (1996) eine Untersuchung mit erfolgreichen Top-Führungskräften zu ihrer Art des Entscheidens, die dies bestätigt: So gut wie alle folgen ihrer Intuition – und die wenigen, die behaupten, strikt rational zu entscheiden, räumen ein, dass sie jede wichtige Entscheidung auch emotional überprüfen.

Wir nutzen für Entscheidungen vor allem unser Gefühl, sprich: unser emotionales Erfahrungsgedächtnis.

Unsere Schlussfolgerung: Wir nutzen für Entscheidungen vor allem unser Gefühl, sprich: unser emotionales Erfahrungsgedächtnis! Das heißt nicht, dass man sich das Nachdenken sparen könnte – im Gegenteil: Das, was die meisten ohnehin mit „Herz und Verstand" tun, können wir noch bewusster nutzen. Beim Nachdenken – besonders auch beim darüber Reden – merken wir oft erst, was wir „eigentlich" wollen. Um das wahrzunehmen, ist es aber sehr wichtig, bei den Gedanken etwas zu verweilen und sie genauer zu erkunden.

Dazu ein persönliches Beispiel: Anläßlich einer Einladung zu einer Konferenz in den USA waren wir hin- und hergerissen. Wir waren drauf und dran zuzusagen und alles zu arrangieren. Aber irgendwie zögerten wir es hinaus ... und kamen zunehmend unter Druck. Wir sprachen häufiger darüber, fanden aber keine Lösung. Was dann half, war, die beiden Szenarien, um die es letztlich ging (Hinfliegen oder Dableiben), einfach mal in der Phantasie durchzuspielen – möglichst bildhaft und emotional spürbar, mit allem, was an voraussichtlichen Erfahrungen und Vorteilen, aber auch Tätigkeiten oder Verlusten mit dem jeweiligen Weg verbunden wäre. Einer von uns erzählte dem anderen erst das Szenario der Reise und dann das des Bleibens, danach wurde gewechselt. Sehr schnell merkten wir dabei beide, dass es eigentlich ganz klar war, was wir wollten. Beim Hinfliegen und der Vorstellung, die Freunde zu sehen, gab es zwar ein freudiges Gefühl im Bauch und Herzbereich, aber insgesamt fühlte es sich doch eng im Körper an, etwas belastet, und der Atem wurde flacher. Beim anderen Szenario jedoch entstand schnell ein entspanntes, offenes Gefühl in der Brust, als würde sich das Blickfeld weiten und erhellen. Das blieb durchweg so und machte es uns leicht, zu erkennen: Wir werden zuhause bleiben und die Zeit für das nutzen, was wir ursprünglich gedacht hatten: Etwas Urlaub und vor allem kreativen Freiraum zum Schreiben. So rasch so klar – und nicht wieder in Zweifel gezogen! Das war verblüffend schnell und vom Ergebnis her auch erstmal unerwartet. Im Nachhinein könnte man sagen: Unser beider emotionales Erfahrungsgedächtnis hatte uns mit dem Hinauszögern der Entscheidung schon gewarnt – ohne dass uns das bewusst wurde.

Auch bei größeren Entscheidungen – etwa einem Jobwechsel oder Hauskauf – kann es sehr hilfreich sein, die denkbaren Szenarien emotional spürbar und möglichst anschaulich durchzuspielen. Während man dieses tut oder wenn man mit jemandem darüber spricht, können Körpersignale klarere Hinweise über die eigene Gefühlslage geben. Die Spannung oder Entspannung im Körper, der Atemfluss, ein Gefühl von Weite oder Enge im Körper – all dieses können wertvolle Hinweise dafür sein, was sich stimmiger anfühlt. Die entsprechenden Körpergefühle können bis dahin weniger deutlich wahrgenommene Befürchtungen oder Interessen in den Fokus bringen sowie aufzeigen, was bei der Entscheidungsfindung emotional noch genauer betrachtet und überprüft werden will.

Beim Selbst-Coaching beschreiben wir ausführlicher, welche Schritte sinnvoll sind, um eine achtsame Zukunftsprojektion mit Lösungsszenarien alleine durchzuführen – und wie dabei emotionale und rationale Vorgehensweisen in einer strukturierten Form gut miteinander verbunden werden können.

Entscheidungskrisen – der Druck bei anstehenden Veränderungen

Es gibt Zeiten im Leben, in denen Entscheidungen anstehen, ohne Lösung in Sicht und mit krisenhafter Zuspitzung. Wörtlich genommen bedeutet das griechische „crisis" auch genau das: Entscheidung, Urteil, Erprobung. In der Medizin nennt man den entscheidenden Anstieg eines Fiebers, den Umkehrpunkt vor der Besserung: Krisis. Und das passt auch für die Krisen im Leben. Es geht so nicht weiter – und verlangt nach einer Entscheidung.

Solche Situationen können schleichend entstehen, etwa bei unserer Architektin: Trotz einer guten Arbeitsstelle und bester äußerer Umstände spürte sie, dass irgendetwas nicht mehr stimmte. Die innere Spannung war anfangs unmerklich, doch mit der Zeit entwickelte sich eine Unzufriedenheit und zunehmend erlebte sie einen deutlicher werdenden Druck, etwas zu verändern. Es hat eine Zeit lang gedauert, bis sich herauskristallisierte, dass sie sich in ihrer Arbeit zu unfrei fühlte, und auch dann zögerte sie noch, eine so folgenschwere und auch verunsichernde Entscheidung wie die Selbstständigkeit überhaupt in Angriff zu nehmen. Erst als die Unzufriedenheit und der damit verbundene Druck ihre Lebensfreude deutlich beeinträchtigten, war sie bereit, sich dieser Möglichkeit ernsthaft zu stellen.

Manchmal jedoch finden wir uns auch ganz unvermittelt in einer Zuspitzung wieder: Ohne vorbereitet zu sein, bekommen wir ein hervorragendes Angebot und wissen: „Hier muss ich zupacken!" Doch irgendetwas hält uns ab. Oder im Rahmen einer Strukturveränderung im Betrieb steht eine Person vor der Frage, ob sie eine Versetzung zur Tochtergesellschaft akzeptiert – was mit einem Umzug verbunden wäre – oder eher vor Ort bleibt und einen Vorgesetzen bekommt, mit dem sie persönlich negative Vorerfahrungen hat. Zugleich bleibt nur wenig Zeit für den Entschluss. Unversehens steckt der Mensch „in der Krise".

Ein Hauptaspekt des Drucks ist die Furcht vor der falschen Entscheidung, wenn bei den Alternativen ein schmerzhafter Verlust deutlich zu spüren ist.

Unabhängig, woher der Druck kommt, ein Hauptaspekt ist meist die Furcht vor der falschen Entscheidung. Manchmal ist bei jeder Alternative ein schmerzhafter Verlust vorherzusehen. Zum Beispiel, wenn man vor der Wahl steht, eine Tätigkeit im Ausland anzunehmen oder nicht, ein Haus zu kaufen oder weiter zur Miete zu leben, eine Partnerschaft weiterzuführen oder zu beenden, einen lukrativen, aber sehr zeitintensiven Auftrag anzunehmen oder abzulehnen. Etwas verliert man dabei oder befürchtet, es zu verlieren: Sicherheit, eine Herzensangelegenheit, etwas Vertrautes oder Liebgewonnenes, ein Lebensziel, einen Wert wie Treue oder Freiheit. Stark zugespitzt ist der Druck – und der Verlust – bei einer ersten unerwarteten Schwangerschaft. Das Kind zu behalten hieße: Auf bisherige Freiheiten und berufliche Chancen zu verzichten, vielleicht auch, sich auf einen Partner festzulegen, mit dem man gar nicht so sicher ist ... Und der – schwere – Entschluss, die Schwangerschaft abzubrechen, würde den Verlust der Unschuld bedeuten, das Verletzen eigener Werte und auch die Gefahr, dass man diesem ungeborenen Kind später immer nachtrauern wird.

Natürlich entstehen Krisen auch durch äußere Einflüsse: Früher oder später wird jeder mit Ereignissen konfrontiert, die seinen persönlichen Zielen, Wünschen und Hoffnungen im Wege stehen: Krankheiten oder Unfälle, finanzielle Einbrüche oder menschliche Enttäuschungen und Verluste. Auch hier geht es dann wieder um Entscheidungen: Wie gehe ich damit um? Was kann ich tun?

Wenn der innere Druck das Dilemma weiter anheizt, besteht die große Kunst darin, zumindest für kurze Phasen der Besinnung, aus dem Druckgefühl herauszukommen.

Die Kunst bei einer zugespitzten Entscheidung ist – zumindest für kurze Phasen der Besinnung – aus dem Druckgefühl herauszukommen, denn der innere Druck heizt das Dilemma weiter an. Die Ungeduld mit sich selber, das „Du musst Dir jetzt endlich klar werden" und auch der Ärger auf sich selbst erhöhen den Druck und sind kaum zielführend. Es hilft schon aufzuhören, gegen den inneren Druck anzukämpfen, und stattdessen zu versuchen, dem Druckgefühl und der Unklarheit – und damit sich selbst gegenüber – verständnisvoller und annehmender zu sein. Wenn weder das Erforschen des Bauchgefühls und das achtsame Reflektieren der Optionen noch der Dialog mit Nahestehenden fruchtbar sind, kann der Zugang zu den verschiedenen inneren Stimmen zu mehr Klarheit führen. Hier können Antworten gefunden werden, warum Teile der Persönlichkeit vor etwas zurückschrecken oder in unterschiedliche Richtungen zerren.

Weitreichende Entscheidungen erfordern ein differenziertes Erforschen auch der hintergründigen Motive. Es kann sein, dass jemand den Auslandsjob annimmt, weil er sich unbewusst erhofft, mit dem Tapetenwechsel frischer Wind und Anregung in seine stagnierende Beziehung zu bekommen. Ein anderer macht sich selbstständig, weil er im Job keine weiteren inneren Entwicklungsmöglichkeiten sieht, oder aber weil er die zukünftig von ihm erwartete Führungsverantwortung viel mehr scheut, als er sich eingestehen würde. Im Ausland gelandet, stellt sich dann heraus, dass die Beziehung keineswegs lebendiger geworden ist oder die Selbstständigkeit überhaupt nicht die ersehnte Sinnerfüllung bietet. Die Entscheidung stellt sich möglicherweise sogar als eine Fehlentscheidung heraus. Das erwartete Glück stellt sich nicht ein, weil die eigentlichen Motive nicht befriedigt werden. Tatsächlich wird uns oft erst nach einer Fehlentscheidung bewusst, was uns ursprünglich zu dem Schritt getrieben hatte. Menschen können aufgrund mehrerer solcher negativen Vorerfahrungen in einem aktuellen Entscheidungsprozess verunsichert oder sogar wie gelähmt sein. Hinter der Blockade oder der Verunsicherung verbirgt sich oft ein Teil, der vor einer – weiteren – Fehlentscheidung warnen will. Rational können einem Menschen die Bedenken und die Angst davor bewusst sein, aber die emotionale Ladung ist ihm oft nicht so zugänglich – besonders, wenn sie von einem Teil kommt, dem die Folgen früherer Entscheidungen sehr nachhängen.

Oft wird erst nach einer Fehlentscheidung bewusst, was uns eigentlich zu dem Schritt getrieben hatte. Deshalb erfordern weitreichende Entscheidungen ein differenziertes Erforschen der hintergründigen Motive.

Polarisierungen machen es schwer

Eine schwerwiegende Entscheidung löst fast immer innere Spannungen und Polarisierungen aus. Wenn etwa ein Ehemann und liebevoller Vater vor der Frage steht, wegen einer neuen Liebe seine Familie zu verlassen, dann zerren beispielsweise der „Jugendliche Liebhaber“ und der „Anerkennungssuchende“ in die eine und der „Treu-Verlässliche“ in die andere Richtung. Wird von der Frau ein Ultimatum für eine Entscheidung gestellt, dann reagieren diese Teile oft – durch den erhöhten Druck von außen – noch extremer. Der Anerkennungssuchende und der Jugendliche Liebhaber möchten nicht mehr ohne die Wertschätzung, die Bewunderung, die Erotik und die zärtlich-liebevolle Aufmerksamkeit der Geliebten leben und dem Treu-Verlässlichen bricht das Herz bei der Vorstellung, die Kinder zu verlassen, das Heim aufzugeben und ein neues Leben anzufangen. An einem Morgen beim Aufwachen ist ihm ganz klar, wozu er sich entscheidet, am Abend ist es wieder völlig anders. Ein häufiges Phänomen bei einer Polarisierung ist, dass in dem Moment, in dem man in eine Richtung tendiert, sich bald danach – oft sogar sofort – die andere Seite meldet.

Unbewusste Teile schleichen sich oft subversiv in Entscheidungsprozesse ein und verhindern Klarheit.

Verschiedene Teile drängen mit ihren jeweiligen Interessen und Befürchtungen in unterschiedliche Richtungen. Klassische Entscheidungsmethoden reichen da oft nicht aus. Bei Pro-Kontra-Listen, Entscheidungsbäumen, Szenariotechniken kommen die unbewussten Seiten nicht vor. Diese schleichen sich aber wie subversive Saboteure in den Entscheidungsprozess ein und verhindern Klarheit. Wenn Interessen und Befürchtungen von Teilen nicht wahrgenommen und emotional verstanden werden, haben sie nicht die Sicherheit, dass sie bei der Entscheidung berücksichtigt werden. Mit den Befürchtungen solcher Teile muss verständnisvoll umgegangen werden und die Bedenken sollten so weit wie möglich ausgeräumt werden. Wenn ihr Anliegen verstanden worden ist, kann man fast immer mit den Teilen verhandeln und eine gute Lösung finden. Interessanterweise reagieren Teile auch hier wie Menschen in einer Gruppe in einem gemeinsamen Entscheidungsprozess.

Innerer „Familienrat" – Selbstführung bei Entscheidungen

Wenn es um große Entscheidungen geht, dann lohnt es sich, aus einer selbstnäheren Perspektive darauf zu schauen und die widerstreitenden Stimmen genauer zu befragen. Gerade um die, die übertönt werden, von den Folgen aber doch sehr betroffen sein könnten, sollte man sich kümmern. Im Grunde gilt hier auch für die innere Familie die berühmte „Abt-Regel" des heiligen Benedikt (2001), Begründer des Benediktinerordens, der sagte: „Bei wichtigen Fragen muss der Abt jeden hören, auch den kleinsten Küchenjungen, aber dann muss er selber abwägen und entscheiden."

Wie beim Familienrat muss man alle Betroffenen versammeln und jeden Einzelnen befragen, was er dazu meint: „Wie geht es dir mit der Situation?", „Was sind die Hoffnungen oder Befürchtungen, die mit den möglichen Alternativen verbunden werden?", „Was bräuchtest du, um dich auf die andere, vielleicht verunsichernde oder schmerzhafte Alternative einzulassen?" oder: „Was muss bei der Lösung unbedingt berücksichtigt werden?" Solch eine innere „Versammlung" ist ein größeres Unterfangen und braucht Zeit, Raum und Konzentration. Aber wir meinen, dass es sich bei folgenschweren Entscheidungen auch lohnt. Weil vieles – insbesondere die Befürchtungen und die Bedingungen von inneren Anteilen – klarer wird, ist man sich beim letztendlichen Entschluss dann wesentlich sicherer. Interessanterweise entdeckt man dabei fast immer, dass sich hinter polarisierten Positionen von Anteilen der Persönlichkeit auch gemeinsame Interessen verbergen. Dieses Phänomen zeigt sich im folgenden Beispiel.

Hinter polarisierten Anteilen der Persönlichkeit verbergen sich fast immer gemeinsame Interessen.

Eine „Teile-Beratung“ bei einer Entscheidung

Jan Rubens, Mitte 40 und seit 15 Jahren Führungskraft in einem weltweiten Konzern, hat seine Freude und den Elan bei der Arbeit verloren. Er steht vor der schwierigen Entscheidung, ob er trotz der unbefriedigenden Entwicklungen bleibt oder sich eine neue Stelle sucht. Im Konzern stehen Kosteneinsparungen und massive strukturelle Veränderungen an. Eine nicht unwichtige Rolle dabei spielt für seine Zukunft der neue direkte Vorgesetzte, der eiskalt nur auf die Zahlen und nicht auf den Menschen achtet. Diesen Führungsstil lehnt Rubens zutiefst ab. Zudem sollen in den nächsten Monaten die drei Nachbarbereiche und sein eigener zu einem einzigen Bereich zusammengelegt werden. Die Mitarbeiter ahnen, dass viele ihren Job verlieren werden. Das Klima ist miserabel. Da Rubens kein „Politiker“ ist, möchte er nicht gegen seine Kollegen kämpfen, um seine Chancen auf die eine übrig bleibende Führungsposition zu verbessern. Aber einfach zurückziehen will er sich auch nicht. Innerlich und äußerlich spricht vieles dafür, eine neue Stelle zu suchen, das erscheint ihm das Vernünftigste. Diesen Impuls spürt er immer deutlicher und drängender. Aber er fühlt sich auch gegenüber dem Unternehmen loyal und den Menschen verbunden, mit denen er eine teils jahrelange enge Beziehung hat. Er steckt fest, steuert auf einen typischen Engpass zu und sucht in der krisenhaften Zuspitzung nun eine Beratung. Er ist objektiv in einer schwierigen äußeren Situation. Hinzu kommt, dass er sich dem Ganzen auch innerlich immer weniger gewachsen fühlt. Darüber spricht er aber nicht direkt. Jedoch ahnt er unterschwellig, dass die misslichen äußeren Umstände möglicherweise auch tiefer liegende eigene Probleme anrühren könnten.

Im ersten Gespräch berichtet er, dass er eigentlich innerlich schon gekündigt hat. Er wirkt müde und resigniert und sieht keinen Ausweg aus dem Dilemma. Während Rubens über seine Situation erzählt, lenkt der Coach seine Aufmerksamkeit weg von den äußeren Umständen und stärker hin zu der Frage, was seine Unzufriedenheit und auch seine Resignation mit ihm selber – mit seiner Innenwelt – zu tun haben könnten. Was Rubens in der jetzigen Situation persönlich besonders schmerzt, ist, dass er für die Kontakte zu seinen Mitarbeitern kaum mehr Zeit hat und die menschliche, gefühlvolle Seite seines Lebens insgesamt zu kurz kommt.

In der zweiten Sitzung betrachten sich Coach und Rubens die Polarisierung noch genauer. Der „Macher“ drängt Rubens, endlich zu gehen. Er ist sich sicher, dass er mit seiner Lebens- und Berufserfahrung gute Chancen hätte, einen anderen Arbeitgeber zu finden und dass ein Wechsel der einzig richtige Schritt wäre. Dieser Teil ist besonders frustriert, weil er in den vergangenen fünf Jahren nur geschuftet hat, sich voll und ganz für das Unternehmen eingesetzt hat und jetzt so wenig zurückbekommt. Die Firma ist eben nicht mehr das, was sie mal war. Im Dialog mit diesem Teil spürt Rubens noch deutlicher und drängender als sonst, dass dieser Teil Angst hat, Rubens könne sich unglücklich machen, wenn er bliebe. Das, was dem Macher derzeit am meisten fehlt, sind die positiven Herausforderungen, der Sinn bei der Arbeit, die Gestaltungsmöglichkeiten. Für diese Aspekte setzt sich der Macher ein, danach strebt er. Sein Anliegen ist, dass sich die Arbeit und das Leben sinnvoll anfühlen, er keinen Rückschritt macht und nicht im Sumpf steckenbleibt. Der Macher ist überzeugt davon, dass Rubens nur in einem neuen Job Zufriedenheit findet.

Die Seite, die so starke Vorbehalte gegen einen Wechsel hat und bleiben möchte, nennt Rubens seinen „Menschenfreund“. Dieser Teil, der sich den Mitarbeitern gegenüber sehr verantwortlich und verpflichtet fühlt, möchte die Kollegen in der jetzigen Situation nicht im Stich lassen. Dieser Teil macht Rubens am meisten zu schaffen, denn „vernünftigerweise“, findet Rubens, spricht alles andere dafür, jetzt zu kündigen. Als Rubens im Selbstdialog seine Befürchtungen hinsichtlich eines Wechsels erforscht, zeigt der Teil außerdem, wie sehr er sich – besonders auch jetzt in dem Entscheidungsprozess – dafür einsetzt, dass Rubens überhaupt wieder mehr Zeit für sich selbst und für die Familie bekommt. Er möchte verhindern, dass er diesen Wert zugunsten eines neuen Jobs – wo Rubens wieder von vorne anfinge, nur noch „ackern“ müsse und wieder keine Zeit und Muße hätte – aufgibt. Dann taucht überraschenderweise noch ein weiterer Aspekt auf, den er schon lange nicht mehr wahrgenommen hatte: Es ist der „musische Teil“, der in Studienzeiten genussvoll, leger und locker durchs Leben gegangen war. Der hat viel gelesen und musiziert, manchmal nächtelang selbstvergessen Gitarre gespielt und Stücke komponiert. Seine ausgeprägte Musikalität hatte Rubens damals von einer Karriere als Konzertgitarrist träumen lassen. Aber zu Gunsten seiner vernünftigen Seite hatte er das aufgegeben und mit einem „gewöhnlichen“ Beruf die gute materielle Grundlage für seine Familie geschaffen. Der Menschenfreund hat Angst, dass diese musische Seite nie mehr im Leben einen Platz findet.

Der Coach schlägt vor, sich auch diesem musischen Teil zuzuwenden, und bittet den Macher – der jetzt anfängt, dagegen zu argumentieren: „Die Zeiten sind doch vorbei, du hast jetzt ganz andere Sorgen und Pflichten“ –, dass er sich etwas distanzieren möge, sodass Kontakt mit dem Musischen alleine möglich wird. Dazu muss er dem Macher versichern, dass auch er später wieder gehört wird und seine Interessen im Entscheidungsprozess berücksichtigt werden. Der Coach erklärt Rubens, dass häufig innere Seiten abgelehnt, bekämpft oder sogar verleugnet werden und neue Optionen oft erst dann entstehen, wenn jeder Teil verstanden, anerkannt und wertgeschätzt wird.

Als Rubens beginnt, diesen lange verbannten Teil noch deutlicher wahrzunehmen, geschieht etwas für ihn Unerwartetes. Er empfindet eine immense Traurigkeit. Er kann plötzlich spüren, wie stark und tief in ihm der Kummer über verlorene Lebenslust und unbeschwerte Lebensqualität eigentlich ist. Dieses Gefühl ist so heftig, dass sich innerlich etwas richtig zusammenzieht. Der Verlust des so lange nicht Gelebten verursacht einen tiefen Schmerz. Da er sich bei seinem Coach gut aufgehoben fühlt, kann Rubens das zulassen und erleben, dass es zwar sehr wehtut, aber nicht wirklich bedrohlich ist.

Während Rubens die Trauer wahrnimmt, meldet sich nach einigen Minuten eine Ahnung von etwas Neuem: Er beginnt, sich vorzustellen, sich gerade jetzt wieder mehr für die von ihm so wenig gelebte musische, sensible, genussvolle Seite zu öffnen. Er könnte den vergeblichen Kampf gegen die Rücksichtslosigkeit seines Chefs loslassen, da es ohnehin keinen Zweck hat, hiergegen aufzubegehren. Er könnte sich stattdessen wieder auf seine eigenen Werte konzentrieren und die Arbeit, die er für wichtig hält, so machen, wie es ihm entspricht. Und er könnte dafür klarer einstehen. Rubens fängt an, eine neue Ausrichtung und ein neues Lebensgefühl für möglich zu halten. Es entstehen für ihn neue Perspektiven, auch wenn er sie noch nicht klar ausformulieren kann.

Danach reflektieren Coach und Rubens den vergangenen Prozess und überprüfen, wie es den anderen Teilen damit geht und wie die kommenden Schritte aussehen könnten. Der Macher, der sich für Sinn, Herausforderung und mehr Gestaltungsmöglichkeit einsetzt, hat erlebt und kann anerkennen, dass die musische Seite sinngebend ist. Des Weiteren kann er viel entspannter sein, wenn Rubens sich wieder mehr um die Mitarbeiter kümmert und sich in dem Konflikt mit dem Vorgesetzten weniger aufreibt, sondern seinen Ärger auf ihn vor allem innerlich bewältigt. Der Macher, dem es um Befriedigung und Fortschritt geht, ist zufrieden, wenn Rubens etwas in seinem direkten Umfeld bewegt und damit hat Rubens bereits begonnen. Macher und Menschenfreund müssen nicht mehr so heftig gegeneinander kämpfen, da sie ja letztlich von ähnlichen Interessen motiviert werden – nämlich eigene Werte, Zufriedenheit und Sinnhaftigkeit zu verfolgen.

Das Zerrissensein zwischen den ursprünglichen Polen ist nun aufgehoben. Der Moment, in dem Rubens den Schmerz des so lange verbannten musischen Teils wahrgenommen hat, war der entscheidende Wendepunkt. Das zu spüren hat etwas deutlich geklärt und innerlich entlastet. Nun kann auch die Vernunft wieder wirksam werden. Rubens merkt, dass er sich nicht sofort entscheiden muss. Viel sinnvoller ist es, noch ein oder zwei Jahre zu warten, die Entwicklungen zu beobachten – möglicherweise würde sich auch ein Chefwechsel ergeben – und erst dann zu entscheiden. Und in der Zwischenzeit das umzusetzen, was ihm wichtig und möglich ist.

Einige Wochen später berichtet Rubens darüber, wie viel mehr er sich wieder um seine Mitarbeiter kümmert und sie in dieser schweren Zeit mit seiner menschlich-zugewandten Präsenz und seinem technischen und verkäuferischen Wissen unterstützt. Gleichzeitig erzählt er, dass er anfängt, sich klarer abzugrenzen: Er hört auf, überall nach Konsens zu suchen, und übernimmt weniger Aufgaben, die andere machen sollten. Rubens hat zwar keine Zeit gefunden, sein Gitarrenspiel wieder aufzunehmen, aber kleine Momente des Genusses wie einen Capuccino zu trinken oder auch ein bisschen Zeit zum Träumen sind zurückgekommen und geben schon wieder ein Gefühl von mehr Lebenssinn.

In Rubens Beispiel wird Verschiedenes deutlich:

Bei einer anstehenden Entscheidung haben Persönlichkeitsteile häufig Angst, übergangen und nicht berücksichtigt zu werden.

1. Bei einer anstehenden Entscheidung haben Persönlichkeitsteile häufig Angst, übergangen und nicht berücksichtigt zu werden. Wenn sie nicht direkt ins Bewusstsein kommen können, etwa weil sie und ihre Gefühle bekämpft werden, dann suchen sie sich auch andere Wege, oft über „Symptome". Diese können eine Person daran hindern, einfach wie bisher weiterzumachen. Sie funktioniert nicht mehr so souverän, ihr unterlaufen ungewohnte Fehlleistungen, sie bekommt unerklärliche Ängste, Schlafstörungen, depressive Gedanken oder irritierende Träume.

2. Verschiedene Teile drängen in unterschiedliche Richtungen, und es ist wichtig, die Interessen der einzelnen Teile zu verstehen. Sie bei einer „inneren Verhandlung" wirklich anzuhören, macht vieles leichter und eröffnet häufig ungeahnte neue Optionen. Interessanterweise haben polarisierte Teile fast immer auch gemeinsame Interessen. Das starke Drängen und das Druckgefühl eines Anteils lassen nach, wenn er sicher sein kann, dass sein Interesse im Auge behalten und berücksichstigt wird.

3. Größere Entscheidungsprozesse bieten immer auch eine Chance, mehr über die eigene Persönlichkeit zu erfahren, Seiten zu bemerken, die vergessen oder verdrängt waren, und so als Mensch auch deutlich zu wachsen.

4. Gerade folgenschwere Lebensentscheidungen erfordern Zeit, Sorgfalt und manchmal auch fachkundige Unterstützung, um zu guten und nachhaltig tragbaren Ergebnissen zu kommen.

Gelassenheit, etwas hinzunehmen, und Mut, etwas zu ändern

Wie in Rubens' Beispiel kommt es oft vor, dass es vordergründig äußere Umstände sind, die es für einen Menschen zunehmend enger machen. Die Ursachen des erlebten Drucks werden dann meist als „nur" von außen kommend erlebt. Das führt dazu, dass auch nur äußere Lösungsansätze gesucht werden – etwa die Position zu wechseln, deutlicher zu rebellieren oder sich noch besser anzupassen. Auch wenn sich manchmal gute Lösungen in der Außenwelt finden lassen, gibt es Gefahren bei ausschließlicher Außenorientierung: Eine ist, dass man sich mit seinen Lösungsversuchen verausgabt, ohne zu nachhaltigen, guten Ergebnissen zu kommen. Eine weitere wäre, auf Kosten anderer – in Beruf oder Familie – einseitige Verschiebungen in Kauf zu nehmen.

Wir meinen, dass eine neue Variante des Gelassenheitsgebets sinnvoll sein könnte: ... *lass mich die Dinge so lange gelassen hinnehmen bis ich die Weisheit und den Mut habe, sie zu ändern.* Ob diese Änderungen dann tatsächlich in der Außenwelt erfolgen sollten – oder in manchen Fällen in einer inneren Reifung bestehen, das lässt sich mit einem

„Projekt Selbstführung" als kontinuierlichem inneren Verbesserungsprozess zunehmend leichter herausfinden.

Eine sorgfältige Innenschau bei größeren anstehenden Entscheidungen lohnt sich aus mehreren Gründen: Erstens können längerfristige Fehlentscheidungen eher vermieden werden, zweitens ermöglicht dies oft eine wesentliche Horizonterweiterung und drittens ist man weniger Spielball äußerer Umstände. Und zu guter Letzt lernt man dabei, sich selbst immer besser zu führen.

Selbst-Coaching

Ein Dilemma oder einen Entscheidungsprozess näher erforschen

Zweck: Bei einem Dilemma oder Entscheidungsprozess mit Hilfe somatischer Marker weiterkommen.

Grobstruktur: Verschiedene mögliche Zukunftsszenarien in der Phantasie durchspielen, Körperreaktionen und Gefühle deutlicher wahrnehmen und diese zur Entscheidungshilfe nutzen. Papier und Stift.

Zeitbedarf: 30 bis 40 Minuten.

Sie können diese achtsame „Forschungsreise" für fast jede anstehende Entscheidung nutzen – sei es eine Anschaffung, eine Reiseplanung, ein neues Projekt oder eine größere Lebensentscheidung.

···> *Zukunftsprojektion mit somatischen Markern*

Für sorgfältige Entscheidungsfindungen ist es sinnvoll, emotionale und rationale Aspekte zu verbinden und eine gute Balance von Fühlen und Denken zu erreichen. Das hier vorgeschlagene Vorgehen, das dafür eine gewisse Struktur bietet, kann natürlich Ihren Vorlieben entsprechend abgeändert, gekürzt oder ergänzt werden.

Ein Ergebnis dieser Reflexion kann sein, dass deutlich wird, was ein stimmiger und angemessener nächster Schritt in dem Entscheidungsprozess sein könnte. Wahrscheinlich wird Ihnen Ihre eigene Orientierung damit auch bewusster. Bei komplexen und „größeren" Entscheidungen kann eine Wiederholung dieser Reflexion in mehreren Schritten zu mehr Klarheit und Entscheidungssicherheit führen.

1. Versuchen Sie zuerst, den emotionalen Ausgangspunkt zu erfassen: Wenn Sie zu der anstehenden Entscheidung hinspüren – was sind Ihre spontanen Reaktionen? Wie reagieren Sie gefühlsmäßig darauf? Was bemerken Sie im Körper? Was vermitteln Ihnen diese Signale (z.B. über Ihren Zustand, Ihre Gefühle, Ihre Einstellung usw.)? Notieren Sie sich das, ohne jetzt weiter darüber nachzudenken. Schreiben Sie alles auf, was in diesen ersten Minuten spontan auftaucht, ohne es zu zensieren. Sie können dieses „Eingangsgefühl" später näher betrachten, wenn sich eine Entscheidungsrichtung deutlicher herauskristallisiert.
2. Jetzt wäre, wenn Sie das nicht schon getan haben, eine rationale Analyse sinnvoll, die Sie am besten auch schriftlich vornehmen:
   a. Was wissen Sie über den Ausgangspunkt, die Hintergründe des Dilemmas, der Entscheidung? Warum steht hier eine Entscheidung an? Welchen Zweck würden Sie damit verfolgen?
   b. Welche Entscheidungsmöglichkeiten fallen Ihnen spontan ein? Bitte wie bei einem Brainstorming alle Ideen auflisten – ohne sie jetzt zu bewerten.

c. Welchen Sinn, welche Zwecke erkennen Sie bei den möglichen Entscheidungsrichtungen?
d. Wen betrifft es außer Sie selbst? Wer würde sowohl über die Problematik als auch die Entscheidung mitreden wollen und/oder berücksichtigt werden müssen? Was würden diese Personen dazu sagen?
e. Formulieren Sie nun – so konkret wie möglich – die für Sie am ehesten denkbaren Zukunftsszenarien. Achten Sie dabei darauf, jedes Szenario positiv zu beschreiben (z.B. statt: „Ich gebe dieses Projekt / diese Arbeit auf“ eher: „Ich nutze frei werdende Kapazitäten / meine Arbeitskraft für ...“ oder statt: „Ich verzichte auf diese Anschaffung / diese Reise“ eher: „Ich bleibe bei dem was ich habe und nutze es folgendermaßen ...“ Geben Sie jeder Entscheidungsmöglichkeit eine ansprechende Überschrift.
f. Überlegen Sie sich einen Zeitpunkt in der Zukunft, nachdem die Entscheidung gefallen ist, an dem Sie dann die Konsequenzen dieser Entscheidung so lange erlebt haben werden, dass Sie gut abschätzen können, wie zufrieden Sie damit sind. Bei kleineren Anschaffungen sind das vielleicht ein paar Wochen oder Monate, bei grundsätzlicheren Lebensentscheidungen ein bis fünf Jahre.

3. Sobald Sie abschätzen können, welche dieser Szenarien ernsthaft in Frage kommen, dann überlegen Sie sich, in welcher Reihenfolge Sie diese Varianten A, B oder C betrachten wollen.

4. Nehmen Sie sich jetzt bis zu 20 Minuten Zeit für eine achtsame Phantasiereise zu der jeweiligen Entscheidungsmöglichkeit.

5. Spielen Sie das erste Szenario (Entscheidung A) durch. Stellen Sie sich dabei vor, sie haben die Entscheidung A getroffen. Tauchen Sie so konkret wie möglich in die zukünftige Situation ein. Was bemerken Sie dabei? Wie fühlen Sie sich mit der Entscheidung? Was ist angenehm, attraktiv, entlastend bei dieser Variante? Was gewinnen Sie durch diese Entscheidung? Was fühlt sich belastend, bedrückend, schwierig an? Was verlieren Sie, was geben Sie auf? Welcher Teil Ihrer Persönlichkeit reagiert freudig, entspannt oder angespannt, besorgt? Gibt es Anteile, die nun mehr zurückgetreten sind oder besonders stark vorherrschen, und wie fühlt sich das an? Spielen Sie einige zeitliche Varianten durch – wie geht's Ihnen kurzfristig, mittelfristig, langfristig – und was taucht da jeweils auf?

6. Wichtig ist währenddessen, dass Sie beim Szenario A bleiben und sich nicht ablenken lassen. Es werden wahrscheinlich relativ bald Gefühle oder Impulse gegen diese Variante A sprechen, die Sie ablenken oder beim weiteren konsequenten Durchspielen hindern können.

7. Verweilen Sie also weiterhin beim Szenario A – insbesondere, wenn Ablenkungen, irgendwelche Einwände oder sogar ein klares „Nein“ gegen diese Variante auftauchen. Untersuchen Sie diese Widersprüche stattdessen noch genauer. Was genau an Szenario A ist unangenehm? Was würde es für Sie bedeuten, wenn Sie zum Zeitpunkt X mit dieser Entscheidung leben? Oft werden hier weitere, vorher möglicherweise verdeckte Motive für das Szenario B deutlich. Es dauert eine gewisse Zeit, bis sich diese klarer zeigen, seien Sie also geduldig. Schreiben Sie alle Eindrücke auf.

8. Fahren Sie dann in gleicher Weise fort mit Szenario B. Spielen Sie auch hier das Szenario mit allen relevanten Zeitperspektiven möglichst real und konsequent durch. Stellen Sie sich so plastisch wie möglich vor: „Diese Entscheidung habe ich getroffen, jetzt lebe ich damit, so fühlt es sich an, so wirkt sie sich aus ..." Verweilen Sie auch hier bei den Widerständen oder Einwänden, die gegen Szenario B sprechen, und erforschen Sie diese genauer. Bleiben Sie dabei in einer neugierigen, offenen Haltung. Jeder Vorbehalt, wenn Sie dabei achtsam verweilen, kann Ihnen weitere Hinweise liefern, die für Variante A (oder auch C) sprechen. Auf diese Weise wird es möglich, dass Sie weitere, subtile Beweggründe für andere Varianten noch deutlicher wahrnehmen.
9. Achten Sie weiterhin auf körperliche Reaktionen, während Sie dies innerlich durchspielen. Wo wird im Körper etwas enger, wo etwas weiter? Wann atmen Sie tiefer und gelöster durch, wann spannt etwas an? Nehmen Sie wahr, welche Gefühle jeweils damit einhergehen. Machen Sie sich dazu Notizen.
10. Wenn Sie die Phantasiereisen zu allen Szenarien abgeschlossen haben, dann können Sie einmal direkt danach – und ein weiteres Mal nach „einer Nacht darüber schlafen" – Ihre Notizen betrachten, die Eindrücke in einer Art Gesamtschau auf sich wirken lassen und auswerten: Was ist Ihnen zum Abschluss der Reflexion bewusster geworden? Was muss auf jeden Fall berücksichtigt werden? Möglicherweise hat sich Ihre Entscheidung damit schon herauskristallisiert. Oder es ist deutlich, welche Aspekte noch geklärt werden müssen: Mit wem Sie noch sprechen, welche Informationen Sie noch einholen, was Sie noch in Erfahrung bringen, vielleicht auch in kleinerem Rahmen einmal ausprobieren müssten.
11. Wenn Sie während des „Durchlebens" der Szenarien den Eindruck hatten, dass ein Persönlichkeitsteil bei diesem Prozess eine entscheidende Rolle spielt – zum Beispiel starke Bedenken hat –, dann könnten Sie anschließend dessen Befürchtungen und Interessen näher erforschen, wie in der Anleitung im Kapitel „Veränderung durch Selbstdialog" beschrieben.

Nur was sich in der Tiefe gut anfühlt, hat langfristig gute Chancen, mit genügend Engagement, Geduld und Durchsetzungskraft umgesetzt zu werden. Deshalb darf ein wesentlicher Schritt vor der endgültigen Festlegung nicht fehlen: „Wie geht es Ihnen jetzt – spontan – mit dem erarbeiteten Ergebnis oder den denkbaren Szenarien?" Entscheidend sind hierbei wieder die somatischen Marker. Merken Sie beim Hinspüren zu einem Zukunftsszenario, dass es sich nicht kraftvoll und motivierend anfühlt, dann ist klar, dass der Entscheidungsprozess hier noch nicht abgeschlossen werden kann.

Ein letzter Gedanke dazu, dass Sie sich bei Entscheidungen auch gegen etwas entscheiden müssen, das Sie dann nicht mehr haben können: Der Schmerz über das, was Sie bei einer Festlegung verlieren, ist mit so einer Reflexion leichter zu ertragen, weil Sie ihn in der Phantasie bereits erlebt haben und er so kalkulierbarer wird. Vor allem ist durch die differenzierte Arbeit mit Zukunftsszenarien noch deutlicher geworden, was Sie mit dem Neuen gewinnen können.

Coaching

Wenn der Druck des Klienten den Coach unter Druck setzt

Gerade bei Entscheidungsprozessen ist es wichtig, sich den Grundsatz „Coaching ist Hilfe zur Selbsthilfe" zu vergegenwärtigen. Wenn ein Klient mit einer Entscheidung unter Druck ist oder es sich für ihn bereits krisenhaft zugespitzt hat, ist für den Coach die Verführung groß, mit Ratschlägen und der eigenen Erfahrung zu „unterstützen". Damit würde er aber inhaltlich eingreifen und die eine oder andere Orientierung verstärken. Und er übernähme eine Verantwortung, die beim Klienten bleiben muss.

Die innere Haltung des Coaches ist einmal mehr entscheidend – und das heißt hier vor allem, sensibel zu bemerken, wenn eigene Anteile anspringen und die eine oder andere Seite bestärken wollen. Hat der Coach etwa selbst gerade mit dem Thema des Klienten zu tun oder gerät er bei dessen Leidensdruck stark unter Zugzwang, dann wird er schnell verleitet, Richtung zu geben, mit konkreten Hinweisen zu lindern oder zu beschwichtigen. Bei der Frage eines Schrittes in die Selbstständigkeit möchte er ihm vielleicht Mut zusprechen – wenn er selbst damit gute Erfahrungen gemacht hat – oder wenn er dem zahlenden Arbeitgeber einen Weggang des Klienten ersparen will, eher abraten. Ein starker zielorientierter Teil des Coaches hält möglicherweise die Unklarheit und Verwirrung des Klienten schwer aus und seine vernünftigen Teile wollen ihn vor den Risiken warnen.

Da die Erfahrung des Coaches von vielen Klienten geradezu begierig angezapft wird, ist es vermutlich nicht möglich, eigene Sichtweisen ganz rauszuhalten – aber es ist aus unserer Sicht zwingend notwendig, sich darüber bewusst zu sein und dem Klienten bei jedem inhaltlichen Hinweis deutlich zu machen, woher dieser kommt – beispielsweise: „Aus eigener Erfahrung weiß ich, dass dieser Schritt emotional verunsichernd ist und man sich alle möglichen Schwierigkeiten schwärzer ausmalt, als sie dann sind. Insofern würde ich Sie trotz Ihres Zögerns gerne ermutigen, so ein Risiko einzugehen." Es ist wichtig, dies auch zu relativieren: „Andererseits weiß ich auch, dass warnende innere Stimmen ernst genommen werden müssen. Daher würde ich empfehlen, diese Warnungen vor einem Entschluss noch näher zu erforschen."

Selbstführung als Weg zu guten Entscheidungen

Auch hier ist es eine wichtige Aufgabe des Coaches, dem Klienten zu mehr Selbstführung zu verhelfen. Dafür könnte er fragen: „Hätten Sie Interesse, diese Entscheidung aus einer innerlich unabhängigeren Position heraus zu betrachten?" oder: „Wie wäre es für Sie, wenn Sie mit mehr Abstand besser verstehen könnten, was Sie da innerlich antreibt und so unter Druck setzt?" Wenn man Sorge hat, der Klient wäre zu sehr mit einer Seite identifiziert, ist es sinnvoll, das anzusprechen: „Aus meiner Erfahrung heraus neigen Menschen immer wieder dazu, unter Druck zu schnell zu entscheiden. Ich könnte mir vorstellen, dass Sie die Gefahr, später mit diesem Entschluss doch unzufrieden zu sein, deutlich minimieren, wenn Sie mit mehr innerem Abstand, quasi aus einer Helikopter-Perspektive, noch mal die verschiedenen Aspekte herholen. Versuchen Sie, auch die bisher leiseren, aber langfristig vielleicht doch sehr wichtigen Stimmen noch einmal zu Wort kommen zu lassen, selbst wenn es lediglich einer größeren Klarheit dienen sollte, dass die gewünschte Richtung stimmt. Zusätzlich könnten noch ein paar Details klarer werden, die besonders zu beachten sind."

Wenn bereits Polarisierungen deutlich sind, zum Beispiel der eine Teil nicht „frei sprechen" kann, ohne dass sich ein anderer ständig einmischt, dann sollte das angesprochen und – mit einem klarer ausgerichteten Selbstdialog – ein besseres Vorgehen angeboten werden. Die wichtigsten Aspekte davon sollten vorab erläutert werden. Dabei muss man vor allem auch deutlich machen, dass die Teile gleichwertig behandelt werden, jeder gehört wird und dafür seine Zeit bekommt. Manche Manager-Teile lassen sich erst dann darauf ein, auch mal eine Weile nicht „mitzureden", wenn sie sicher sind, dass sie in jedem Falle gehört und ernst genommen werden.

Für einen Klienten im Dilemma ist es sehr hilfreich, wenn der Coach das innere Zwiegespräch unterschiedlicher Teile und den Wechsel von einem zum anderen Teil gut wahrnehmen kann. Es ist für die Selbstführung des Klienten außerordentlich wichtig, dass der Coach bemerkt, wenn sich andere Persönlichkeitsteile einmischen und beispielsweise das, was gerade erforscht wird, vorschnell bewerten oder rationalisieren. Er sollte das dann ansprechen und beispielsweise nachfragen, welche Seite das so abschätzig sieht, welcher Teil diese vernünftigen Gründe aufzählt oder woher die Vorbehalte kommen. Dadurch werden dem Klienten die inneren Muster oft erst bewusst, die ihn bei solchen Entscheidungen antreiben, zögerlich sein lassen oder unter Druck setzen. Und es ist ausgesprochen zielführend, wenn der Klient es erleben kann, sich für ein paar Minuten von diesen Teilen zu separieren und das Dilemma aus einer selbstnäheren Perspektive zu betrachten.

Externalisieren und Aufstellen von Teilen

Für erfahrene Berater und Coaches liegt es auf der Hand, die hier dargestellten Zugänge mit anderen methodischen Herangehensweisen zu verknüpfen. Vorgehensweisen aus Voice-Dialogue oder der Gestaltarbeit lassen sich hervorragend einsetzen. Falls sich ein Teil nicht separieren lässt oder wenn es für Klienten schwierig ist, Teile in der Innenwelt wahrzunehmen, kann es hilfreich sein, diese zu externalisieren. Das Verkörpern eines Teils hilft den meisten Klienten, einen deutlicher fühlbaren Kontakt dazu zu finden.

Wir haben sehr gute Erfahrungen gemacht mit verschiedenen Varianten von Aufstellungsarbeit – sowohl in der Gruppe als auch im Einzel-Coaching, z.B. mit Karten oder Bodenankern. Das Aufstellen von Teilen, die Umstellungen und die jeweilige Prozessarbeit bekommen für den Klienten durch die körperlich-bildliche Erfahrung eine hohe Anschaulichkeit und emotionale Dichte. Das „Selbst" wird dabei als Stellvertreter für die gesamte Person (den Fokus) eingesetzt.

Wenn es für den Klienten krisenhaft eng wird

Wenn sich Polarisierungen zuspitzen, wenn es sich für den Klienten anfühlt, als würde er zunehmend in Verwirrung geraten, völlig blockieren und es würde nicht mehr weitergehen, dann braucht er im Coach jemanden, der nicht seinerseits unter Druck gerät.

Es kann gut sein, dass solch ein Zustand in der 3. oder 4. Sitzung eintritt, nachdem man bereits viele Aspekte betrachtet und die Polarisierung klar herausgearbeitet hat. Der Coach könnte sich und die Wirksamkeit seines Vorgehens dann in Frage stellen. Stattdessen muss er die innere Sicherheit haben, dass eine Zuspitzung der Krise auch während des Coachings völlig normal ist und dass der Klient in einem solchen Zustand nicht steckenbleiben wird. Systemiker sagen sogar: „Man muss ein lebendes System, das festgefahren ist, irritieren – sprich: verunsichern –, damit es einen neuen, besseren Inneren Organisationszustand finden kann."

Die große Kunst als Coach ist hier, diesen Zustand nicht als Rückschritt, sondern als Fortschritt zu sehen. Er muss die Zuversicht vermitteln, dass es einen Weg durch diese Zuspitzung geben wird – vor allem durch die eigene Haltung und nicht durch „weises Erklären". Zu viel Reden unterbricht hier den Prozess, der sich – wie eine Geburt – von alleine entfaltet.

Das Beste, was der Coach bei starken und schmerzhaften Gefühlen tun kann, ist für so viel Achtsamkeit wie möglich zu sorgen. Je achtsamer der Klient sein kann, desto mehr Abstand hat er zu einem Teil und umso eher kann er beispielsweise mit Ängsten umgehen oder mit dem Schmerz über einen unvermeidlichen Verlust. Es ist oft das Gefühl des Loslassens, das schmerzhaft erlebt wird. Der Coach unterstützt durch wache Präsenz, liebevolle Zugewandtheit und nicht eingreifendes Mitgefühl. Er darf nicht zu viel „machen" (z.B. erklären, trösten, analysieren, zum Reden veranlassen). Aus dem Annehmen des Loslassens entsteht der nächste und letzte Schritt so gut wie von allein: Es wird klar, was stimmig ist. Auch das kann mit starken Gefühlen verbunden sein, die helfen, das Neue auch in Angriff zu nehmen: Freude, Neugier, Engagement, aber auch Durchsetzungswille oder einfach Entspannung.

11.

Wirkung und Wechselwirkung

„Wir drehen uns da im Kreis!“
„Ich verstehe nicht, warum das so falsch ankommt.“
„Ein Wort ergibt das andere.“
„So hab' ich's auch wieder nicht gemeint.“
„Kaum sag' ich was, geht er schon wieder in die Luft!“
„Da schaukeln wir uns gegenseitig hoch.“
„Aus diesem Teufelskreis komm' ich nicht raus.“

Wenn wir im Großen und Ganzen mit unserer Wirkung zufrieden sind, beschäftigen wir uns nicht weiter damit. Sie spielt dann eine wichtigere Rolle, wenn Selbst- und Fremdbild auseinanderklaffen, wenn die eigene Selbsteinschätzung nicht übereinstimmt mit der Einschätzung, die andere von uns haben. Besonders heikel sind kritische Rückmeldungen nach einem Assessment oder einer Potenzial-Analyse, im Rahmen eines 360-Grad-Feedbacks oder bei einer Ablehnung nach einem Vorstellungsgespräch – umso mehr, wenn die negative Beurteilung von der eigenen Selbsteinschätzung abweicht. Die Frage der Wirkung wird auch bei Konflikten relevant, wenn es wiederholt zu negativen Wechselwirkungen und eskalierenden Gesprächssituationen kommt. Wichtig ist sie auch dann, wenn bestimmte Charakterzüge von Menschen kritisiert werden, die eine wichtige Rolle im Leben spielen und deren Meinung einem viel bedeutet.

Einige Merkmale, die unsere Wirkung beeinflussen, wie Körpergröße und Physiognomie, können wir kaum umformen. Viele andere, wie Stimmführung, Körperhaltung, Gestik und Mimik, sind lebenslange Routinen, die schwer zu verändern sind. Jeder von uns hat Gewohnheiten, wie wir mit anderen in Kontakt treten und wie wir uns ihnen gegenüber verhalten. Die Teile unserer Persönlichkeit, die dabei aktiv sind, bleiben einigermaßen konstant. In den unterschiedlichsten Beziehungen, sozialen Kontakten und Lebenskontexten – in der Familie, im Büro, in der Beratung mit Klienten – spielen positive wie negative Wechselwirkungen dieser Teile bei der Beziehungsgestaltung eine entscheidende Rolle. Sie prägen das Klima der Zusammenarbeit und die Qualität des zwischenmenschlichen Kontakts, wirken sich aus auf Vertrauen, Kooperation und Motivation.

Auch in diesem Kapitel wollen wir den Fokus auf die Innenwelt legen. Wir werden uns dabei auf negative Wechselwirkungen konzentrieren und aufzeigen, wie das Erkennen und Führen eigener Persönlichkeitsteile ein Ansatzpunkt sein kann, mit der eigenen Wirkung – insbesondere mit deren ambivalenten oder kritischen Facetten – bewusster umzugehen und sie auch positiv zu beeinflussen. Selbstverständlich hängt die eigene Wirkung auch von weiteren Faktoren ab, auf die wir hier jedoch nicht näher eingehen wollen. Besonders die Rahmenbedingungen oder der Kontext, in denen ein bestimmtes Verhalten erwartet wird, beeinflussen, ob und wie stark eine Handlung negativ auffällt, wenn sie den Erwartungen nicht entspricht.

Wenn wir feinfühlig dafür sind, wie andere uns sehen, wie andere sich mit uns fühlen und was wir bei ihnen auslösen, können wir wiederum eher empathisch auf sie eingehen. Dann können wir deren Reaktionen auf uns besser einordnen oder antizipieren. Und es fällt uns leichter, Wechselwirkungen positiv zu gestalten oder Konfliktsituationen zu entspannen.

Wenn wir feinfühlig dafür sind, wie andere uns sehen, wie andere sich mit uns fühlen und was wir bei ihnen auslösen, können wir uns eher empathisch auf sie beziehen.

Selbstbild und Fremdbild

Im Grunde wünschen sich die meisten Menschen, so gesehen zu werden, wie sie sich selbst gerne sehen – mit den Eigenschaften, mit denen sie sich selbst bevorzugt identifizieren. Wenn Rückmeldungen nicht mit der eigenen Einschätzung übereinstimmen, wenn das eigene Selbstbild und das Fremdbild auseinanderklaffen, kann das Verwirrung, Kränkung, Unverständnis – aber auch Abwehr oder Ärger – auslösen. Dieses Phänomen wollen wir mit dem Modell der Persönlichkeitsteile unter die Lupe nehmen und genauer erforschen.

Unsere Innenwelt reagiert immer auf das Umfeld, in dem wir uns gerade bewegen, und richtet sich entsprechend aus. So fühlen und bewegen wir uns in der heiteren, ausgelassenen Gesellschaft mit vertrauten Freunden vermutlich anders und haben eine andere Wirkung als in einer Gruppe unbekannter Menschen auf einem offiziellen, förmlichen Empfang. Verschiedene Teile unserer Persönlichkeit herrschen zu unterschiedlichen Zeiten stärker vor als in anderen – in der einen Situation könnte ein kontaktfreudiger Teil, der gerne im Mittelpunkt steht, das Gespräch mit anderen Menschen suchen und in einer anderen Situation ein zurückgezogener Teil eher den Kontakt meiden. Jemand kann im Job kontrolliert und sachlich wirken, zu Hause mit den Kindern aber schnell die Geduld verlieren, sich gehen lassen und ärgerlich werden. Die Rückmeldung „Sie scheinen sich gut im Griff zu haben" trifft dann hauptsächlich auf den beruflichen Kontext zu, wo ein kontrollierender Teil das Verhalten bestimmt. Zu Hause tritt dieser Teil zurück und andere Teile, die tagsüber in Schach gehalten wurden, übernehmen die Führung. Angenommen, dieser Mensch identifiziert sich mehr mit seinem Verhalten im Job und reflektiert selten sein Verhalten zu Hause, dann erlebt er eine Diskrepanz zwischen seinem Selbstbild und den Rückmeldungen seiner Frau. Mit anderen Worten: Das Fremdbild fällt gelegentlich anders aus als das Selbstbild, wenn man Verhaltensweisen, die nur in bestimmten Si-

Das Fremdbild fällt anders aus als das Selbstbild, wenn man Verhaltensweisen als weniger relevant oder bedeutsam einschätzt als es das Umfeld tut.

tuationen vorkommen, als weniger relevant oder bedeutsam einschätzt, als es das Umfeld tut. Oder weil man gewisse Qualitäten an sich besonders schätzt und eng mit seiner Persönlichkeit verbunden sieht, die für andere weniger wichtig oder auffällig sind.

Aber es gibt noch weitere Hintergründe für die Unterschiede zwischen Fremd- und Selbstwahrnehmung wie im folgenden Beispiel: Eine Führungskraft präsentiert hin und wieder Ergebnisse beim Vorstand. Die Rückmeldung, sie wirke dabei souverän, allerdings auch etwas „cool" und nüchtern, kann sie kaum glauben. Innerlich fühlt sie sich in diesen Situationen extrem unter Druck – wie auf einem Präsentierteller – und ist mobilisiert und sehr angespannt. Hier beschützt und überlagert ein Manager-Teil einen anderen, unsicheren Teil so effektiv, dass dieser von den Anwesenden nicht bemerkt wird. Vor und während der Präsentation kann die Führungskraft zwar die Unsicherheit und Anspannung wahrnehmen, nicht aber den Teil, der den Druck dämpft. Dieser lässt die Nervosität nicht sichtbar werden und sorgt dafür, dass die Führungskraft nach außen glatt und unangreifbar wirkt.

Weil viele Facetten unserer Innenwelt von außen nicht erkennbar sind, können andere Menschen leicht falsche Vorstellungen über uns entwickeln.

Weil viele Facetten unserer Innenwelt von außen nicht erkennbar sind, können andere Menschen leicht falsche Vorstellungen über uns entwickeln. Insbesondere in Personen, die nicht viel von sich zeigen, weil sie eine schwach ausgeprägte Gestik und Mimik haben, ihre Emotionen wenig zeigen oder introvertiert sind, kann leicht etwas „hineinprojiziert" werden. Sie werden dann vielleicht als „arrogant", „distanziert" oder „unnahbar" erlebt und auch so beurteilt. Dabei ist das innerlich Zurückgezogene oft ein Schutz davor, sich nicht so unbeholfen oder unsicher im Kontakt zu fühlen. Die Wirkung – also das Fremdbild – ist „arrogant" und „distanziert", während das eigene Erleben – das Selbstbild – „vorsichtig und zurückhaltend" ist.

Erforschen der eigenen Wirkung

Differenzierte Selbstwahrnehmung und realistische Selbsteinschätzung sind entscheidend für authentisches und glaubwürdiges Auftreten.

Hinweise von anderen und eine gute Selbstbeobachtung und Selbstreflexion tragen dazu bei, dass die Einschätzung unserer Wirkung realistischer wird. Differenzierte Selbstwahrnehmung und Selbsteinschätzung sind entscheidend für authentisches Auftreten. Wer sich selbst richtig einschätzt, macht sich nichts vor, und wer sich nichts vormachen muss, wird eher glaubwürdig wirken.

Wie kann man die eigene Wirkung mithilfe von Selbstreflexion besser verstehen? Angenommen, man bekommt hin und wieder die Rückmeldung, in bestimmten Situationen „zu fordernd" zu sein. Der erste Schritt wäre nun, sich eine oder mehrere Situationen zu vergegenwärtigen, in der diese Wirkung von anderen erlebt wurde. Hat man sich solch einen Moment in der Vorstellung möglichst plastisch hergeholt, dann ist es leichter zu ergründen, in welcher Stimmung oder Gefühlslage man sich selbst dabei innerlich erlebt. Es kann sein, dass man sich benachteiligt glaubte oder Angst hatte, zu kurz zu kommen. Vielleicht fühlte man sich ungerecht behandelt und wollte sich für sein Recht einsetzen. Oder man hatte bei dem Thema, das gerade diskutiert wurde, einen besonders hohen Anspruch an das Ergebnis. Auf das Umfeld wirkt jeweils nur der Ausdruck des Manager-Teils, der sich fordernd für etwas einsetzt – der Tonfall, die Gestik und Mimik, die Wortwohl. Innerlich verbirgt sich dahinter jedoch eine Sorge oder Empfindsamkeit, die kaum nach außen dringt. Es ist wichtig, bei der Reflexion der eigenen Wirkung zu unterscheiden zwischen den realen Signalen, die nach außen gesendet werden – was konkret tue ich, was sage ich – und dem inneren Zustand – was passiert in mir und was „treibt“ mich. Wenn ein Mensch zu sehr identifiziert ist mit dem, wie er sich fühlt, fehlt ihm die nötige Distanz, um zu erkennen, was er tut und wie das wirkt.

Es ist wichtig, bei der Reflexion der eigenen Wirkung zu unterscheiden zwischen den realen Signalen, die nach außen gesendet werden und dem inneren Zustand.

Wer den eigenen Zustand früher und genauer wahrnimmt, der im Kontakt mit anderen üblicherweise eine unerwünschte Wirkung auslöst, kann leichter gegensteuern. Eine introvertierte Person wird sich im Kreis von Fremden zwar weiterhin nicht wie „ein Fisch im Wasser“ fühlen und unbeschwert mit ihnen in Kontakt treten. Aber es könnte ihr gelingen, auf Beiträge anderer mehr einzugehen und aktiver nachzufragen. Ihre Aufmerksamkeit für andere würde eine mögliche arrogante und distanzierte Wirkung relativieren oder gar aufheben und die daraus entstehende positivere Wechselwirkung könnte bewirken, dass die Person etwas leichter aus sich herauskommt. Ein Mensch mit zu dominanter Wirkung hätte eine Chance, sich zu entscheiden, deutlicher auszusprechen, was er erlebt, ohne dabei so kämpferisch zu werden. Ein Selbstausdruck, wie beispielsweise das mit Gelassenheit vorgetragene: „Die Entscheidung finde ich nicht fair, ich befürchte mehr Nachteile für mich“ oder: „Mir ist ein wirklich gutes Ergebnis in diesem Fall sehr wichtig, ich mache mir Sorgen, dass wir das nicht erreichen ...“ könnte vermitteln, worum es ihm eigentlich geht. Es würde weniger heftig und aggressiv wirken, wäre trotzdem klar in der Aussage und damit sicherlich Erfolg versprechender als die bisherige schroffe Art.

Die eigene Wirkung hängt immer auch von der Persönlichkeit des anderen ab – deren Werten, Eigenschaften, Stimmungen und Empfindsamkeiten. Der gleiche Mensch wirkt auf eine unsichere Person möglicherweise resolut und bestimmend, aber auf jemand Selbstbewussten klar und konsequent. Auf eine stille, zurückgezogene Mitarbeiterin kann eine emotional-ausdrucksvolle und kontaktfreudige Kollegin aufdringlich oder egozentrisch wirken, hingegen auf eine extrovertierte Mitarbeiterin offen, nah und warmherzig. Eine „coole“, lässige Person wird bei jemandem, der stark auf Regeln und Normen achtet, möglicherweise Ablehnung auslösen, bei einem „Freigeist“ jedoch Interesse oder Sympathie. Bei der Frage „Wie wirke ich?“ ist also immer auch zu berücksichtigen, wer einem gegenübersteht. Im Grunde genommen geht es um die Frage: „Welche meiner Teile wirken wie auf welche Teile des anderen?“

Im Grunde genommen könnte man sich fragen: „Welche meiner Teile wirken wie auf welche Teile des anderen?“

Nehmen wir zur Verdeutlichung das Beispiel einer typischen Wechselwirkung zwischen zwei Personen, die wahrscheinlich viele Leser kennen. Lisa berichtet emotional aufgewühlt von einer problematischen Situation oder einem ärgerlichen Vorfall. Franz macht vernünftige Lösungsvorschläge, versucht zu helfen oder zu beschwichtigen. Auf Lisa wirkt das zu sachlich und nicht einfühlsam. Und wenn die Wechselwirkung eskaliert, reagiert sie vorwurfsvoll: „Du hörst mir gar nicht zu!“ oder: „Du verstehst mich nicht!“ Das wirkt auf Franz wie eine Ohrfeige – denn er ist ja gerade bemüht, hilfreich zu sein und sich mit dem Thema konstruktiv auseinanderzusetzen. Innerlich fühlt er sich jedoch möglicherweise irritiert oder verwundert, vielleicht auch überfordert von der Heftigkeit der Emotionen. Denkbar ist auch, dass Lisas starke Emotionen bei ihm Hilflosigkeit auslösen und deshalb den Impuls entstehen lassen, die Sache zu klären oder zu helfen. Aber je stärker Franz sich auf die Sache, die Lösung oder den Rat konzentriert, desto weniger fühlt Lisa sich in ihren Emotionen gesehen und verstanden. Und umso mehr regt sie sich auf. Bei näherer Betrachtung jedoch könnte Franz bewusst werden, dass er nur inhaltlich reagiert und dass das tatsächlich so wirkt, als würde er Lisas Emotionalität nicht wahrnehmen und auch nicht darauf eingehen wollen.

Wechselseitige Reaktionen entstehen bei Begegnungen und in Gesprächen spontan und unterliegen selten der bewussten Kontrolle. Negative, sich wiederholende Wechselwirkungen können äußerst frustrierend, zermürbend und auch schmerzhaft sein. Fast immer führt die eigene automatische Reaktion zu einer Eskalation. Man drückt gegenseitig die „roten Knöpfe“ und findet keinen Ausweg oder will auch keinen mehr finden, weil man so verärgert ist.

Positive Wechselwirkungen zwischen Menschen finden natürlich auch häufig statt. Die warmherzige und freudige Begrüßung eines Freundes kann unsere miese Stimmung in Bruchteilen von Sekunden aufhellen oder das offenherzige, vertrauensvolle Lächeln eines Kindes den Groll schmelzen lassen. Eine ernst gemeinte Entschuldigung kann Ärger sofort auflösen. Wir wollen – in Bezug auf Selbstführung – hier vor allem die problematischen Wechselwirkungen betrachten und nur gegen Ende des Kapitels das Phänomen von positiven Wechselwirkungen kurz anschneiden.

Ansatzpunkte für Wechselwirkungen

Ein häufiger Kommentar von Seminarteilnehmern bei verhaltens- oder persönlichkeitsorientierten Trainings lautet: „Mein Chef sollte hier sein!“ oder: „Das sollte meine Kollegin mal beherzigen und lernen!“ Einer solchen Aussage folgt dann oft die Befürchtung, dass es doch nichts nütze, wenn man sich selbst verändere, aber der andere dazu nicht bereit sei. Da ist zwar etwas dran, es stimmt aber nur begrenzt. Diese Einstellung blendet sowohl die eigene Wirkung aus als auch die Möglichkeiten für Veränderungen in der Kommunikation, die entstehen, wenn einer der Beteiligten einen entschieden konstruktiven Schritt unternimmt. Verständlich ist diese Meinung natürlich, denn jemand, der seit Längerem unter dem Verhalten eines anderen leidet, hat große Mühe, den eigenen Anteil an der Wechselwirkung zu sehen.

Der erste Schritt bei Wechselwirkungen ist, aufzuhören, auf den anderen zu blicken und nur hier die Ursache für die Schwierigkeiten zu suchen. Der zweite, den Scheinwerfer mehr auf sich zu richten und die eigenen Anteile an der Wechselwirkung zu erkennen. Der dritte Schritt ist, sich einzufühlen in das Erleben des anderen und zu erkennen, was man beim anderen auslöst.

Negative Wechselwirkungen kann man beginnen zu entspannen, indem man erkennt, was eigene Anteile beim anderen auslösen.

Bei negativen Wechselwirkungen zwischen zwei Personen wird vorwiegend das Verhalten des Gegenübers wahrgenommen. Es wird nicht erkannt, geschweige denn verstanden, was sich dahinter verbirgt. Auch im Nachhinein, außerhalb der Situation, wenn man etwas entspannter hinschaut, kann oder will man nicht verstehen, was den anderen innerlich bewegt hat. Wenn man auf eine Person innerlich stark reagiert, weil sie einem unsympathisch oder fremd ist, weil man sich über sie ärgert, man enttäuscht oder verletzt ist, dann ist das Einfühlungsvermögen reduziert. Die eigenen Emotionen blockieren – hirnphysiologisch gesehen – die Fähigkeit zur Empathie. So reagiert man vorwiegend auf das Verhalten des anderen – meistens auf die Beschützer-Teile, die verteidigend anspringen – und ist nicht mehr in der Lage, wahrzunehmen, was sich dahinter verbirgt. Was erlebt die Person, die gerade so stur abblockt? Was empfindet der Freund, der so aggressiv reagiert? Was treibt den Menschen an, der sich wieder so rechthaberisch verhält? Es ist für viele eine große Hürde, sich in die Gefühlslage des anderen hineinzuversetzen und sich ein zutreffendes Bild von ihm oder ihr zu machen, besonders, wenn Sie selbst betroffen oder getroffen sind. Die Gefühle des anderen werden bei schwierigen Wechselwirkungen oft nicht erkannt und berücksichtigt, weil einem die eigenen Emotionen im Weg stehen. Mit mehr Achtsamkeit und bewusster Selbstführung können jedoch innerlich der Raum und die Bereitschaft entstehen, sich dem anderen emotional zuzuwenden und zu versuchen, ihn oder sie einfühlsamer zu behandeln.

Es ist nicht möglich, sich in die Gefühlslage eines anderen hineinzuversetzen, wenn man selbst gerade stark emotional reagiert.

Ein Beispiel: Martin und Herbert

Martin und Herbert arbeiten seit einem halben Jahr in einem Projekt eng zusammen. Bei Abstimmungen, beim Klären von Vorgehensweisen und Festlegen von Zielen, Messkriterien oder Milestones in der Projektplanung kommt es regelmäßig zu Auseinandersetzungen. Herbert, ein junger, dynamischer Marketing-Experte, ist eher ein kreativer Typ und Visionär. Martin dagegen ist ein erfahrener und bodenständiger Jurist mittleren Alters, pragmatisch und mit einem gründlichen Wesen. Das Teile-Modell bietet eine differenziertere Betrachtung dessen, was zwischen ihnen unter der Oberfläche wirkt. Daraus könnten sich für jeden der beiden (auch ohne den „guten Willen" des anderen) konstruktive Ansatzpunkte ergeben.

Herbert, der Marketing-Experte, beschreibt die Situation wie folgt: „Mir geht's vor allem um den großen Wurf. Ich bemühe mich hier, etwas Neues, Kreatives und Anspruchsvolles zu gestalten. Das ist meine Stärke und das ist mein Job. Aber immer wieder kommt Martin mit irgendwelchen Vorgaben, die wir angeblich einhalten müssen, und verweist auf Kleingedrucktes. Warum kann der sich nicht erst mal auf das große Bild einlassen und meine Vorschläge in ihrem eigentlichen Gehalt, ohne seine kleinkarierten Kommentare auf sich wirken lassen? Um Detailfragen können wir uns doch später kümmern! Nein, das Gegenteil passiert: Er weist mich jedes Mal sofort auf dieses und jenes hin, schlägt seine Bücher dazu auf, zitiert irgendwelche Seiten mit irgendwelchen Vorgaben, die überhaupt nicht relevant sind! Jedenfalls nicht jetzt zu diesem frühen Zeitpunkt im Projekt. Es ist so frustrierend!"

Würde Herbert genauer erforschen, was in seiner Innenwelt geschieht, könnte er bemerken, dass er sich von Martin vor allem belehrt und bevormundet fühlt. Er erlebt sich beim Entwickeln seiner Ideen stark eingeengt und besonders unfrei und kontrolliert, wenn Martin anfängt, auf das Einhalten von Formalitäten zu pochen. Wenn dieser – wie so oft – immer eindringlicher wird, dann kommt er sich vor, als würde er behandelt wie ein Schulbub, der es immer noch nicht kapiert hat. Das frustriert ihn ungemein und er fühlt sich regelrecht „zum Deppen" gemacht. Ein Teil, der sich nicht wertgeschätzt und bevormundet fühlt – der „Kleine" – ist getroffen. Daraufhin springt ein Beschützer-Teil – der „Überhebliche" – an und geht in Führung.

Herberts „Überheblicher" reagiert nach außen dann auf Martin abwertend, ungeduldig und ärgerlich. Er kommentiert seine Einwände etwa mit: „Das ist mir alles zu kleinkariert!" oder: „Schon wieder diese Paragrafen-Reiterei!" Er unterbricht Martin, wird lauter, wendet sich mit seiner Körperhaltung demonstrativ von ihm ab oder rollt genervt mit den Augen. Hin und wieder bricht er frustriert und verärgert das Gespräch ab. Am liebsten würde er noch lautstark die Tür zuknallen.

Martin hingegen beschreibt seine Situation ganz anders: Da es für ihn grundsätzlich wichtig ist, Dinge genau zu klären und keine „halbgaren" Entscheidungen zu treffen, fühlt er sich von Herbert überhaupt nicht ernst genommen. Herberts undurchdachte Visionen lösen bei ihm zunächst Unverständnis aus. Und im Verlauf des Gesprächs, wenn dieser seine Ideen in rosaroten Farben und immer überzeugter vorbringt, entsteht in ihm eine Mischung aus zunehmender Unsicherheit und Ärger. Wenn er dann immer wieder unterbrochen wird, fühlt er sich regelrecht abgewürgt. Herberts geringschätzige Kommentare sowie der abfällige Körperausdruck treffen ihn – er fühlt sich von ihm abqualifiziert.

Auf der fachlichen Ebene befürchtet er vor allem, dass Herbert einfach loslegt, ihn übergeht und das ganze Projekt gefährdet. Inhaltlich hat er große Bedenken mit Herberts Vorgehen und emotional fühlt er sich mit ihm zunehmend unbehaglich.

Je unsicherer und misstrauischer er wird, desto stärker reagiert der „Korrekte" und verteidigt ihn. Weil Herbert nicht auf ihn eingeht und scheinbar unbeirrt nur seine Ideen durchsetzen will, fokussiert Martins Korrekter sich noch stärker als sonst auf das Klären von Voraussetzungen, Regularien und rechtlichen Einzelheiten, auf Formalitäten und den vorgegebenen Rahmen. Er wird eindringlich und belehrend, wiederholt sich und pocht auf Details.

Auf diesen Korrekten wiederum reagiert Herbert oder, besser gesagt, sein Kleiner und sein Überheblicher besonders empfindlich ... der Teufelskreis ist perfekt! Wenn keiner der beiden auf diese Wechselwirkung positiv einwirkt, ist nicht nur ihre Arbeitsbeziehung gefährdet, auch der Erfolg des Projekts steht auf dem Spiel.

Wechselwirkungs-8

VERHALTEN – MARTIN
Pocht auf Details, „pingelig",
eindringlicher Ton, wiederholt sich,
belehrend, fixierender Blick,
viel Gestik, zeigt mit dem Zeigefinger

Beschützer-Teil: der Korrekte

VERHALTEN – HERBERT
Abwertend, ärgerlich, wird laut,
hört nicht zu, wenig Blickkontakt,
abgewandte Körperhaltung,
bricht das Gespräch ab

Beschützer-Teil: der Überhebliche

INNERES ERLEBEN – MARTIN
Unsicher, abgewertet, nicht ernst
genommen, abgewürgt

Verletzlicher/Verborgener Teil:
der Unsichere

INNERES ERLEBEN – HERBERT
Bevormundet, belehrt, kontrolliert, unfrei,
zum „Schulbub, Depp" gemacht

Verletzlicher/Verborgener Teil:
der Kleine

In dieser Darstellung wird sichtbar, wie das Verhalten einer Person Gefühle bei der anderen auslöst und wie dies wiederum deren Verhalten verstärkt. Die „Wechselwirkungs-8" in dieser Form ist von Halko Weiss (2007) entwickelt worden.

Wechselwirkungen unterbrechen – einer muss beginnen

Um angesichts solcher Schwierigkeiten zu einer entspannteren Zusammenarbeit, besseren Arbeitsergebnissen und mehr Zufriedenheit zu kommen, ist es notwendig, dass einer von beiden in Vorleistung geht und sich aktiv um De-Eskalation bemüht. Dass einer dazu bereit ist, konstruktiver zu agieren, ist entscheidend. Denn es ist fast immer so: Sobald einer damit aufhört, die Punkte beim anderen zu drücken, wird der andere automatisch weniger aus seinen Beschützern heraus reagieren. Wenn Herberts Überheblicher das Gespräch weniger dominiert, wird Martins Unsicherer nicht so getroffen. Und wenn sich Martins Korrekter dann nicht so vehement verteidigen muss, fühlt sich Herbert weniger bevormundet. Sobald einer aus dem „Wechselspiel" aussteigt, hört der andere „ganz von alleine" auf, so reaktiv zu sein, weil seine wunden Punkte nicht mehr gedrückt werden.

Auf ein soziales System hat derjenige, der am flexibelsten ist, am meisten Einfluss – sobald einer aus dem Wechselspiel aussteigt, hört der andere „ganz von alleine" auf reaktiv zu sein.

Von Milton Erickson soll sinngemäß die Aussage stammen: Auf ein soziales System hat derjenige, der am flexibelsten ist, am meisten Einfluss. Leider ist es oft gar nicht so einfach, die nötige Flexibilität zu entwickeln. Es fehlt uns das Verständnis für die Hintergründe der Schwierigkeiten, wir sind zu sehr auf das Verhalten des anderen fixiert und sehen keine guten Handlungsalternativen. Da kann es für die Beziehungsgestaltung sehr wirkungsvoll sein, den Ablauf der Wechselwirkung unter die Lupe zu nehmen und daraus Ansätze für Veränderungen zu erkennen. Die Kernkompetenzen emotionaler Intelligenz kommen hier zum Einsatz: Selbstwahrnehmung, Selbstregulierung, Selbstführung und Empathie.

Selbstwahrnehmung: Gute Selbstwahrnehmung ist fundamental. Zum einen muss man erkennen, was innerlich geschieht – wie man sich fühlt und was einen antreibt. Zum anderen, wie man sich tatsächlich verhält – wie man schaut, spricht und nach außen hin agiert. Oft können Menschen zwar beschreiben, was sie denken und fühlen, aber sie sind sich weniger bewusst, was sie konkret tun und welche Botschaften sie aussenden: Wie die eigene Körperhaltung ist, wie der Tonfall oder die Stimme klingt, wie der Gesichtsausdruck und die Gestik tatsächlich aussehen. All dies wirkt viel mehr als das Gesagte! Kommunikationsforscher behaupten, dass der rein sprachliche Text weniger als zehn Prozent dessen ausmacht, was beim anderen ankommt. Viel mehr achtet der Empfänger auf die Sprachmelodie und vor allem auf die nonverbalen Signale. Erklären kann man sich dieses weitgehend unbewusste Auswerten des Kommunikationsverhaltens anderer vielleicht damit, dass diese Art der Verständigung entwicklungsgeschichtlich deutlich älter ist als Sprache. Ob jemand sympathisch, vertrauenswürdig und authentisch auf uns wirkt, machen wir vor allem davon abhängig, wie er das sagt, was er sagt. Das genervte Abwenden und die ärgerlich-laute Stimme von Herbert sowie seine Unterbrechungen treffen Martin wesentlich stärker als dessen Worte.

Um realistisch einschätzen zu können, warum er wie wirkt, muss Herbert vor allem seine Körpersprache oder, noch besser, seine innere Haltung und die Impulse, die sich darüber ausdrücken, wahrnehmen.

Für eine Außensicht auf die eigene Wirkung, kann (neben unabhängigem Feedback) folgendes Bild helfen: Man stelle sich vor, die Situation sei gefilmt worden und nun könne man sich auf einem Bildschirm betrachten. Was genau wäre beim eigenen Verhalten zu sehen und zu hören? Wie wird man wahrgenommen?

Selbstregulierung: Weil die jeweiligen automatischen Reaktionen so schnell ablaufen, muss man als Erstes entschleunigen. Herbert beispielsweise könnte darauf achten, sich im Stuhl zurückzulehnen oder sich bewusst langsamer zu bewegen, anstatt hektisch im Raum auf und ab zu schreiten. Dadurch würde er einerseits weniger konfliktträchtige Signale aussenden und andererseits käme er eher in die Lage, auf Empfang zu schalten. Oder er könnte ein paar Mal tief durchatmen, sich innerlich sammeln und versuchen, einfach ruhiger zu antworten statt aggressiv zu kontern.

Selbstführung: Wenn man erkennt, wodurch man den anderen provoziert und zur Eskalation beiträgt, hat man eigentlich den entscheidenden Hebel schon in der Hand. Dann kann man auf die Teile, die so reagieren, bewusster achten. Wenn Herbert seinen überheblichen Teil besser im Blick hätte und auch eine Wahrnehmung davon bekäme, dass dahinter ein Kleiner empfindlich reagiert, könnte er gelassener und weniger abfällig kommunizieren. Statt anzugreifen, könnte er sagen, was er sich wünscht: Zum Beispiel, dass er in der ersten Planungsphase auch ungewöhnliche Vorstellungen entwickeln möchte und dass ihm dies ohne Martins frühe Bedenken viel leichter fallen würde. Sollte das nicht ausreichen, könnte er auch noch mitteilen, wie er sich durch Martins Verhalten innerlich gebremst und eingeschränkt fühlt. Diese Fähigkeit zu vorwurfsfreiem Selbstausdruck ist einer der wesentlichen Schritte, um festgefahrene Situationen zu entschärfen – oder auch, um sie gar nicht erst verhärten zu lassen.

Wenn man erkennt, wodurch man den anderen provoziert und auf diese Weise selbst zur Eskalation beiträgt, hat man schon den entscheidenden Ansatz in der Hand.

Sollte für Herbert das Mitteilen dessen, was ihn innerlich bewegt, nicht angemessen oder zu ungewöhnlich sein, könnte er auch einfach nur seinen Überheblichen zügeln, etwas Abstand zu ihm herstellen und versuchen, weniger aus diesem Teil heraus zu reagieren. Und wenn ihm auffällt, dass er generell ungehalten und überzogen auf Kritik oder Maßregelung reagiert, könnte es sich lohnen, sich um den Anteil zu kümmern, der so empfindsam ist.

Da bei vielen Wechselwirkungen die Spannungen weitaus stärker auf der emotional-persönlichen als auf der inhaltlichen Ebene liegen, könnten die Beteiligten ihre sachlichen Differenzen leichter klären, wenn sie den zwischenmenschlichen Kontakt verbessern.

Einfühlungsvermögen: Oft ist Einfühlungsvermögen nur mit Selbstregulierung möglich. Erst wenn es gelingt, etwas Abstand zu den eigenen Gefühlen herzustellen, hat man den nötigen Raum und die Aufmerksamkeit, um sich innerlich auf den anderen einzustellen.

Weil Empathie in einem angespannten Gespräch eingeschränkt ist, hilft eine Reflexion zum Vorbereiten eines schwierigen Gesprächs. Man kann versuchen, sich in den anderen einzufühlen, sich innerlich auf dessen Platz zu begeben, in dessen Lage hineinzuversetzen und sich zu fragen: Was erlebt dieser Mensch, was passiert innerlich bei ihm oder bei ihr? Wichtig ist dabei, zu unterscheiden, wie jemand wirkt und wie er oder sie sich vermutlich fühlt. Man tendiert schnell dazu, nur auf die vordergründige Wirkung zu reagieren – wie unflexibel, arrogant, beherrscht, oberflächlich – und wenig Verständnis für die Gefühle zu haben. Man kann versuchen sich vorzustellen, was es in einem selbst auslösen würde, wenn ein anderer sich so wie man selber verhielte. Herbert könnte sich fragen: „Angenommen, Martin würde mich unterbrechen, mit den Augen rollen und mich abwertend abkanzeln. Wie würde ich mich an Martins Stelle und mit seiner Interessenslage fühlen?“

Die Nachbereitung einer Wechselwirkung ist eine gute Basis für Folgegespräche, weil man Handlungsalternativen vorbereiten und sich besser darauf einstellen kann. Eine mögliche Option für Herbert könnte sein Verständnis für Martins Befürchtungen oder Einwände auszusprechen, etwa: „Du hast also die Befürchtung, dass sich das nicht realisieren lässt, weil ...“, „Ok, du meinst also, wir sollten zunächst klären, ob ...“, „Ich glaube, ich verstehe jetzt besser, weshalb du dich nicht auf meine Vorschläge einlassen kannst: Wenn du nicht sicher bist, dass ...“ Wenn Martin sich gehört fühlt, wird er eher bereit sein, sich auch die Meinung von Herbert anzuhören. Die Chancen dafür erhöhen sich jedenfalls deutlich.

Die Haltung macht's

Wenn wir bei schwierigen Interaktionen nicht in der Lage sind, uns zu regulieren oder empathischer zu reagieren, könnten wir versuchen, eine Haltung zu finden, die sich innerlich und äußerlich positiver auswirkt. Eine neugierige Haltung, Interesse, etwas mehr innere Offenheit, Geduld sowie die innere Bereitschaft, den anderen ernst zu nehmen – all dies kann wie ein Antidot auf negative Gefühle wirken. Es ist die eigene Haltung, die das Verhalten bestimmt, aus ihr leitet sich unmittelbar das Verhalten ab. Und – ganz unabhängig vom spezifischen Handeln – prägt sie unsere Ausstrahlung, sie leuchtet gewissermaßen durch unser Verhalten hindurch. Andere reagieren ganz spontan auf unsere Haltung und die damit verbundene Ausstrahlung. Wenn wir eine griesgrämige Verkäuferin oder einen niedergeschlagen wirkenden Kellner herzlich, freundlich und wohlwollend begrüßen, werden wir fast immer positive Gefühle auslösen. Das beugt einer negativen Wechselwirkung am ehesten vor und schützt uns, sich von der Stimmung anderer anstecken zu lassen.

Ein schönes Bild dafür, welche Haltung besonders wenig zu negativen Wechselwirkungen führt, ist folgende Zen-Geschichte: Ein Angler sitzt in seinem Boot. Das Boot wird gerammt von einem anderen und gerät ins Schwanken. Er springt voller Empörung auf, um den anderen Bootsmann zurechtzuweisen. Aber sehr schnell legt sich der ganze Zorn, als er sieht, dass im anderen Boot gar niemand sitzt – es sich offensichtlich losgemacht hat und „leer" dahintreibt.

Innerlich „leer" zu sein, ist eine Vorstellung, die oft mit buddhistischer Weltanschauung verbunden wird. In gewissem Sinn ist es ein selbstnaher Zustand, in dem man nicht identifiziert ist mit Emotionen, Wünschen, Befürchtungen oder Impulsen eigener Persönlichkeitsteile. In dieser Haltung gerät ein Mensch am wenigsten in problematische Wechselwirkungen. Er kann so auch am besten zwischen den eigenen Anteilen und denen des anderen vermitteln. In einer beratenden Rolle löst diese Position Vertrauen aus und hilft dem anderen, sich selber anzunehmen und auf die verschiedenen Facetten seiner eigenen Persönlichkeit – aber auch auf die seiner „Konfliktpartner" – konstruktiv neugierig zu sein.

Selbst-Coaching

Schrittfolge zur Reflexion einer Wechselwirkungs-8

Zweck: Bei einer konkreten schwierigen Interaktion die möglichen Hintergründe der Dynamik genauer untersuchen und Handlungsoptionen erkennen.
Grobstruktur: Von beiden – Gesprächspartner und eigener Person – sowohl das Verhalten wie das innere Erleben erforschen (am besten mit folgender Vorlage).
Zeitbedarf: Insgesamt 20 bis 40 Minuten.

Andere Person	Ich selbst
1. Verhalten des anderen	3. Eigenes Verhalten
4. Inneres Erleben des anderen	2. Eigenes inneres Erleben
5. Schlussfolgerungen und Ansatzpunkte	

Wählen Sie für diese Reflexion einer Wechselwirkung eine konkrete Gesprächssituation oder den Ausschnitt eines Gesprächs aus. Es ist nicht sehr ergiebig, wenn Sie diese Reflexion pauschal und allgemein bearbeiten, nach dem Motto: Menschen, die sich so und so verhalten, lösen dieses und jenes in mir aus. Deshalb ist es am besten, einen spezifischen Vorfall zu nehmen, der zeitlich nicht weit zurückliegt und in Ihrer Erinnerung lebendig nachklingt.

1. Wie verhält sich Ihr Gegenüber in dieser Situation? Was sehen und hören Sie? In welchem Zustand ist er oder sie? Was wird direkt ausgedrückt – Gefühle, Gedanken, Wünsche ...? Wie ist die Körpersprache – Gestik und Mimik? Was schwingt in der Stimme und im Tonfall mit? Notieren Sie Ihre Gedanken dazu in das Feld oben links unter „Verhalten des anderen".

2. Was löst das Verhalten des anderen in Ihnen aus? Was genau passiert innerlich? Wie fühlen Sie sich? Was ist verletzt, getroffen oder reagiert empfindsam? In welchen inneren Zustand geraten Sie im Laufe des Gesprächs? Was sind Ihre – unausgesprochenen – Gefühle und Gedanken? Was halten Sie zurück? Was nehmen Sie vielleicht nur subtil in sich wahr? Haben Sie einen Eindruck davon, welche Seiten von Ihnen besonders vom Gegenüber getroffen werden oder welcher Teil zu reagieren beginnt? Notieren Sie Ihre Gedanken dazu in das Feld unten rechts unter „Eigenes inneres Erleben".

3. Reflektieren Sie nun, was Sie konkret tun und sagen. Sie können sich dabei vorstellen, eine Kamera wäre auf Sie gerichtet – was würden Sie sehen? Was sieht Ihr Gegenüber, wenn er Sie anschaut? Wie wirkt Ihre Stimme, Ihr Gesichtsausdruck, Ihre Gestik? Was vermitteln diese, was drücken sie aus? Wie verhalten Sie sich, welche Impulse werden ausgelebt? Was sagen Sie, was sind typische Sätze – Fragen, Behauptungen, Einwände?

Welcher Teil agiert hier? Notieren Sie Ihre Gedanken dazu in das Feld oben rechts unter „Eigenes Verhalten".

4. Versuchen Sie, für einen Moment das spezifische Verhalten des anderen getrennt von Ihren sonstigen Einschätzungen und Erfahrungen mit ihm zu betrachten und beginnen Sie, sich mehr in ihn oder sie hineinzuversetzen. Wie glauben Sie, wirken Sie auf ihn oder sie? Was vermuten Sie, wird durch Ihr Verhalten beim anderen innerlich ausgelöst wird? Was ist möglicherweise getroffen, auf welche Empfindsamkeit trifft es? Welche Seiten oder Teile der Persönlichkeit könnten verletzt reagieren? Wie fühlt sich Ihr Gegenüber möglicherweise schon im Vorfeld? Was ist es, worauf er oder sie vermutlich besonders stark reagiert? Notieren Sie Ihre Gedanken dazu in das Feld unten links unter „Inneres Erleben des anderen".
   Wenn es Ihnen schwerfällt, diese Fragen differenziert zu beantworten, können Sie es aus einer anderen Perspektive versuchen: Angenommen, jemand verhält sich Ihnen gegenüber so, wie Sie sich hier verhalten – was würde das auslösen? Wie würden Sie darauf reagieren?
   Die Antworten auf diese Fragen sind natürlich spekulativ und lediglich Annahmen darüber, wie der andere sich vermeintlich fühlt. Je besser es Ihnen gelingt, Abstand zu Ihren eigenen Gefühlen herzustellen, und je ernsthafter Sie versuchen, sich in die Lage des anderen hineinzuversetzen, desto zutreffender wird jedoch Ihre Einschätzung sein.

5. Welche Schlüsse ziehen Sie daraus? Was wird Ihnen klarer? Wo sehen Sie mögliche Ansätze, um die eskalierende Wechselwirkung zu unterbrechen? Was könnten hilfreiche Vorgehensweisen sein? Zum Beispiel:
   - *Selbstwahrnehmung:* Woran, an welchen inneren Signalen, würden Sie bemerken, dass Sie wieder in die Wechselwirkung geraten?
   - *Selbstregulierung:* Wie könnten Sie entschleunigen?
   - *Selbstführung und Selbstausdruck:* Welchen Teil müssten Sie bewusster auf Abstand halten, um nicht in die Eskalation zu geraten? Welche innere Haltung könnte in dieser Situation hilfreich sein? Könnte es konstruktiv und hilfreich wirken, wenn Sie etwas von Ihrem inneren Erleben mitteilen würden? Was hat der andere noch nicht erkannt, weil es aufgrund Ihrer Verteidigungsstrategie vielleicht auch nicht so sichtbar ist?
   - *Empathie:* Was verstehen Sie vom anderen? Was können Sie nachvollziehen, wenn Sie sich in die Lage und das innere Erleben Ihres Gesprächspartners hineinversetzen? Wie könnten Sie Ihr Verständnis noch klarer kommunizieren? Was wäre eine von Verständnis geprägte Aussage? Wenn Sie sich einfühlsamer verhalten wollen, wie würde das aussehen?

Coaching

Im Coaching spielt die Wirkung von Klienten explizit oder implizit oft eine Rolle. Bei allen persönlichen Konflikten, über die ein Klient berichtet, sollte man seine Wirkung im Auge behalten, auch wenn dies zunächst nicht seine vordergründige Frage ist. Bei Rückmeldungen oder Beurteilungen anderer, die Anlass sind für ein Coaching – insbesondere im Zusammenhang mit Assessments –, wird man als Coach differenziert und zielorientiert an diesem heiklen Thema arbeiten müssen. Rückmeldungen zur eigenen Wirkung sind oft kränkend, und es ist für einen Klienten nicht so leicht, dort genauer hinzuschauen. Wenn die fraglichen Verhaltensweisen auch in der Beziehung zum Coach „live" erlebbar werden, kann der Coach dem Klienten seine gegenwärtige Wirkung verdeutlichen und ihn anregen, diese näher zu untersuchen. Je neugieriger der Klient auf die Hintergründe seiner problematischen Wirkung ist, desto motivierter und engagierter wird er daran arbeiten.

Die Arbeit an einer „Wechselwirkungs-8"

Die Reflexion einer „Wechselwirkungs-8"– wie beim Selbst-Coaching beschrieben – kann für Klienten aufschlussreich und eine gute Basis sein, um Ansätze für wirkungsvolleres Verhalten zu entwickeln.

Da man mit mehr Achtsamkeit leichter Zugang zu den Anteilen der eigenen Persönlichkeit findet, sollte der Coach während des Erforschens der Wechselwirkung die Wahrnehmung des Klienten konstant mehr auf die Innenwelt lenken. Viele sind erstaunt, zu entdecken, in welchem Maße die eigenen Teile Reaktionen beim anderen auslösen. Diese Erkenntnis motiviert, sich zukünftig bewusster zu regulieren.

Auch die Arbeit an der Empathie des Klienten ist Erfolg versprechend. Normalerweise wird ausschließlich das „negative" Verhalten des anderen wahrgenommen und nicht das, was sich dahinter verbirgt. Es kann den Klienten entlasten, wenn der Coach dafür Verständnis zeigt, dass es schwierig ist, empathisch zu sein und konstruktiv mit dem anderen umzugehen, wenn man sich so provoziert oder getroffen fühlt.

Während der Exploration der Wechselwirkung sollte man darauf achten, sich nicht mit Beschützer-Teilen zu identifizieren – weder den eigenen, denen des Klienten oder seines Gegenübers. Eine neutrale Position des Coaches ist unabdingbar, auch wenn er die eine oder andere Reaktion gut nachvollziehen kann und sich vielleicht ähnlich verhalten würde. Fällt er aus der allparteilichen Rolle heraus, fehlen die nötige Unbefangenheit und Offenheit für die Begleitung. Die Aufgaben der Beschützer und die dahinterliegenden Empfindsamkeiten müssen auf beiden Seiten so vollständig und differenziert wie möglich erforscht werden – nur dann kann die Analyse für eine spätere Auflösung der Wechselwirkung zielführend sein.

Nachdem die Wechselwirkungs-8 reflektiert wurde, kann der Coach mit dem Klienten entsprechende Maßnahmen weiterentwickeln:

1. Einigen Klienten ist schon geholfen, wenn sie ihre Reaktion früher bemerken und schneller regulierend eingreifen können. Eine bessere Selbstwahrnehmung zu entwickeln, kann das nächste Ziel sein.
2. Sie können mit dem Klienten in der Fantasie oder in einem nachgestellten Gesprächsausschnitt proben, wie sich eine Entschleunigung, ein Innehalten und etwas mehr innerer Abstand auswirken würden. Es kann nützlich sein, dies in der Fantasie oder in einem Rollenspiel auch zu trainieren, um es in der Alltagssituation leichter umsetzen zu können. Geben Sie dem Klienten im Anschluss an das Üben Rückmeldung über die Wirkung.
3. Praktische Unterstützung beim Erforschen und Ausprobieren von Selbstausdruck kann den Klienten ermutigen, mehr von sich zu offenbaren. Wenn der Coach dazu Rückmeldungen gibt, sollte er natürlich in erster Linie berücksichtigen, wie die Aussagen auf das Gegenüber in der Situation wirken könnten.
4. Wenn herausgearbeitet wurde, welche – möglicherweise verborgenen – Gefühle beim Gegenüber des Klienten vorherrschen, können Möglichkeiten aufgezeigt und „spielerisch" ausprobiert werden, wie das Erleben des anderen einfühlsam angesprochen werden könnte. Bei der Wirkung solcher Formulierungen ist darauf zu achten, ob der Klient die Gefühle des Gegenübers tatsächlich nachvollziehen, glaubhaft ansprechen und sich dabei selbst authentisch fühlen kann.
5. Zur Steuerung des Verhaltens des Klienten kann es wirksam sein, auf Teile der Persönlichkeit zu achten, die mehr in den Hintergrund oder mehr nach vorne rücken könnten.

Wechselwirkungen mit Klienten

Als Coach ist man vor Wechselwirkungen mit Klienten nicht gefeit. Die unterschiedlichsten Reaktionen, Eigenschaften, Gefühle und Einstellungen von Klienten können Wechselwirkungen auslösen, wenn sie einem fremd oder unsympathisch sind. Widerstand beim Entwickeln von Lösungen kann beim Coach Ungeduld auslösen, selbstgefälliges Verhalten oder eine ausgeprägte kühl-distanzierte Wesensart kann ihn provozieren oder verunsichern. Ein Klient, der unselbstständig und hilflos wirkt, kann Helfer-Teile aktivieren, die zu viel Verantwortung übernehmen. Ein ungeduldiger Klient kann den Coach unter Druck setzen und ein anspruchsvoller eigene kritisch-perfektionistische Anteile auslösen. Die Reaktionen des Coaches wirken natürlich wiederum auf den Klienten – mit dem Effekt, dessen Verhalten eher noch zu verstärken.

Arbeit an der Wirkung nach einem Assessment

Anlass für das Coaching eines Mitarbeiters kann die negative Beurteilung oder Absage zum Abschluss eines Auswahlverfahrens oder Assessments sein. Gelegentlich wird Coaching dann von Vorgesetzten oder der Personalentwicklung als Entwicklungsmaßnahme empfohlen. Bei aller vordergründigen Einsicht, Motivation und Offenheit des Mitarbeiters fürs Coaching, verbirgt sich dahinter meist – mal mehr, mal weniger – Kränkung, Verunsicherung,

Verwirrung, Unverständnis oder auch Abwehr, mit denen gut umgegangen werden will. Selten treffen die Einschätzungen der anderen auf uneingeschränkte Einsicht. Um an diesem Thema dann gut arbeiten zu können, sind zwei Voraussetzungen unabdingbar: Die bewusste und unbewusste Kooperation des Klienten und ein gewisses Maß an Fähigkeit zur Selbsteinschätzung. Wenn der Klient im Verlauf des Coachingprozesses nicht zum „Betroffenen" wird, hat das Coaching wenig nachhaltige Wirkung. Eine wichtige Frage in diesem Zusammenhang könnte sein, ob der Klient solche oder ähnliche Rückmeldungen zu seiner Wirkung schon mal gehört hat, wie ernst er sie bisher genommen hat und wie er jetzt darauf blickt. Wenn der Klient unreflektiert bleibt und nicht genügend kritische Distanz sich selbst gegenüber entwickeln kann, wird das Ergebnis des Coachings auch eher spärlich bleiben. In solchen Fällen ist neben dem Einfluss der direkten Führungskraft oft ein Training die sinnvollste Maßnahme, da dort reale Erfahrungen gemacht werden. Konkrete, erfahrungsbezogene Rückmeldungen im sozialen Kontext des Seminars, von unvoreingenommenen Trainern und anderen Teilnehmern, werden als „objektiver" eingeschätzt und leichter angenommen.

Eigenverantwortlichkeit: Gerade bei problematischen Rückmeldungen ist es wichtig, dem Klienten deutlich zu machen, dass nur er in eigener Verantwortung etwas ändern kann – wenn er das möchte. Alles, was nur aus Anpassung heraus geschehen würde, hätte keine nachhaltige Wirkung. Hat eine junge Führungskraft etwa die Rückmeldung bekommen, bei Gruppenübungen zu zurückhaltend und zu vorsichtig gewesen zu sein, ist aber mit ihrer Wirkung selbst ganz zufrieden, dann hat es wenig Sinn, an dem Thema zu arbeiten. Häufiger erleben wir jedoch, dass jemand mit seinen Eigenschaften und seinem Verhalten grundsätzlich einverstanden ist, jetzt aber dennoch an der offenbar kritischen Wirkung etwas verändern will.

Motivation und Zielklärung: Als wichtige Grundlage ist herauszuschälen, was genau jemanden motiviert, nach einem Assessment an der eigenen Wirkung zu arbeiten. Wo möchte der Klient – bewusst oder unbewusst – ansetzen? Manche Klienten möchten verstehen, woran es liegt, dass Selbstbild und Fremdbild nicht übereinstimmen. Andere wollen ihr Selbstbewusstsein wieder stärken, das nach dem Assessment erschüttert war. Manche wollen die negative Rückmeldung oder Beurteilung „besser verkraften" oder sich mit ihr „versöhnen". Natürlich kann jemand auch von Beginn an sehr engagiert sein, wirklich etwas zu verändern oder zu optimieren. Einige haben vor allem die Hoffnung, der Coach könnte sie „realistischer" sehen und helfen, die Beurteilung zu relativieren. Der eine oder andere verfolgt das Coaching auch nur, um das zu entwickeln, was gefordert wird, damit er die Voraussetzung für den nächsten Karriereschritt offiziell erfüllt. Und dann gibt es auch die Personen, die die Rückmeldung ganz oder teilweise „schon nachvollziehen können", sie aber nicht als wirklich relevant beurteilen. Hier muss der Coach herausarbeiten, ob die Beurteilung tatsächlich kein für die Lebens- und Karriereplanung des Klienten relevantes Thema ist. Um im Coaching effektiv, ziel- und ergebnisorientiert vorgehen zu können, sollte der Coach die Beweggründe des Klienten genau eruieren – sie werden ja selten explizit mitgeteilt – und diese während des Prozesses im Auge behalten.

Stressmuster: Hilfreich kann es sein, mit dem Klienten zu klären, welche Ausschnitte im Assessment für ihn besonders herausfordernd waren oder ihn überdurchschnittlich unter Druck gesetzt haben, um dann die Stressmuster entsprechend herauszuarbeiten. Der Coach kann mit dem Klienten gemeinsam erforschen, was an seinem Verhalten ähnlich oder anders war als sonst in seinem vertrauten Umfeld – mit den Kollegen, Kunden, Vorgesetzten, Mitarbeitern. Es wirkt klärend und kann den Klienten entlasten, besser zu verstehen, welche Faktoren beim Assessment eine Rolle gespielt haben, die unter normalen Alltagsbedingungen tatsächlich in dieser Form sehr selten vorkommen. Es geht in erster Linie darum, diejenigen Stressmuster unter die Lupe zu nehmen, deren Auswirkungen eine Alltagsrelevanz haben.

Teile: Fast jede Rückmeldung kann Ausgangspunkt sein, um mit einem Klienten über Teile seiner Persönlichkeit zu sprechen. Wenn der Coach mit ihm genauer untersucht, in welchen Zustand er da geraten ist, was vielleicht untergründig schwelte, wie er sich reguliert oder nicht reguliert hat, dann kann dies ein guter und eleganter Einstieg sein, mit dem Klienten seine dabei jeweils wirksamen Persönlichkeitsteile zu identifizieren und zu erforschen.
Zielführend kann sein, mit dem Klienten herauszuarbeiten, welches Verhalten andere wahrgenommen haben und was der Klient tatsächlich empfunden und innerlich erlebt hat. Welche seiner Teile wirkten dabei nach außen, welche nach innen? Gerade dieser Unterschied kann für die Diskrepanz zwischen Selbst- und Fremdbild sehr erhellend sein.
Wenn der Klient erkennt, welche Teile für die Wirkung in einer bestimmten Situation ausschlaggebend waren, kann er die Rückmeldung besser einschätzen und aus einer anderen Perspektive heraus betrachten. Er wird dann das entsprechende Verhalten und die dafür verantwortliche Seite seiner Persönlichkeit leichter als etwas zu ihm Gehörendes akzeptieren, aber eben nur als eine Facette, die ihn nicht ganz ausmacht. Und das macht es leichter, konstruktiv daran weiterzuarbeiten.

12.

Navigation in Konflikten

„Der ist für mich gestorben!"
„Das Gespräch ist unsere letzte Chance."
„Da ist schon zu viel Porzellan zerschlagen."
„Endlich sagt er, was Sache ist!"
„Es herrscht Krieg zwischen uns."
„Da ist nichts mehr zu retten."
„Jetzt, wo der Konflikt auf dem Tisch ist, haben wir eine gute Chance ihn zu klären."

Bei den Beispielen und Empfehlungen zum Umgang mit Wechselwirkungen mag man sich fragen: Aber was kann Herbert – oder Martin – denn tun, wenn der andere – trotz konstruktiver eigener Klärungsversuche – bei seiner Position bleibt und in keiner Weise Verständnis zeigt oder entgegenkommt? Welche Möglichkeiten gibt es, wenn sich eine Situation wirklich festfährt und immer aussichtsloser erscheint.

Ein ausgewachsener Konflikt ist so etwas wie eine „Nagelprobe" guter Selbstführung. Man hat sich eingesetzt für wertvolle Ziele, man hält sich für einen fairen Kollegen oder hat sich in der Beziehung zu einem Menschen immer wieder um eine liebevolle Haltung bemüht. Und dann entsteht ein Streit, eine Auseinandersetzung, in der man die Ziele, die Position oder die Haltung des anderen überhaupt nicht mehr teilt oder wo man den Eindruck hat, übervorteilt, ungerecht behandelt, behindert oder regelrecht bekämpft zu werden. Hier eine gute eigene Haltung zu finden und sich sachlich wie menschlich weiterhin konsequent konstruktiv zu verhalten, kann auch für eine reife Persönlichkeit eine echte Herausforderung werden.

Auch angesichts von Ehescheidungen, Nachbarschaftskonflikten und – wenn man die Nachrichten hört – von so unzähligen kriegerischen Auseinandersetzungen und so viel Unfrieden in der Welt stellt sich die Frage: Gibt es überhaupt Wege, Kriege – im Großen wie im Kleinen – zu verhindern und zu friedlichen Konfliktlösungen zu kommen, die den Interessen aller Beteiligten gerecht werden und die, anders als aufgezwungene Lösungen oder territoriale Grenzziehungen (wie zum Beispiel im ehemaligen Jugoslawien), wirklich zu dauerhaft kooperativem Zusammenleben und Zusammenarbeiten führen?

Ist das so oft erwähnte Suchen nach „win-win"-Situationen letztlich doch nur eine humanistische Traumvorstellung, die vor der Haltung: „Jeder ist sich selbst der Nächste" immer wieder einknickt? Und tatsächlich hören wir in Seminaren oft: „Ich würde ja eine faire Lösung suchen – aber ich weiß, dass die Gegenpartei sich nicht daran halten wird und mir bei der nächsten Gelegenheit wieder in den Rücken fällt."

Auch wenn wir uns hier „nur" auf die Konflikte im „Kleinen", aus dem zwischenmenschlichen Bereich in der Arbeits- oder Privatwelt beschränken – und größere politische oder interkulturelle Spannungsherde nicht weiter betrachten –, sind doch mehrere Ebenen zu beachten. Meistens spielen bei Auseinandersetzungen mehrere Dimensionen eine Rolle, die unter Umständen eine lange Vorgeschichte haben können:

Bei den Ursachen geht es häufig nicht nur um die Durchsetzung von Eigeninteressen, sondern auf einer tieferen Ebene um die Wahrung der eigenen Identität und der damit verbundenen Werte und Überzeugungen. Deshalb sind Konflikte meist emotional geladen und lassen sich – je nach Eskalationsphase – in der Regel nicht rein argumentativ lösen.

Bei den Konfliktursachen geht es häufig nicht nur um die Durchsetzung von Eigeninteressen, sondern vor allem um die Wahrung der eigenen Identität, der Werte und Überzeugungen.

Wir haben nicht den Anspruch, die von vielen Autoren (etwa Fisher, Ury & Patton 2003) erforschten und beschriebenen Konfliktursachen und Konfliktlösungsstrategien in diesem Kapitel zusammenzufassen, sondern konzentrieren uns primär auf die emotional-persönliche Dimension, ergänzt um ein paar zentrale kommunikative Aspekte. Wir wollen Konflikte in erster Linie auf der Ebene der Wirkung von Verhalten und Persönlichkeit betrachten und hier nach Möglichkeiten suchen, wie man sie klären oder zumindest beruhigen kann. Wertvoll erscheint uns dies allemal – auch vor dem Hintergrund, wie sehr Konflikte mit dem Handeln von Menschen verbunden sind und wie häufig die persönlichen Verhaltensmuster und deren Wirkung eine Kernursache für die Konfliktentstehung und –dynamisierung darstellen. Die hier beschriebene psychologische Betrachtungsweise kann bei allen Konfliktarten hilfreich sein, weil es gerade die menschliche Seite ist, die uns zu schaffen macht und emotional an unsere Grenzen bringt. Haben Personen emotional Zugang zueinander gefunden, dann lassen sich all die anderen Aspekte meist sehr viel leichter klären.

Konflikte muss man lösen wollen

Auf der emotional-persönlichen Ebene hängen Problemlösungs- und Konfliktbewältigungsstrategien in starkem Maße vom eigenen Menschenbild und der damit verbundenen Ethik ab. Hier entscheidet sich vieles: Ein Mensch, für den es immer um einen Überlebenskampf und das Recht des Stärkeren (oder Cleveren) geht, der wird im Allgemeinen mehr und andere Gegnerschaften auslösen als jemand, der Werte wie Freiheit, Gleichheit, Brüderlichkeit vertritt. Der Dalai Lama antwortete einmal auf die Frage, wie er handeln würde, wenn jemand eine Gruppe von Menschen mit einer Waffe bedroht, halb ernsthaft, halb spielerisch: „Ich würde ihm ins Bein schießen, um ihn zu neutralisieren, und dann zu ihm gehen, seinen Kopf streicheln und mich um ihn kümmern." Auch wenn die Welt oft komplexer sein mag als in

Problemlöse- und Konfliktbewältigungsstrategien hängen in starkem Maße vom eigenen Menschenbild und der damit verbundenen Ethik ab.

diesem Vergleich, er vermittelt doch ein Menschenbild und eine Haltung, die nahelegen, keine Samen für weitere Konflikte zu säen. Der Dalai Lama vertritt eine Sichtweise, die zwischen dem Menschen – mit seinem grundlegend positiven Kern oder Potenzial – und den Emotionen oder Einstellungen trennt, die ihn in die Irre führen. Nicht der Mensch, sondern Emotionen, wie der Wunsch nach Vergeltung und Rache oder wie Gier, Neid, Missgunst, Hass, werden als das eigentlich Bekämpfenswerte gesehen. Kurz gesagt: Unsere Grundeinstellungen prägen unsere Art, wie wir – unbewusst und bewusst – Konflikte erleben, betrachten und bewältigen. In diesem Zusammenhang wollen wir auch Martin Luther King zitieren: „Wir müssen realisieren, dass die böse Tat unseres Nachbarn, das, was uns wehtut, niemals alles ausdrückt, was er ist. Ein Element von Güte kann auch in unserem schlimmsten Feind gefunden werden.“

Eine Grundvoraussetzung für den guten Umgang mit Spannungen ist, dass man damit konstruktiv umgehen möchte. Das bedeutet, selbst etwas für die Konfliktlösung tun zu wollen. Wenn einem der Mensch, die Beziehung zu ihm oder auch die Sache von Bedeutung sind, wird man sich diese Mühe auch machen. Ist beides nicht der Fall, gibt es wenig Motivation für eine Konfliktklärung – es sei denn, man hat die Einstellung, dass sich eine Klärung grundsätzlich immer lohnt, und dass Konflikte immer eine Chance sind, etwas zu verändern oder etwas zu lernen.

Ein Ziel, das wir mit diesem Kapitel verfolgen, ist, den Wert bewusster Reflexion bereits bei beginnenden Konflikten zu verdeutlichen. Denn das genauere Erforschen hilft, die verschiedenen Dimensionen des Konflikts besser zu verstehen und rechtzeitig angemessene Schritte zu planen. Mit den daraus gewonnenen Erkenntnissen kann man wesentlich früher potenzielle Kontroversen entschärfen – lange bevor ein Konflikt eskaliert. Unser Fokus liegt auch in diesem Kapitel primär auf der Innenwelt, denn gerade darüber ergeben sich einige besonders wirksame Ansatzpunkte zu besseren Lösungsstrategien – und Wege, aus solchen Situationen Wertvolles zu lernen.

Spannung zu vermeiden, führt oft zu Konflikten

Unsere spontane Reaktion angesichts von Konflikten ist meistens, das eigene Glück so wenig und so kurz wie möglich davon beeinträchtigen zu lassen. Wir wollen harmonisch zusammenleben, gut zusammenarbeiten, unsere Ziele erreichen und versuchen, Meinungsverschiedenheiten oder Streitfragen weitgehend zu minimieren. Zwar gibt es Menschen, die Auseinandersetzungen als konstruktive Herausforderung ansehen, aber Streit suchen die wenigsten.

So vielfältig die Ursachen von Konflikten auch aussehen können, der Verlauf weist in der Regel Gemeinsamkeiten auf: Am Anfang schwelt ein latenter Konflikt unter der Oberfläche. In dieser Phase wird oft weggeschaut, der Konflikt wird bagatellisiert, verdrängt oder nicht ernst genommen. Im Laufe der Zeit verhärten sich die Positionen der Konfliktparteien. Der eigentliche Konfliktauslöser steht dann oft nicht mehr im Mittelpunkt, sondern der Ärger über die Personen. In der weiteren Eskalation wird nicht mehr miteinander geredet, stattdessen werden Koalitionen gebildet, offene Streite ausgetragen oder die Entscheidung einer mächtigeren Instanz gesucht.

Wenn man sich nun doch in einer Konfliktsituation befindet, dann trägt die Art des Umgangs mit sich und den anderen oft dazu bei, dass der Konflikt weiter eskaliert. So unterschiedlich wie Menschen sind, so unterschiedlich sind auch ihre Verhaltensweisen in und mit Konflikten. Abhängig von der eigenen Persönlichkeitsstruktur reagieren wir auf Unstimmigkeiten oder Spannungen in gewohnten Mustern. Bei den ersten Anzeichen von Konflikten zeigen sich bereits Reaktionen, die sich bei zunehmen der Eskalation des Konflikts weiter verstärken können. Oft sind im eigenen Inneren Teile, die spontan auf einen entstehenden Konflikt reagieren, untereinander polarisiert. Manche Beschützer-Teile versuchen den Konflikt zu verdrängen oder zu verharmlosen: „So wichtig ist das auch wieder nicht“, „Nimm dir das nicht so zu Herzen“ oder zu rationalisieren: „Es ist ja verständlich, dass …“ Andere Teile fordern auf, sich anzupassen: „Wenn du mehr auf sie eingehst, wird's leichter“ oder sich zurückzuziehen: „Gehe ihm aus dem Weg“, „Lass einfach los!“ In manchen Fällen sucht man bei sich selbst die Schuld, in anderen reagiert man wütend oder vorwurfsvoll. Innerlich kann ein Selbstgespräch bei einem beginnenden Konflikt wie folgt ablaufen: „Lass dir das nicht gefallen!“, sagt ein Teil, der sich wehren will. „Nimm das doch nicht so wichtig!“, sagt ein Teil beschwichtigend. „Wenn du das ansprichst, dann wird's nur noch schlimmer!“, meint ein Harmonieteil. „Ach, schlaf erst einmal drüber!“, empfiehlt ein weiterer. „Wenn du das nicht gleich ansprichst, dann …“, mahnt wieder der erste Teil. Mit „Das musst du jetzt klären, am besten du …“, meldet sich dann noch ein lösungsorientierter, ungeduldiger Teil. Dieses Stimmengewirr erhöht den Druck immer mehr.

Oft sind im eigenen Inneren Teile, die spontan auf einen entstehenden Konflikt reagieren, untereinander polarisiert.

Einfach nachzugeben oder sich durchzusetzen, erscheint manchmal wie eine schnelle Lösung – besonders, wenn die Machtverhältnisse eindeutig sind. Aber langfristig wird – wenn es keine inhaltlich faire und menschlich gute Lösung gibt – entweder die Sache, die Beziehung oder beides belastet. Gefühle wie Neid, Rache, Ärger, Unzufriedenheit, Verachtung bleiben und führen später zu weiteren Problemen. Auch die Tendenz, wegzuschauen oder Konflikten aus dem Weg zu gehen, führt im Laufe der Zeit oft gerade zu Streitsituationen. Eine Spannung wird dann zwar hingenommen, kocht aber im Untergrund weiter. Werden relevante Interessensgegensätze oder auch nur Missverständnisse nicht frühzeitig angesprochen, stauen sich erfahrungsgemäß Vorwurf oder Groll an, die sich später überschießend entladen. Die Beziehung ist belastet, gute Lösungen zu finden, wird dann viel schwerer. Wenn die inneren Reaktionen auf Spannungen unbemerkt ablaufen – und das tun sie oft – entgeht uns die Chance, frühzeitig bewusst und selbstbestimmt damit umzugehen.

Äußere Konflikte spiegeln oft innere Polarisierungen

Vielen Konflikten liegen Unterschiede auf der persönlichen Ebene zugrunde, beispielsweise polare Sichtweisen, unvereinbare Interessen, unterschiedliche Erfahrungen und Wünsche. Die Persönlichkeit des anderen, seine ganze Art und Weise, kann uns fremd erscheinen. Aber auch Ähnlichkeiten, die uns nicht bewusst sind, können Konflikte auslösen. Wir reagieren beispielsweise auf Einstellungen und Verhaltensweisen beim anderen, die wir bei uns selbst ablehnen.

Nehmen wir zum Beispiel Susanne und Erika, die in einem kleinen Team von sechs Personen besonders eng zusammenarbeiten. Susanne stellt ihre eigenen Vorstellungen, Wünsche und Ziele stark in den Vordergrund und kann sich erfolgreich durchsetzen. Sie bringt anderen zuliebe keine „Opfer". Sie ist zwar nicht unfreundlich oder grundsätzlich unkooperativ, aber sie nimmt nicht besonders viel Rücksicht auf die anderen. Man hat den Eindruck, dass sie sehr genau auf das achtet, was ihr gut tut und was sie will. Ist nun Erika eine Person, die ihre eigenen Interessen oft zurückstellt, schnell hilfsbereit ist und Rücksicht auf andere nimmt, kann Susannes Verhalten besonders provozierend auf sie wirken. Wenn bei ihr ein „Harmonieteil" stark in Führung ist, dem gutes Klima und Hilfsbereitschaft besonders wichtig sind, könnte das ein Grund sein, auf Susannes Art allergisch zu reagieren. Aber ähnlich empfindlich könnte Erika auch reagieren, wenn sie selbst dazu neigt, sich gegen die Bedürfnisse von anderen abzugrenzen und egoistisch ihre eigenen Ziele zu verfolgen. Denn bekanntermaßen lehnt man bei anderen oft das ab, was man bei sich selbst nicht leiden kann.

So trägt eine innere Spannung, ausgelöst durch polarisierte Teile der Persönlichkeit, zum äußeren Konflikt bei. Im ersten Fall empfindet ein Teil von Erika beispielsweise: „Die Wünsche der anderen sind wichtig." Und wenn der Teil das vehement verfolgt, kann es daneben einen anderen geben, der erlebt: „Ich komme zu kurz." Ein ärgerlicher Teil reagiert dann kritisch auf den Harmonieteil, wegen dessen entgegenkommender Art die eigenen Bedürfnisse auf der Strecke bleiben. Dieser Ärger ist nach außen auf Susanne gerichtet und nach innen auf den Harmonieteil.

Im Falle von Susanne wird ein dominanter Teil geprägt von der Anschauung: „Setze dich durch, sonst bist du die Dumme!" Der sorgt dafür, dass die Person nicht zu kurz kommt. Doch darauf meldet sich ein kritischer Teil, der das egoistische und durchsetzungsstarke Verhalten bewertet: „Schon wieder hast du die anderen überrollt." Hier spricht der innere Kritiker, der sowohl kritisch auf „sich selbst" als auch abwertend auf das bestimmende und etwas rücksichtslose Verhalten von Susanne reagiert.

Mit der Dynamisierung des Konflikts eskalieren Emotionen

Je enger die Zusammenarbeit und je größer die gegenseitige Abhängigkeit oder Angewiesenheit, desto heftiger sind die Gefühle in einem Konflikt. In der Phase der Konfliktentstehung steht die inhaltlich-sachliche Ebene oft noch im Mittelpunkt. Mit zunehmender Dynamisierung des Konflikts kann das, worum es ursprünglich inhaltlich ging, immer mehr an den Rand gedrängt und durch andere Dynamiken überlagert werden. Man fühlt sich übergangen, kleingemacht, abgewertet oder bedroht – manchmal auch hilflos, nichts daran ändern zu können. Weil persönliche Empfindsamkeiten so stark berührt werden, beeinflussen und steuern Emotionen unser Handeln häufig in eine andere Richtung als der Verstand. Bei so starken Emotionen wie Eifersucht, Neid, Empörung, Ärger oder Hass hat die Vernunft meistens keine Chance mehr. Entsprechend hilft es dann auch nicht, an „die Vernunft" zu appellieren oder den Konflikt ausschließlich „vernünftig" lösen zu wollen. Die Gefühle und ihre Geschichte müssen anerkannt und auf eine angemessene Art bearbeitet werden. Konflikte lassen sich oft nur klären, wenn die beteiligten Emotionen berücksichtigt werden, weil die rationalen Zentren unseres Gehirns von den emotionalen dominiert werden und nicht umgekehrt. Erst wenn Körper und Geist von den starken Emotionen wieder frei sind, bekommen „vernünftige" Inhalte so viel Raum, dass sie überhaupt wahrgenommen und handlungsleitend werden können.

Konflikte lassen sich oft nur klären, wenn die beteiligten Emotionen berücksichtigt werden, weil die rationalen Zentren unseres Gehirns von den emotionalen dominiert werden.

Die starken Gefühle, die bei Konflikten ausgelöst werden, rufen oft Anteile der Persönlichkeit auf den Plan, die sich im Alltag sonst nicht zeigen und eher in Extremsituationen mit Notlösungen aktiv werden: einen starken Zyniker, einen drohenden Kämpfer, einen Teil, der mauert und abblockt, einen sich ins Schneckenhaus verkriechenden Teil, eine besonders Dominante oder einen eiskalten Verachter. Häufig entsteht auch ein innerer Kampf zwischen diesen Anteilen darüber, was die beste Art der Verteidigung ist. Es gibt beispielsweise eine ärgerliche Seite, die angreifen will, und eine andere, die Angst hat vor Konfrontation und eher für Rückzug sorgt. Auch wenn die Reaktion teilweise vom Kontext abhängig ist, so gibt es doch habituelle Muster, in die man immer wieder hineingerät. Um solche Verhaltensweisen zu identifizieren, kann es lohnend sein, sich einmal Zeit zu nehmen, um drei oder vier Konflikte aus der Vergangenheit dahingehend zu erforschen, wie da die eigenen Reaktionen waren. Was würden unsere Konfliktpartner über uns sagen? Was in unserem Verhalten hat – aus ihrer Sicht – zum Konflikt beigetragen. Bei näherer Betrachtung kann jemand beispielsweise wahrnehmen, dass Konflikte aus der jüngsten Vergangenheit alle mit Konkurrenz und dem eigenen Führungsanspruch zu tun hatten. Die Verteidigungsstrategie in diesen Konflikten war, sich vehement für die eigenen Sichtweisen und Interessen einzusetzen und Meinungen oder Erfahrungen anderer schnell vom Tisch zu wi-

Häufig entsteht auch ein innerer Kampf zwischen diesen Anteilen darüber, was die beste Art der Verteidigung ist.

schen. Dieses Verhalten verursachte bei Arbeitskollegen wie bei den Bekannten aus dem Sportverein immer wieder Unmut.

Uns selbst erscheint das eigene Konfliktverhalten – insbesondere in der akuten Situation – völlig normal und verständlich. Wir finden es sogar gerechtfertigt. Was uns dabei selten so bewusst ist: Es gibt sehr häufig einen deutlichen Unterschied zwischen dem, was wir mit der Reaktion eigentlich bewirken wollen – und was wir tatsächlich bewirken. Bewusst möchte man sich vielleicht rächen oder zumindest demonstrieren, wie sehr man verletzt ist. Oder man will sich abgrenzen, um seine Ruhe vor dem anderen zu haben. Man spürt aber kaum mehr – oder weniger deutlich – was die eigenen tiefer liegenden Interessen sind, die verletzt oder übergangen wurden: Etwa den Wunsch nach Versöhnung oder nach Gerechtigkeit oder das Bedürfnis nach Anerkennung, Liebe, Zugehörigkeit. Leider verhindert die eigene Konfliktstrategie oft genau das, was wir uns wünschen und was uns versöhnen würde – etwa, vom anderen gesehen, verstanden und berücksichtigt zu werden. Die Anteile, die im Inneren verletzt sind, bleiben, weil sie nicht gesehen werden, einmal mehr in ihrer Verletzung stecken. In Konflikten mit längerer Vorgeschichte entstehen so die zunehmend allergischen Reaktionen, die bodenlose Verzweiflung, die blinde Wut, die Ausweglosigkeit.

Gandhi sagte: „Solange ich nicht das Herz der Menschen erreiche, bin ich nicht in der Lage, irgendetwas zu erreichen. Ich beobachte, dass, solange der Geist des Hasses bestehen bleibt, es unmöglich sein wird, Frieden zu schaffen oder unsere Freiheit mit friedlicher Anstrengung zu erreichen. Wir können uns nicht gegenseitig lieben, solange wir Engländer hassen."

Interessen zu klären, kann Konflikte entspannen

Neben den inhaltlich-sachlichen Interessen, um die in einem Konflikt gekämpft wird, spielen die persönlich-emotionalen Interessen gerade bei der Konfliktklärung eine entscheidende Rolle. Ein häufiges Dilemma in einem dynamisierten Konflikt ist, dass man die Situation weder verlassen noch mit dem Konfliktpartner den Konflikt klären und die Situation verändern kann. Das kann in der Ehe, Partnerschaft oder Familie sowie im beruflichen Kontext der Fall sein. Im Job sind einem die anspruchsvolle Position, das Tätigkeitsfeld und die angenehme Zusammenarbeit mit dem Vorgesetzten und den anderen Kollegen wichtig – und nur wegen der zermürbenden Spannungen mit einem Kollegen, mit dem man ausgerechnet die engste Zusammenarbeit hat, will man nicht alles andere aufgeben. Oder man kann und will den Partner nicht verlassen, obwohl man stark unter manchen seiner Eigenschaften leidet.

Weil das Verhalten des anderen – egal wie unverständlich, fremd oder unangemessen es uns erscheint – von Interessen gesteuert wird, die häufig nicht klar erkennbar sind, kann sich der Versuch lohnen, diese zu ergründen. Neben dem äußeren Konflikt, der

Anlass für die Spannungen ist, kommt immer ein innerer Interessenskonflikt dazu, wie wir mit dem folgenden Beispiel veranschaulichen wollen.

Eva ist eine Frau Ende 40, in zweiter Ehe verheiratet, mit zwei kleinen Mädchen. Sie ist dabei, wieder in ihren Beruf als Grafikerin einzusteigen. Ihre ältere Schwester, Petra, auch verheiratet, mit drei Kindern und nicht berufstätig, lebt in der Nähe der Eltern, zu denen sie regen Kontakt hat. Sie springt oft für die älter und bedürftig werdenden Eltern ein. Beide Frauen haben das Glück, relativ gut verdienende Ehemänner zu haben. Nun erfährt Eva bei einem Besuch bei den Eltern, dass sie im Testament Petra als Alleinerbin für das Haus eingesetzt haben und dass Eva nur bei den anderen finanziellen Werten berücksichtigt wird, wodurch sie deutlich benachteiligt würde.

Bei Eva verursacht diese Information eine emotionale Erschütterung. Sie fühlt sich ungleich und ungerecht behandelt. Vor allem zweifelt sie an der „unparteiischen Liebe" der Eltern. In den darauffolgenden Gesprächen begründen die Eltern ihr Handeln damit, dass Eva insgesamt eine stabilere Lebenslage und bessere finanzielle Versorgung hätte. Petras Ehe hingegen stecke in einer Krise und eine Trennung sei zu befürchten. Eva bleibt in diesen Gesprächen primär auf der sachlichen Ebene und versucht argumentativ aufzuzeigen, dass es zwischen den beiden Schwestern tatsächlich so gut wie keine existenziellen und materiellen Unterschiede gebe. Die Eltern bleiben jedoch bei ihrer Einschätzung und sind nicht bereit, ihre Entscheidung rückgängig zu machen. Die Unbeugsamkeit der Eltern bewirkt bei Eva, dass sich der Konflikt innerlich verhärtet. Durch die Härte ihrer Eltern und deren fehlende Bereitschaft, diese Ungerechtigkeit überhaupt zu sehen – geschweige denn, sie auszugleichen –, fühlt Eva sich tief getroffen. Schmerzhafte Erinnerungen aus der Kindheit, in der sie sich auch schon weniger geliebt und die Schwester bevorzugt behandelt erlebte, werden wieder lebendig. Ein paar Wochen später gibt sie ihre Bemühungen verletzt und verbittert auf und zieht sich zurück. Sie entscheidet sich, den Kontakt zu den Eltern auf ein Minimum zu reduzieren und sagt den nächsten geplanten Besuch bei ihnen kurzfristig ab. Ein paar Monate vergehen, in denen das Klima recht unterkühlt bleibt.

Um zu einer Konfliktklärung konstruktiv beizutragen, müsste Eva – losgelöst von den sachlichen Interessen, für die sie sich verständlicherweise eingesetzt hat – vor allem ihre tiefer liegenden emotionalen Interessen wahrnehmen. Und auch ihre Anteile, die ihr bei der Konfliktklärung im Wege stehen. Als sie in einem Gespräch mit einer Freundin ihre Empörung und Verletztheit noch differenzierter spürt, wird ihr klar, dass sie zu stolz ist, weiter um ihr Recht zu kämpfen – weder mit den Eltern noch mit der Schwester. Dieser stolze Teil sagt ihr quasi: „Das hast du nicht nötig! Wenn sie dir nicht aus eigenem Antrieb geben, was dir zusteht, dann verzichte darauf." Ihr Wunsch wäre ja, dass die Eltern aus einem Gefühl von Gerechtigkeit und Liebe ihr gegenüber das Erbe gleich aufteilen. Als jedoch die Freundin genauer nachfragt, wird Eva bewusst, was sie bis dahin noch nicht erkannt hat: Sie hat bislang mit ihren Eltern nur über die Ungerechtigkeit gesprochen und versucht, sie von der materiellen und finanziellen Gleichstellung ihrer beider Lebenssituationen zu überzeugen. Sie hat noch überhaupt nicht ausgedrückt, dass sie die Ungleichbehandlung nicht nur als eine finanzielle Zurückstellung, sondern in erster Linie als einen Ausdruck von Lieblosigkeit empfindet. Auch nicht, dass sie sich der selbstverständlichen, unparteiischen Liebe ihrer Eltern nicht mehr sicher ist. Das ist es, was sie am meisten verletzt, das sitzt in ihr wie ein Stachel. Sie nimmt klarer ihr Bedürfnis wahr, von den Eltern damit verstanden und ernst genommen zu werden. Dieser Wunsch überwiegt sogar deutlich gegenüber der Hoffnung, dass die Eltern ihr Testament noch einmal verändern. Außerdem spürt sie, dass es für sie eine unerträgliche Vorstellung wäre, einer von beiden könnte sterben und sie hätte sich im Unguten oder Unfrieden von ihm getrennt.

Diese tiefer liegenden Gefühle und Interessen, die bislang vom stolzen Teil überlagert wurden, waren dann für Eva ein paar Tage später Antrieb genug, ihre Eltern recht spontan zu besuchen und mit ihnen darüber zu sprechen. Vor der Abreise spürt sie zwar die Angst, dass es bei einem erneuten Gespräch über das Thema noch weiter eskalieren könnte, und eine andere leise Stimme, die meint: „Reden ändert doch sowieso nichts mehr!“ Aber der Wunsch, eine Klärung herbeizuführen, überwog. Eva sprach mit den Eltern offen und ohne Vorwurf über ihre Enttäuschung und Verunsicherung. Die Eltern hörten interessiert zu, waren über die Tiefe der Gefühle erschrocken und dann – für Eva unerwartet gut – in der Lage, sie zu verstehen. Es entstand eine besondere Nähe, die in dieser Qualität von allen dreien lange nicht mehr erlebt worden war. In dieser vertrauensvollen Atmosphäre konnten die Eltern auch ihre eigene Betroffenheit und Hilflosigkeit ausdrücken. Sie sprachen über ihr Dilemma, sich Petra gegenüber schuldig und verpflichtet zu fühlen, die sie schon so viele Jahre aufopfernd unterstützte. Auch die Hoffnung, dass sie das weiter täte, wenn einer von beiden stürbe, wurde angesprochen, und dass sie sich vor allem deshalb verpflichtet fühlten, ihr dafür einen Ausgleich zu geben.

Diese Offenheit und Nähe und auch das Verständnis, das ihre Eltern ihr entgegenbrachten, ließ Evas Groll wegschmelzen. Auch wenn sie die inhaltlichen Argumentationen der Eltern immer noch nicht ganz nachvollziehbar und fair fand, war die Veränderung im Kontakt ihr so viel mehr wert, dass sie mit dem ganzen Erbschaftsthema von da an entspannter umgehen konnte. Es stand einfach nicht mehr zwischen ihnen.

Wie kam diese Wendung zustande? Das Klären ihrer bislang untergründigen Interessen bewirkte eine Veränderung in Evas innerer Haltung. Obwohl – oder vielleicht gerade weil – sie etwas mehr Abstand zu ihren Gefühlen hatte, konnte sie diese klarer betrachten und später vorwurfsfrei ausdrücken. Mit dem inneren Raum, der durch den Abstand entstand, ging ein Gefühl von Unabhängigkeit einher. Sie konnte den Konflikt aus einer neuen Perspektive wahrnehmen. Eva – selbst mehr in Führung – war mit dem Entschluss, aus ihrer Initiative heraus für Verständnis beizutragen, nun in der

Lage, diese Konfliktklärung mit einer zugewandten Haltung anzustreben. Ihre Haltung und ihr Vorgehen haben zu einer Beziehungsverbesserung beigetragen, auch wenn es auf der sachlichen Ebene zu keiner neuen Lösung gekommen ist. Das war ihr, ohne dass sie das vorher wusste, in diesem Fall aber auch nicht das Wichtigste.

Auch um den Konfliktpartner muss man sich kümmern

Ohne die Bereitschaft, dem Konfliktpartner weniger voreingenommen als bislang zu begegnen, ist eine Konfliktklärung kaum erreichbar. Eine neutrale innere Haltung ist unabdingbar, um für die Interessen des anderen offen und interessiert genug zu sein. In Konflikten, die eine längere Geschichte haben oder mit starker Abneigung, mit Konkurrenz- oder Neidgefühlen einhergehen, müssen die Beweggründe – die Einstellungen, Gefühle, Interessen oder Ziele – des Konfliktpartners verstanden und berücksichtigt werden. Da reicht es häufig nicht, so wie in Evas Fall, nur die eigenen unbewussten emotionalen Interessen klarer zu erkennen und zu kommunizieren. Bei der Konfliktdynamisierung ist vor allem Empathie für den anderen gefragt und das ist oft die größte Hürde! Aber gerade die Empathie für den Konfliktpartner kann der alles entscheidende Faktor sein. Deshalb könnte sich die Mühe mehr als lohnen – wie im folgenden Beispiel.

Bei der Konfliktdynamisierung ist vor allem Empathie für den anderen gefragt und gerade das ist oft die größte Hürde.

Ingrid Hedwig, eine selbstbewusst-dynamische, aufstrebende junge Spezialistin, arbeitet im Zentralbereich eines Versicherungsunternehmens. Vor einem halben Jahr ist sie in ein kleines, hoch qualifiziertes Team aufgenommen worden, was sie sich bereits länger gewünscht hatte. Mit ihren neuen Kollegen kommt sie sehr gut aus – bis auf Julius Bart, einen älteren Herrn, der seit über zehn Jahren, quasi seit Gründung des Teams, mit dabei ist und der sich von ihr gar nichts sagen lassen will. Die neue Aufgabe macht ihr viel Freude. Und wenn da nicht die Spannungen mit Bart wären, dann stimmte wirklich alles. Es fing gleich damit an, dass er auf ihre Ideen und Vorschläge nur mit Bedenken und Einwänden reagierte. Stattdessen vermittelte er ihr, dass er sie schlicht für jung und unerfahren hält. Aufgrund seines Erfahrungsschatzes habe er natürlich den besseren Überblick und die größere Kompetenz. Sie solle sich doch erst mal „in Ruhe“ einarbeiten.

Inzwischen hat sich daraus ein heftiger Konflikt entwickelt. Bart hat in den vergangenen Wochen wichtige Fragen immer wieder im Alleingang entschieden, obwohl Detailabstimmungen mit ihr notwendig gewesen wären. Als sie ihn damit konfrontierte, reagierte er überrascht, uneinsichtig und brachte – aus ihrer Sicht vorgeschobene – weit hergeholte Sachargumente, um sein Verhalten zu erklären. Besonders ärgerlich waren für sie Bemerkungen darüber, dass sie weder die Kunden noch die Sachlage umfassend einschätzen könne oder dass es auch nicht nötig wäre, sich genauer abzustimmen, weil ja die grobe Richtung allen Beteiligten klar sei. Der Satz, der sie am stärksten aufregte, war, dass das Team schließlich früher auch ohne sie gute Ergebnisse erzielte.

Ingrid Hedwig, die es irgendwann nicht mehr einsah, durch sein Verhalten in ihren Entscheidungen ausgebremst, abgeblockt und abgewertet zu werden, macht inzwischen auch vieles im Alleingang. Sie stimmt sich nur noch mit den anderen Kollegen ab, nicht aber mit ihm – selbst wenn es eigentlich erforderlich wäre. In Besprechungen lässt sie sich auf keine Diskussionen mehr ein und vermeidet den Blickkontakt. Nachdem sie ein paarmal an ihn appelliert hatte, ihr gegenüber kooperativer zu sein, dies aber zu keiner Veränderung geführt hat, gab sie ihrerseits einen konstruktiven Umgang mit ihm auf. Aber da der Konflikt sie nicht nur emotional sehr belastet, sondern auch ihre Leistung zunehmend davon beeinträchtigt ist, entscheidet sie sich für eine interne Beratung bei der Personalentwicklung.

Ihre Beraterin dort kennt bereits die Problematik mit Herrn Bart. Aufgrund von Schilderungen von Kollegen, die sich früher schon über ihn beschwert hatten, ist er dort bekannt als etwas eigensinniger Eigenbrötler – genial, aber nicht sehr sozial. Sie bestätigt Frau Hedwig, dass es nicht leicht sein würde, in diesem Konflikt einen guten Umgang zu finden, macht allerdings auch deutlich, dass das Management Bart aufgrund seiner hohen Fachkompetenz und unschätzbaren Erfahrung gerade in diesem Spezialisten-Team auf jeden Fall behalten würde. Gedanken, ihn zu versetzen oder gar, sich von ihm zu trennen, seien nicht einmal bei einem dicken Konflikt mit dem Betriebsrat in Erwägung gezogen worden. Sie ermutigt Frau Hedwig, etwas in die Entspannung des Konfliktes zu investieren. Um diese Beratung fortzusetzen, vereinbaren beide einen etwas längeren Termin.

In diesem Gespräch erforscht die Personalentwicklerin mit Frau Hedwig die Wechselwirkung zwischen beiden mehr in der Tiefe. Insbesondere der Versuch, sich in Bart hineinzuversetzen, lässt sie einiges viel klarer sehen. Sie erkennt, dass er sich von ihrer schnellen und forschen Art vermutlich bedrängt fühlt. Sie will zu schnell auf einmal vieles von dem verändern, was er über Jahre erarbeitet hat. Und dann setzt sie sich nicht einmal mit seinen Bedenken auseinander und hört ihm nur halbherzig zu. Ihre Vorschläge und Argumente berücksichtigen in keiner Weise seine Vorarbeiten und Erfahrungen. Das muss sich für ihn wie eine Beleidigung anfühlen. Es wird ihm so vorkommen, als wolle sie nur ihren eigenen Stiefel durchziehen und nehme ihn in seiner Kompetenz nicht ernst – und da ist auch etwas Wahres dran! Wenn sie sich mit den Kollegen im Team vergleicht, fällt ihr auf, dass die anderen geduldiger mit ihm umgehen und ihm deutlich mehr Respekt zollen und ihre Anerkennung auch öfter mal zeigen. Aus seiner Perspektive wird es so aussehen, als wäre sie das „schwarze Schaf" und hätte nur Unruhe ins Team gebracht.

So schwer es ihr fällt – ihr wird bewusst, dass sie mehr auf ihn eingehen muss. Es wird sich nur etwas entspannen, wenn sie zukünftig seine Gedanken, Vorschläge und Einwände ernster nimmt oder zumindest anhört. Sie wird sich in Gesprächen mehr mit ihm auseinandersetzen und sich in ihrer Ungeduld und ihrem Tatendrang zurücknehmen müssen. Sie kennt sich gut und spürt sofort, dass es einige innere Hürden dabei geben wird, ihm bei Sachdiskussionen zukünftig mehr Verständnis und Achtung entgegenzubringen.

Ohne Selbstregulierung keine Empathie

Häufig sind beide Gesprächspartner auf „Senden" geschaltet und das „Empfangen" ist stark eingeschränkt oder findet gar nicht mehr statt.

Der Mangel an Empathie, den Frau Hedwig erkannt hat, trägt oft dazu bei, dass sich eine Auseinandersetzung zuspitzt. Beide Gesprächspartner wollen gehört werden, beide sind in der Kommunikation auf „Senden" geschaltet. „Empfangen" ist stark eingeschränkt oder findet gar nicht mehr statt. In der zunehmenden Eskalation versucht man, dem anderen immer stärker zu verdeutlichen, warum man selbst im Recht ist – und der andere im Unrecht. Oder man bricht den Kontakt ab und verweigert die Kommunikation. Die Offenheit und Bereitschaft, den anderen hören und verstehen zu wollen, fehlt. Die Macht, den Gesprächsverlauf zu verändern, liegt jedoch häufig gerade darin, als Erster die Empfänger-Rolle zu übernehmen. Wenn sich der andere dann gehört und verstanden fühlt, ist auch er eher bereit, auf Empfang zu schalten und sich Argumente oder andere Sichtweisen anzuhören – zumindest erhöht sich dafür die Wahrscheinlichkeit.

Wer in Konfliktgesprächen automatisch mehr „sendet" und kaum „auf Empfang" schaltet, sollte sich auf anstehende Gespräche innerlich gut vorbereiten und im Vorfeld reflektieren: „Welcher Anteil steht mir bei der Empathie im Weg? An welchem Punkt muss ich besonders aufpassen? Welche Aussagen des anderen könnten mich daran hindern, auf „Empfang" zu schalten, obwohl das die bessere Strategie wäre?" Mit guter Vorbereitung kann man sich in der konkreten Situation besser auf die Regulierung der eigenen Impulse und das Eingehen auf den anderen ausrichten. Das kann auch nur eine kurze Besinnung sein, im Vorfeld eines Gesprächs, während eines Meetings oder, wenn man die Nummer des „Konfliktpartners" im Display des Telefons sieht.

Manchmal drängt sich angesichts einer Konfliktklärung die Frage auf: „Warum immer ich, warum soll ich mich ändern, warum soll ich den ersten Schritt machen – warum nicht der andere?" Nelson Mandela – der den friedvollen Umbruch in Südafrika maßgeblich gestaltet hat – wurde nach seiner fast 20-jährigen Inhaftierung oft gefragt, ob er die Weißen, die ihm und seinem Volk so viel angetan hatten, nicht zutiefst hassen müsse. Er aber sagte: „Solange ich jemanden hasse, hat dieser noch Macht über mich und bin ich nicht frei." Mandelas konstant ausgleichende, friedvolle Haltung hat in dieser hochexplosiven Lage viel dazu beigetragen, das zu verhindern, was viele vorhersagten und alle befürchteten: Racheakte, Bürgerkrieg und großes Blutvergießen. Schon vorher hatte seine Friedfertigkeit bemerkenswerten Einfluss. Seine Gefängniswärter etwa – knallharte, oft brutale und rassistisch eingestellte Männer – wurden oft ausgewechselt, da man fürchtete, dass seine menschlich-gewinnende Art sie „einwickeln" und aus Mitgefühl „schwach" werden lassen könnte. Nelson Mandela ist eine dieser Persönlichkeiten, die weniger aus ihren Teilen heraus agieren, und die eine wirkungsvolle Selbstführung auch angesichts extremer Umstände verkörpern.

Selbst-Coaching

Systematische Konfliktreflexion

Zweck: Emotional-persönliche Hintergründe eines Konfliktes erforschen und Ansätze für eine Konfliktlösung erkennen.

Grobstruktur: 1. Die Entstehung und äußeren Rahmenbedingungen für den Konflikt ergründen.
2. Die tiefer liegenden Aspekte der Innenwelt bei sich selbst und beim anderen erforschen.

Zeitbedarf: Jeweils ca. 20 bis 30 Minuten.

Wenn man an dem Punkt angelangt ist, sich in einem Konflikt durch Reflexion ernsthaft auseinanderzusetzen, ist man auf dem Weg in Richtung Konfliktbewältigung schon ein gutes Stück weiter. Dann steckt man nicht mehr so fest im Ärger, Verdrängen oder Ignorieren, in Schuldzuweisungen oder Resignation.

In dieser Reflexion wird vor allem die emotional-persönliche Ebene beider Konfliktpartner näher erforscht. Auch die kommunikative Ebene spielt dabei eine Rolle, sowohl bei der Entstehung und Dynamisierung als auch für mögliche Lösungsansätze.

Die sachlich-inhaltliche und systemisch-organisationale Ebene werden hier nicht weiter vertieft. Wenn deutlich ist, dass diese eine große Rolle spielen und das eigene Erleben vor allem dadurch beeinträchtigt ist, kann man neben der Reaktion auf den Konfliktpartner auch die innere Reaktion auf diese Umstände erforschen. Dies ergibt manchmal Hinweise, wie Selbstführung auch im Umgang „mit der Sache" hilft.

···› *1. Die Entstehung des Konflikts*

Hierbei geht es darum, möglichst konkret die Entstehung des Konflikts und die emotionalen „Knackpunkte" herauszuarbeiten:

1. Wie äußert sich der Konflikt konkret?
2. Wer ist an dem Konflikt direkt oder indirekt beteiligt?
3. Wo liegen die Anfänge des Konflikts? Was in der Vorgeschichte hat dazu beigetragen?
4. Worin bestehen die Unterschiede auf der sachlich-inhaltlichen Ebene?
5. Welchen Anteil hat die kommunikative Ebene?
6. Wie habe ich mit meinem Verhalten zur Entstehung und Entwicklung des Konflikts beigetragen?
7. Wie haben andere Beteiligte zur Entstehung des Konflikts beigetragen?

8. Was in meinem Verhalten ist daran typisch? Was davon kenne ich auch aus anderen Konfliktsituationen?
9. Warum verhalte ich mich auf diese Weise? Wie fühle ich mich? Welche Teile meiner Persönlichkeit sind besonders involviert?
10. Was könnte ich tun, um den Konflikt weiter aufrechtzuerhalten oder zu verschlimmern?
11. Was könnte der andere tun, um den Konflikt weiter aufrechtzuerhalten oder zu verschlimmern?

2. Tiefenforschung zur Konfliktklärung

Bei der „Tiefenforschung" beginnt man damit, sich den Konflikt zu vergegenwärtigen. Am besten stellt man sich dazu eine Schlüsselsituation des Konflikts vor und lässt diese innerlich auftauchen. Danach kann man die unten aufgeführten Fragen reflektieren. Wichtig ist es, sich genügend Zeit zu lassen und Geduld aufzubringen, denn auf manche Fragen gibt es keine schnellen Antworten.

Reflexion zur eigenen Person

- In welchen Zustand komme ich in dieser Situation? (Körperhaltung, Mimik, Gestik, Atemmuster – einnehmen und nachspüren)
- Was genau fühlt sich für mich schwierig oder belastend an?
- Was hat dazu geführt? Was waren wichtige Erfahrungen mit dem Konfliktpartner oder mit anderen?
- Was würde ich mir von dem anderen wünschen?
- Welcher „wunde Punkt" ist bei mir getroffen? Welcher Teil reagiert da so stark? Warum reagiere ich darauf so sensibel?
- Was ist meine Position?
- Was sind meine eigentlichen, tieferen Interessen? Wofür setzte ich mich ein? Worum geht es mir im Kern?
- Was hat für mich noch eine wichtige Bedeutung? Gibt es noch etwas, was mich beeinflusst oder bewegt?
- Was könnte der andere tun, um die Situation zu verbessern oder zu entlasten?
- Was würde mir helfen? Brauche ich möglicherweise noch weitere Informationen oder Unterstützung für diese Klärung? Könnte ich mit jemandem darüber sprechen? Wäre eine andere innere Haltung förderlich?

Reflexion zum Konfliktpartner

- In welchen Zustand scheint die Person in dieser Situation zu kommen? (Auch Körperhaltung, Mimik, Gestik – selber auch im eigenen Körper mal spiegeln und nachspüren.)
- Wie erlebt der andere die Situation? (Wie fühlt sich das von innen an, was könnte schwierig oder belastend für ihn sein?)

- Von welchen früheren Erfahrungen (mit mir oder anderen?) weiß ich bzw. ahne ich, dass die Person sie in diesem Zusammenhang schon gemacht hat?
- Wie geht es der Person in diesem Konflikt mit mir? Welcher „wunde Punkt“ ist möglicherweise getroffen? Worauf reagiert sie empfindsam oder verletzlich?
- Was löst mein Verhalten vermutlich bei ihr aus, wie wirke ich auf sie?
- Was würde sie sich von mir wünschen?
- Was ist ihre Position?
- Was könnten ihre dahinterliegenden Interessen sein? Wofür könnte die Person sich einsetzen wollen? Worum geht es ihr möglicherweise im Kern?
- Welche weiteren Faktoren haben möglicherweise noch einen wichtigen Einfluss auf sie?
- Was könnte ich konkret tun, um die Situation zu verbessern? (Was sollte passieren, was würde den anderen entlasten?)

Handlungsoptionen

Reflektieren Sie nun die möglichen Handlungsoptionen, die Sie sehen. Was würde den Konflikt etwas entspannen? Nehmen Sie auch wahr, welche inneren Widerstände es für Sie dabei gibt. Welche Teile müssten Sie bewusster regulieren, um konstruktiver mit Selbstausdruck oder Empathie zu handeln?

Coaching

Mentale Selbstregulierung

Wenn die emotionalen Reaktionen des Klienten einen Konflikt mitverursachen und Konfliktlösungen im Wege stehen, macht es Sinn, an der Selbstregulierung zu arbeiten. Mit dem Vorgehen, das wir hier beschreiben, lernt der Klient, wie er selbst im Alltag, auch außerhalb des Coachings, an der Selbstregulierung weiterarbeiten kann. Er kann sich auf anstehende Gespräche, in denen eine eigene automatische Reaktion oder kritische Verhaltensweise destruktiv wirken, mental einstellen und in der Vorstellung ein konstruktives Verhalten „proben“. Unser Freund und Kollege Walter Wölfle, als Coach im Profisport tätig, hat uns mit dieser Methode vertraut gemacht, die hier etwas abgewandelt beschrieben ist.

Der Coach führt den Klienten in einen achtsamen Zustand und hilft ihm, mit folgenden möglichen Fragen eine konfliktäre Zuspitzung in einer konkreten Gesprächssituation zu erforschen:

1. „Lassen Sie sich in das Konfliktgespräch eintauchen und dieses wie in Zeitlupe wahrnehmen und erforschen. Wie wirkt die Szene auf Sie? Hören Sie die Worte, die gesprochen werden. Was ist es, das die Situation schwierig (unsicher ...) macht? Was ist es genau, was in Ihnen passiert? (Gefühle, Körperempfindungen, Impulse, Teile der Persönlichkeit ...) Was für eine automatische Reaktion entsteht?“
2. „Was erkennen Sie beim Gegenüber? Wie ist ihr/sein Zustand? Was wird beim Gegenüber ausgelöst? Wenn Sie den Ausdruck, die Worte auf sich wirken lassen, was verstehen Sie von seinem/ihrem Erleben? Gibt es möglicherweise zwischen Ihnen beiden eine negative Wechselwirkung?“
3. „Visualisieren Sie den positiven Zielzustand. Entwickeln Sie einen positiven Verlauf des Geschehens bezogen auf Ihr Verhalten. Wie reagieren und fühlen Sie sich jetzt? An welchem Punkt genau könnten oder möchten Sie ansetzen, um diese Wende möglich zu machen? Bereiten Sie sich innerlich auf den Auslöser vor. Was könnte hier hilfreich sein? Was könnte Sie dabei unterstützen, um mit dem Auslöser anders umzugehen? (Körperhaltung, Worte, Gefühle, Teile der Persönlichkeit) Wann genau sollten Sie sich regulieren und wie? Visualisieren Sie den Weg, so wie er sein könnte. Fühlen Sie sich in den erstrebenswerten Zustand hinein und machen Sie sich Notizen über den genauen Ablauf.“
4. „Spielen Sie die Situation noch einmal alleine durch, ohne meine begleitenden Worte:
   a) Beschreiben Sie den erstrebenswerten Ablauf mit eigenen Worten (leise oder laut sprechen).
   b) Betrachten Sie diesen Ablauf vor Ihrem inneren Auge (als Film).
   c) Erleben Sie den Ablauf aus der körperlichen Perspektive. Fühlen Sie sich körperlich in die Situation ein. Wie fühlt sich das genau an, Muskelbewegungen, Atmung, Puls ...?

d) Fixieren Sie wichtige Knotenpunkte des Ablaufes, die Sie in der Umsetzung unterstützen und stärken können, z.B. Worte, Schlüsselsätze, Blickrichtung, Körperhaltung, Pausen ..."

Im Anschluss an diese Erfahrung sollte der Coach die einzelnen Schritte noch einmal für den Klienten zusammenfassen, damit er sich diese besser einprägen und die Übung gut alleine durchführen kann.

In einer nachfolgenden Beratung kann man die Erfahrungen gemeinsam reflektieren, die der Klient mit der Situation in der Zwischenzeit gemacht hat. Was waren Erfolge und Schwierigkeiten? Eine annehmende, neugierige Haltung ist wichtig, denn eingefahrene Reaktionen neigen dazu, recht hartnäckig zu sein. Ein Ausstieg aus lang anhaltenden Automatismen gelingt selten beim ersten Mal. Der Coach sollte den Klienten ermuntern, sich eine zweite und dritte Chance zu geben und dabei die kleinen Erfolge anzuerkennen.

13.

Ausklang: Veränderung und Nachhaltigkeit

„Das habe ich mir selbst versprochen – da bleibe ich dran!"
„Mein innerer Schweinehund steht mir im Weg."
„Mir fehlt einfach die Zeit, mein Leben ist zu gedrängt!"
„Aus den Augen, aus dem Sinn!"
„Ich weiß, was gut wäre, trotzdem tue ich es nicht."
„Wo ein Wille ist, ist auch ein Weg."
„Was Hänschen nicht lernt, lernt Hans nimmermehr."

Am Ende angelangt, möchten wir mit Ihnen noch einige Gedanken und Erfahrungen zur Nachhaltigkeit von persönlichen Veränderungen teilen. Wir werden dafür Fragen von Seminarteilnehmern, Klienten und Freunden aufgreifen. Auch einige von Ihnen werden sich vielleicht fragen, wie weitreichend man die eigene Persönlichkeit wirklich verändern kann, wie tiefgreifend die Arbeit sein muss, wie dauerhaft Entwicklungen sein können oder auch, wo Grenzen entstehen. Da es uns wichtig ist, für Sie auch als Menschen greifbarer zu sein, haben wir auf diese Fragen bewusst subjektiv und zum Teil auch sehr persönlich geantwortet. Da wir mit Freunden und vielen Seminarteilnehmern per Du sind, sind die Fragen auch so formuliert.

Wie ist es für euch, so intensiv mit dem Thema Selbstführung zu leben und zu arbeiten? Was hat sich für euch entwickelt oder verändert? Macht es das Leben leichter? Streitet ihr euch gar nicht?

Inge: Persönliche Weiterentwicklung wurde für mich besonders wichtig in einer früheren Beziehung. Wir haben uns damals viel und heftig gestritten und uns alle paar Wochen getrennt – zu der Zeit hat mich das Leid angetrieben, an meinen „Knackpunkten" zu arbeiten. Ich habe nun das Glück, dass Thomas meine wunden Punkte nicht drückt und wir uns nicht streiten. Meinungsverschiedenheiten und Spannungen, bei denen wir uns auch mal anfauchen, gibt es natürlich auch. Bei Auseinandersetzungen gelingt es einem von uns beiden eigentlich immer, so konstruktiv zu bleiben, dass sich das, was ich früher an Streit erlebt habe, tatsächlich nicht entwickelt. Sonst könnten wir auch nicht so eng zusammenarbeiten! Auch mit anderen gibt es natürlich Situationen, die automatische Reaktionen auslösen. Ein oder zwei davon habe ich besonders im Blickfeld. Durch meine Trainer- und Coach-Tätigkeit bin ich ständig gefordert, das zu leben, was ich lehre, und das ist gut so! Insgesamt erlebe ich Beziehungen zu Menschen heute näher und intensiver. Vieles ist einfacher geworden – das Lösen von Konflikten, das Treffen von Entscheidungen, meine Lebensgestaltung – und ich bin zufriedener und glücklicher als früher. Und falls jemand denken sollte, das Leben sei langweilig ohne Konflikt oder Streit – für mich ist das keineswegs der Fall!

Die Energie kann vielmehr in inspirierende Zusammenarbeit, guten Austausch und ein freudvolles Zusammenleben fließen.

Thomas: Ich bin toleranter und liebevoller geworden – gegenüber mir selber und anderen. Mich besser zu kennen, intensiver zu erleben und gleichzeitig weniger identifiziert zu sein mit meinen inneren Zuständen macht sehr vieles viel leichter. Je besser ich mich – auch mitten im Leben – beobachten kann, desto leichter kann ich entscheiden, ob ich Meinungsverschiedenheiten eskalieren lasse oder nicht. Und da ich früher eher zum schnellen Nachgeben neigte, kämpfe ich Kontroversen mit Inge heute häufiger durch. Wenn ich allerdings merke, dass ich destruktiv werde, unterbreche ich das. Das funktioniert natürlich nicht immer so, wie ich mir das wünsche. Aber Momente, in denen ich meinen eigenen Ansprüchen nicht entspreche, werden seltener, und wenn, dann sind sie immer ein Anlass, wieder genauer hinzuschauen und daran zu arbeiten. Und zur letzten Frage: „Streiten", mit gegenseitigen Schuldzuweisungen oder Abwertungen erleben wir tatsächlich nie. Das liegt einerseits sicher daran, dass der bewusste Umgang mit Wechselwirkungen so im Mittelpunkt unseres Lebens steht, und andererseits ist unser Alltag vermutlich auch entspannter als in vielen Familien. Ohne Kinder lässt sich alles viel leichter organisieren. Ein entscheidender Faktor ist sicherlich auch die grundsätzliche Haltung, dass wir uns gerade mit unseren Unterschieden sehr wertschätzen. Das konnten wir auch beim Schreiben des Buches erleben – und das ist ein Glück, für das wir außerordentlich dankbar sind.

Reicht es, ein Buch zu lesen, wenn ich mich verändern will, oder anders ausgedrückt, kann ich mich durch das Lesen eines Buches verändern?

Inge: Das hoffe ich, sonst hätten wir das Buch ja nicht geschrieben! Falls hinter der Frage die Ungewissheit steckt, ob die Theorie alleine reicht, würde ich das mit „Nein" beantworten. Aber wenn die Theorie zu praktischer Erfahrung, Reflexion, Einsichten und wiederum zu neuen Erfahrungen führt, dann: „Ja". Ich hoffe, die Inhalte hier sind so anschaulich und lebendig, dass man sich davon emotional angesprochen fühlt und sie nicht nur konsumiert. Dann können Impulse aus dem Buch sicherlich längerfristig nachwirken. Vielleicht beruht die Veränderung durch ein Buch auf ähnlichen Prinzipien wie das Lernen in einem Seminar: Man profitiert am meisten, wenn man weiß, was ein gutes Ergebnis wäre, oder wenn man eine konkrete Vorstellung davon entwickelt, wo man ansetzen möchte. Wenn sich ein Leser auf bestimmte Schwerpunkte ausrichtet und sich ein oder zwei Ziele setzt, dann erhöht sich die Wahrscheinlichkeit, dass das Lesen eine nachhaltige Wirkung hat. Möglich ist aber auch, dass einen das Buch einfach nur daran erinnert oder darin bestätigt, das zu leben, was einem wichtig ist zu leben.

Thomas: Ja und nein. Manche Bücher haben eindeutig mein Leben verändert – immer, wenn etwas eine Seite in mir getroffen hat, wo ich ohnehin am Suchen war. Aber dass ich da etwas gelesen habe, reicht alleine natürlich nicht. Es „ins Leben zu bringen" erfordert immer wieder Zeit, Aufmerksamkeit und Arbeit. Das Buch „Happiness" von Matthieu Ricard ist so ein Beispiel. Eine persönliche Abwandlung der von ihm beschriebenen Mitgefühlsmeditation begleitet mich inzwischen jeden Tag.

Kann es gefährlich werden, wenn ich zu viel über mich nachdenke und vielleicht zu viel aufbricht, was ich nicht mehr beherrschen kann? Was geht nicht mehr alleine, was erfordert professionelle Hilfe?

Thomas: Wenn man anfängt, sich mit sich selbst zu beschäftigen, dann kann tatsächlich viel hochkommen – meist will man das ja auch. Aber mit Achtsamkeit und der IFS-Arbeit lässt sich das, was Teile einem zeigen, relativ fein dosieren. Trotzdem gibt es Grenzen – und auch das ist gut, denn viele Menschen in unserer stark individualisierten Leistungsgesellschaft haben die Überzeugung, es müsse alles alleine gehen. Hilfe von außen wäre da eine entscheidende, wertvolle neue Erfahrung, die ich nur empfehlen kann. Da ich selbst vor einigen Jahren durch eine Depression gegangen bin, kenne ich den Unterschied zwischen einem Versuch, alleine weiterzukommen, und einem Weg mit professioneller Unterstützung recht gut. Als ich immer deutlicher spürte, dass ich etwas ändern müsste, habe ich mir therapeutische Hilfe geholt. Und dann bin ich erst einige Zeit nach Beginn der Therapie so richtig in eine persönliche Krise geraten. Dabei habe ich mich auch manches Mal gefragt, ob all das, was da hochkam, wohl zielführend sei. Aber mein Therapeut vermittelte mir die richtige Dosis Zuversicht: So habe ich tief, aber nicht zu schnell innere Ängste erforschen können. Im Nachhinein weiß ich, dass gerade dieser bewusst erlebte Weg durch persönliche Abgründe mich besonders nachhaltig verändert hat. Seither habe ich ein Vertrauen ins Leben, das in seinen Grundfesten kaum zu erschüttern ist. Und ich weiß: Ohne die Hilfe von Inge, meinen Freunden und meines Therapeuten hätte ich sicher viel länger und vermutlich auch schwerer gelitten. Meinen Weg möchte ich mit einem Bild veranschaulichen: Die Entscheidung, das alltäglich wiederkehrende „Unkraut" nicht nur dadurch zu besiegen, dass ich weiter versuche, es zu ignorieren oder schnell mal auszureißen, sondern mich auf den Weg zu machen, die Ursachen tiefer zu klären, war genau richtig. Aber ich habe mich auch erst dann ernsthaft darangemacht, als ich meine wiederkehrenden problematischen Verhaltens- und Erlebensmuster immer deutlicher wahrnahm – und als ich merkte, dass sie sich alleine nicht wirklich verändern lassen.

Inge: Die verschiedenen Übungen, die wir in den Abschnitten zum Selbst-Coaching vorschlagen, und auch den Selbstdialog kann man gut machen, ohne die Angst haben zu müssen, dass irgendetwas Unkontrolliertes, Unberechenbares aufbricht. Gerade bei der Arbeit mit den Teilen lässt sich gut beobachten, wie wunderbar die Selbstorganisation und der Selbstschutz des Menschen funktionieren. Sollte man im Selbst-Coaching (oder als Coach in der Beratung) in die Nähe von Gefühlen kommen, die heikel, fremd oder wie auch immer bedrohlich sind, greifen Beschützer-Teile erfahrungsgemäß schnell kontrollierend ein.

Thomas: Zur Vorsicht raten möchte ich lediglich denen, die in der jetzigen Lebenssituation oder grundsätzlich extrem labil sind. Da ist es wichtig, sich darüber klar zu werden, ob man jetzt genügend inneren und äußeren Raum hat, sich mit sich selbst zu beschäftigen. Besonders, wenn man ahnt, dass man möglicherweise durch eine Krise gehen muss. Wobei ich Krise als Chance zur Wandlung eher positiv sehe. Zur Entlastung bei solchen Fragen möchte ich noch erwähnen: Nach meiner Erfahrung kommt eine Labilisierung ohnehin erst, wenn die Lebensumstände es erlauben oder erzwingen.

Was mache ich, wenn ich merke, dass ich gar nicht wohlwollend mit mir und meinen Gefühlen umgehe?

Inge: Es ist der „Normalfall", dass kritische Eigenschaften, Verhaltensweisen oder Gefühle, die man als störend und behindernd erlebt, bekämpft werden und dass man diesen gegenüber vorerst keineswegs wohlwollend gestimmt ist. Eine interessierte Haltung sich selbst gegenüber zu entwickeln, mit der man sich neugierig hinterfragt, anstatt sich selbstkritisch zu betrachten, kann ein persönlicher Lern- und Entwicklungsprozess werden.

Thomas: Zu merken, wie überkritisch oder ablehnend man sich selbst behandelt, ist ja schon sehr wertvoll! Denn das Problem ist meist, dass einem gar nicht auffällt, was man fühlt oder wie man mit sich umgeht. Tatsächlich ist das regelmäßige Training der Achtsamkeit die beste Voraussetzung, sich nicht zu sehr in seinen Mustern zu verlieren. Man erwartet ja auch nicht, dass man ohne körperliches Training bei Bedarf schnell und leicht mehrere Treppen hochspurtet.
Aus eigener Erfahrung möchte ich betonen: Achtsamkeit und den liebevollen Umgang mit mir selbst hatte ich bereits lange Zeit außerhalb der „schwierigen Situationen" geübt. Sonst wären sie mir in der Not sicherlich nicht zur Verfügung gestanden. In meiner Depression zum Beispiel geschah die Wende zur nachhaltigen Besserung in einer fast schlaflosen Nacht, in der ich mich beinahe in meiner Verzweiflung verloren hätte. Zum Glück erinnerte Inge mich daran, einfach nur zu beobachten, was in mir vor sich ging. Mit dem Beobachten meiner Ängste konnte ich mich von dem Teil, der mich da fast völlig vereinnahmt hatte, zunehmend separieren. Die Angst blieb da, aber ich konnte sie eher von außen wahrnehmen. Dabei bin ich dann irgendwann eingeschlafen. Was mir seither immer wieder hilft, ist: Diese Seite, wenn sie sich meldet, nicht zu bekämpfen, sondern sie liebevoll in den Arm zu nehmen und ihr gut zuzureden. Damit sind „depressive Zustände" sehr selten geworden und dauern fast nie länger als ein paar Stunden. In jedem Falle sind sie weit davon entfernt, mich so zu vereinnahmen wie früher.

Ich weiß ja so vieles, vom Verstand her ist alles klar, trotzdem rutsche ich immer wieder in alte Muster. Was kann ich da tun?

Thomas: Da habe ich – ausnahmsweise – wirklich ein Rezept. Es ist nicht einfach, denn es hat drei Komponenten, die viel schwerer umzusetzen sind, als man glaubt – und das sind: beobachten, beobachten, beobachten! Oder, etwas ausführlicher: Verhalten und seine Wirkung achtsam beobachten, Verläufe davon achtsam beobachten und längerfristige Konsequenzen achtsam beobachten! Wenn einen etwas wirklich stört, dann ändert man's.

Inge: Ich würde erst einmal tiefer hinterfragen wollen: Leidet man so sehr unter dem Muster, dass eine Veränderung wirklich wichtig ist? Ist einem der Mensch oder die Situation, mit dem oder der dieses Muster abläuft, wichtig genug, um tatsächlich an sich etwas zu verändern? Wenn das mit „Ja" beantwortet wird und trotzdem immer wieder das alte Muster abläuft, dann ist meine Antwort: Mache Dir bewusst, wo Du ansetzen möchtest, setze es Dir zum Ziel und habe Geduld. Denn langjährige Gewohnheiten und besonders eingefahrene automatische Reaktionen lassen sich auch bei guter Selbstwahrnehmung und Selbstführung nicht in kurzer Zeit auflösen. Es ist meistens ein langsamer Entwicklungsprozess, der über mehrere Etappen verlaufen kann. Manche hartnäckige Muster und Reaktionen laufen auch bei mir noch ähnlich ab wie vor Jahren. Fortschritte sehe ich dort, wo ich mir eine Verhaltensänderung tatsächlich zum Ziel gesetzt habe. Zum Beispiel, auf Unbeholfenheit und Unklarheit von anderen – insbesondere aus dem privaten Umfeld – nicht gleich mit einem Rat oder Lösungsvorschlag zu reagieren. Die erste Phase kann sein, lediglich früher und genauer mitzubekommen, was passiert – sprich, den Teil zu bemerken, der Unsicherheit von anderen schwer aushalten kann und den Teil, der gerne helfen will. Durch die Selbstbeobachtung hat sich im Laufe der Zeit etwas mehr Abstand entwickelt und ich konnte diesen Zustand leichter aushalten. Inzwischen klappt es öfters, dass ich entspannter bleiben und empathisch sein kann, ohne etwas lösen zu wollen. Innere Vorbereitung und mentale Selbstregulierung im Vorfeld – bei Situationen, in denen ich in einen kritischen Automatismus geraten könnte – sind für mich sehr hilfreich. Das mache ich aber nur bei Menschen oder Situationen, die mir besonders wichtig sind.
Allerdings reicht das nicht immer aus – und bei der Frage: „Verstehe ich wirklich die tieferen emotionalen Beweggründe, die mich da hineingeraten lassen?" sind sich die meisten dann doch nicht so sicher. Und da liegt denn auch häufig der Knackpunkt: Denn manche Teile, die stark reagieren, müssen emotional verstanden und erst innerlich angenommen werden. Wenn man sich den „schwierigen Teilen" und deren Gefühlen und Interessen nicht empathisch zuwendet – und das ist die Regel –, verändert sich nichts und mögliche neue Verhaltensoptionen bekommen keine nachhaltige Kraft.

Ich sehe etwas glasklar, aber es gelingt mir trotzdem nicht, es zu ändern.

Thomas: Zu wissen, was abläuft, reicht meist nicht. Ein Musikwissenschaftler ist nicht automatisch ein Klavier-Virtuose. Um kunstvoll mit sich umzugehen, braucht es ein differenziertes Gefühl für das „Instrument der eigenen Psyche". Dieses feinere Gespür ist – genau wie bei Musikalität – zu einem gewissen Teil angeboren, zu einem größeren Teil aber in früher Kindheit erworben worden. Aber auch ein Erwachsener kann es mit Geduld und Liebe für die Sache in einem faszinierenden Ausmaß noch entwickeln. Wenn ich das Beispiel mit der Musik weiterspinne, dann weiß man ja – in Analogie zu dem „glasklar sehen" – wie es besser klingen könnte, man kann es sich vorstellen oder bei anderen hören – auch wenn man enttäuscht ist, selbst nicht so singen oder spielen zu können. Die gute Nachricht ist: Wer hört, wie es klingen müsste, kann sicher sein, genügend Musikalität zu besitzen. Die weniger gute: Um selbst so spielen zu können, ist Übung erforderlich. Und das muss man wirklich wollen! Manchmal fehlt trotz Übung auch mal ein Puzzlestück, auf das man alleine nicht kommt. Dann ist es an der Zeit, sich bei jemandem Hilfe zu holen, der sich damit besser auskennt, sei es ein guter Freund oder ein Profi auf diesem Gebiet.
Besonders bei ausgeprägten psychischen oder körperlichen Symptomen raten wir dringend, in die eigene Gesundheit zu investieren und sich gute professionelle Hilfe zu gönnen. Bei Suchterkrankungen, Depressionen, starken Ängsten oder zwanghaften Handlungen sind die Grenzen dessen, was man alleine bewältigen kann, erreicht. Was wiederum ergänzendes Selbst-Coaching nicht ausschließt.

Inge: Meine eigene Erfahrung und die mit vielen Teilnehmern und Klienten ist folgende: Man denkt oder glaubt zwar, etwas klar erkannt zu haben, aber meistens ist irgendetwas doch noch nicht in seiner emotionalen Ausprägung gesehen oder verstanden worden. Und solange man da noch „im Dunkeln tappt" und zu diesen tiefer liegenden Facetten der Innenwelt keinen Zugang gefunden hat, verändert sich nichts.

Ich kann noch nicht wirklich begreifen, was das Selbst ist und wie ich diese Qualität im Leben besser entfalten kann.

Inge: Als sehr praktisch ausgerichtete Person spricht mich vor allem der zweite Teil der Frage an. Bei neuen Erfahrungen und Erkenntnissen bin ich vor allem daran interessiert, wie ich sie umsetzen und im Leben nutzen kann. Dazu muss ich das, was ich gehört oder gelesen habe, wirklich begreifen. Denn ich setze nur das um, was mich emotional beeindruckt hat oder was ich hautnah erlebt habe und deshalb nachvollziehen kann. Und diese Art der Erfahrung können wir mit dem Buch nicht bieten. Ich nehme das Selbst als einen Zustand wahr, in dem ich mich weitgehend frei von Verhaftungen fühle – unabhängiger von meinem üblichen Denken und Reagieren. Solche Momente erlebe ich in erster Linie in der Meditation und beim Selbstdialog, aber auch in Augenblicken intensiveren Gewahrseins in der Natur oder beim kurzen Innehalten im Alltag. Dieser selbstnahe Zustand stellt sich manchmal von alleine ein,

wenn ich gegenwärtig sehr präsent und mit mir und der Außenwelt gut im Kontakt bin. Häufiger jedoch, wenn ich die Intention habe, einen Teil, der gerade vorherrscht, innerlich aufzufinden und mich davon etwas zu separieren.
Den selbstnahen Zustand für Leser anschaulich zu machen, war für uns eine der größten Herausforderungen beim Schreiben. Unser Ziel war, das „Selbsthafte" bei der Selbstführung etwas greifbarer zu machen. Weil wir davon ausgehen, dass viele von euch diese Qualität auch kennen oder ahnen, ging es uns dann darum, praktische Wege aufzuzeigen, wie man sich von Teilen separieren kann. Die Kurzantwort auf die Frage nach dem Entfalten selbstnaher Qualitäten lautet: Kenne und beobachte deine wichtigen Persönlichkeitsteile und stelle immer wieder Abstand zu ihnen her, sodass eher du sie und nicht sie dich steuern.

Thomas: Die Frage nach dem Selbst fasziniert mich seit Jahren. Einerseits würde mein innerer „Wissenschaftler" hier gerne in einen theoretischen Diskurs gehen – aber andererseits muss er zugestehen: Bei aller Suche – sehr viel mehr als die Perspektiven, die wir im Kapitel zum Selbst beschrieben haben, kann er zur Beantwortung doch nicht beitragen. Viel wichtiger sind mir dann doch die praktischen Erfahrungen, die wir in diesem Buch dargestellt haben.

Wenn ich mich so intensiv beobachte und mit mir beschäftige, verliere ich da nicht meine Spontaneität und wirke unauthentisch?

Thomas: Bei mir hat die Selbstbeobachtung in den letzten 20 Jahren dazu geführt, dass ich zunehmend spontaner und echter wurde. Früher war ich, ohne es zu merken, einfach viel kontrollierter, hatte engere Vorstellungen darüber, wie Menschen (vor allem: ich) zu sein hätten, und war viel mehr darum bemüht, mich an Erwartungen anzupassen – unbewusst natürlich. Jetzt genieße ich es, dass ich mit dem, wo mich die Erforschung meiner Innenwelt hingeführt hat, so viel glücklicher bin. Schon Skifahren oder Joggen, einen Film anschauen oder mit Freunden reden – je achtsamer ich das mitbekomme, desto größer ist die Freude dabei.

Inge: Die Befürchtung hinter der Frage ist vermutlich, dass Selbstbeobachtung, Selbstreflexion und bewusstes Steuern von Gefühlen die Lebendigkeit beeinträchtigen könnte und man sich zu sehr kontrolliert. Man will vermeiden, sich in eine Richtung zu verändern, die nicht zu einem passt, oder dass das Leben vielleicht sogar langweilig werden könnte. Meine Erfahrung ist, dass das Erleben in der Gegenwart intensiver und interessanter wird. Man ist unmittelbarer mit sich und der Umwelt in Kontakt und das fühlt sich lebendig an. Man ist weniger Spielball von „negativen" Emotionen. Außerdem gibt es eine so unendliche Fülle von Gefühlen und Reaktionen, die uns – selbst bei ausgesprochen guter Selbstbeobachtung – weiterhin unbewusst oder bewusst steuern werden, dass wir keine Angst haben müssen, unsere Natürlichkeit zu verlieren. Viel eher glaube ich, dass ein Mensch, der sich gut kennt, sich selbst und anderen weniger vormacht. Gerade deshalb kann er authentischer und glaubwürdiger wirken als jemand, der sich wenig reflektiert.

Wie erlebt ihr Veränderung? Kann man sich als Erwachsener überhaupt noch ändern? Was sind die wesentlichen Faktoren dafür, dass sich für euch etwas substanziell verändert hat oder ihr euch weiterentwickelt habt?

Inge: Für mich haben sich bedeutsame und nachhaltige Veränderungen im Umgang mit mir selbst über mehrere Schritte entwickelt. Ich beschreibe diese kurz anhand meines Bluthochdrucks. Wenn ich auf andere Entwicklungen schaue, wie z.B. automatische Reaktionen, dann erkenne ich die gleichen Prinzipien genauso wieder.

1. Schritt: *Ein Phänomen als Problem wahrnehmen.* Es hat einige Zeit gedauert, bis ich das Symptom des Bluthochdrucks wirklich ernst genommen habe. Ab diesem Zeitpunkt habe ich angefangen, auch meinen inneren Druck bewusster wahrzunehmen, während ich davor selbstverständlich damit gelebt hatte.
2. Schritt: *Die Ursachen verstehen wollen.* Es wurde mir wichtig, mögliche Zusammenhänge und Auslöser zu verstehen. Ich habe angefangen, Ursachenforschung zu betreiben und festgestellt, dass der Blutdruck an Wochenenden oder im Urlaub fast immer im Normbereich ist. Wenn ich viel im Kopf habe, mein „Vorausschauender Organisator" aktiv ist und ständig Dinge aufzählt, die noch anstehen, dann steigt der innere Druck und damit auch der Blutdruck.
3. Schritt: *Sich entscheiden, das Problem anzugehen.* Dazu hat beigetragen, dass mir einige Leute stark dazu geraten haben, etwas zu unternehmen, weil Bluthochdruck über einen längeren Zeitraum bekanntermaßen gefährliche Folgen hat. Ich entschied mich also, das Thema nicht länger schleifen zu lassen, sondern etwas gegen den hohen Blutdruck zu tun und habe Ärzte und Heilpraktiker konsultiert.
4. Schritt: *Das Problem weiter erforschen und Unterschiedliches ausprobieren.* Ich habe Naturheilmittel ausprobiert, angefangen, regelmäßiger zu joggen, und mir öfters ein paar Minuten Zeit für eine kurze Entspannung genommen. Ich habe vor allem darauf geachtet und achte weiterhin darauf, die Wochenenden möglichst frei zu haben oder zumindest in einem „zeitlosen" Zustand zu sein, in dem ich die Dinge, die es zu tun gibt, mit innerer Ruhe und Weite erledige. Wenn ich angespannt oder im Druck bin, nehme ich Kontakt auf mit dem „vorausschauenden Organisator" oder dem inneren „Antreiber" um zu erforschen, warum die Teile so dominant sind.
5. Schritt: *Die Entwicklung einer neuen Ausrichtung.* In diesem Prozess des Ausprobierens kann eine tiefere Entscheidung oder ein klares Ziel entstehen und sich eine neue innere Haltung entwickeln. In meinem Fall war es die Klarheit und Entschlossenheit, dass ich ohne diesen inneren Druck leben will. Ich war entschieden, mein Leben mehr danach auszurichten und viele Alltagsentscheidungen davon abhängig zu machen, wie druckfrei es sich anfühlt. Diese neue Ausrichtung war eine

Folge von vielen kleinen positiven Erfahrungen, wo es mir gelungen ist, mit weniger Druck effektiv und befriedigend zu handeln.

6. Schritt: *Das neue Ziel liegt klar im Fokus.* Je deutlicher die Anbindung an das Ziel, desto klarer dient es als ständige Orientierungshilfe im Alltag. Bei einer anstehenden Entscheidung spüre ich genauer nach, inwieweit sie Druck auslöst und wie entspannt ich mich damit fühle. Natürlich berücksichtige ich auch andere Aspekte, aber das Wichtigste ist: Ich verliere mein Ziel nicht aus den Augen.

Ich habe oft so gute Vorsätze, aber dann scheitert es an der Realität – oder am „inneren Schweinehund". Wie kann ich es schaffen, dass ich meine Ziele erreiche?

Inge: Für mich hat ein Ziel, das ich wirklich erreichen will, eine ganz andere Qualität als nur ein Vorsatz. Ein Ziel kann sich anfühlen wie ein inneres Commitment – eine Verpflichtung sich selbst gegenüber. Als Beispiel: Viele würden vermutlich schneller oder leichtfertiger ihrem Ehemann oder ihrer Ehefrau mal untreu werden, wenn sie sich nicht gegenseitig Treue versprochen hätten. Ein echtes Versprechen gibt eine klare Orientierung fürs Handeln und man bricht es nicht leichtfertig. Solch eine tiefe, vom Herzen kommende Klarheit, ein Commitment, ein Versprechen sich selbst gegenüber hat eine andere Qualität und vor allem mehr Kraft als ein guter Vorsatz. Die „guten Vorsätze" oder „Neujahrsentscheidungen" werden oft nicht durchgehalten, weil nicht mit den Faktoren der Innenwelt gearbeitet wurde, die der Verwirklichung im Wege stehen. Sie sind oft nicht mehr als Wunschdenken. Ein gut gemeinter Vorsatz „Ich werde darauf mehr achten, dass ..." hat selten Kraft und nachhaltige Wirkung.
Es kann auch notwendig sein, noch genauer zu erforschen, was es für „gute Gründe" gibt, beim alten Verhalten zu bleiben. Vielleicht ist einem der Gewinn doch nicht so wichtig oder der Verlust zu groß. Oder irgendetwas an der Zielsetzung war nicht realistisch.

Mein Leben ist so voll und gedrängt, mir fehlt einfach die Zeit für mich selbst.

Inge: Ja, das Problem kenne ich sehr gut, das geht mir manchmal auch so! Aber gerade dann, wenn das Leben voll und gedrängt ist, brauche ich die Zeit für mich selbst. Meine Erfahrung ist: Wenn ich mir in solchen Phasen keine Zeit für mich nehme, fühlt sich das Leben noch dichter, stressiger und fremdbestimmter an, als wenn es mir gelingt, für ein paar Minuten am Tag nach innen zu gehen und in Kontakt mit mir selbst zu sein. Interessant ist, dass ich oft gerade in diesen kurzen „Auszeiten" neue und kreative Einfälle oder Einsichten habe. Und manchmal gelingt mir anschließend eine sinnvolle Kursänderung in der Tagesgestaltung.
Bei allen Anforderungen, die viele Menschen zu bewältigen haben und die nicht so leicht reduziert werden können, stellt sich irgendwann die grundlegende Frage, wie wichtig einem die eigene Gesundheit, die Balance von Privat- und Arbeitsleben und

die Lebensqualität sind. Ein Teilnehmer erzählte uns einmal, dass er nach einem Autounfall mit schweren Verletzungen viele Monate in einer Klinik war und dort eine spezielle Achtsamkeits-Meditation kennengelernt hat. Zurück im Berufsalltag, hat er diese Praxis konsequent weiterverfolgt. Das bedeutete für ihn, eine Dreiviertelstunde früher aufzustehen als zuvor – nämlich schon um 5.00 Uhr –, um danach noch mit der Familie zu frühstücken. Anderen Teilnehmern, die ihn mit etwas ungläubigem Erstaunen anblickten und sich so etwas überhaupt nicht vorstellen konnten, sagte er nur: „Das ist für mich die wichtigste und schönste Zeit am Tag, das ist doch kein Opfer!"

Für mich ist das Bild der Persönlichkeitsteile einleuchtend, aber ich erlebe es im Alltag selten so. Wie wichtig findet ihr es, sich Persönlichkeitsteile ständig bewusst zu machen? Wenn ich bestimmte Gefühle habe oder einfach nur verstimmt bin, muss ich dann immer nach Persönlichkeitsteilen suchen?

Inge: In Alltagssituationen, die „rund" laufen, frage ich mich bei auftauchenden Gefühlen und Reaktionen selten, von welchem Persönlichkeitsteil sie gerade stammen. Ich versuche vielmehr, dann Persönlichkeitsteile zu identifizieren, wenn ich mich in einem Zustand befinde, in dem ich mich beispielsweise gefangen, gebremst, unfrei fühle oder zu sehr von Gefühlen vereinnahmt bin. Dann erlebe ich es als sehr hilfreich, die verantwortlichen Teile zu erkennen. Für mich hat das Modell der Persönlichkeitsteile vor allem einen pragmatischen Wert: Wenn die Selbstführung gut läuft, fällt sie nicht weiter auf und es bedarf wenig bewusster Reflexion. Aber wenn etwas aus dem Ruder gerät, dann ist die Sicht auf Persönlichkeitsteile besonders hilfreich.

Wie realistisch ist es, dass ich den Selbstdialog tatsächlich alleine praktiziere? Was muss ich berücksichtigen, damit es funktioniert?

Inge: Meine Erfahrung mit meinen Klienten ist, dass es einen Anlass erfordert. Manchmal werden Gespräche mit anderen Menschen zwingend notwendig – bei Spannungen oder Konflikten zum Beispiel. Und ähnlich erlebe ich das auch mit dem Dialog mit Teilen. Zu gewissen Zeiten, bei gewissen Anforderungen oder Herausforderungen, bei Spannungen ist es hilfreich, einem Teil seine Aufmerksamkeit zu schenken. Damit der Dialog funktioniert, ist Voreinstimmung wichtig. Die kann so aussehen, dass man sich vornimmt, einen Gesprächstermin mit sich selbst zu haben. Ein Freund von uns erlebt den Selbstdialog so, wie wenn er Rücksprache mit seiner Frau oder einem Freund hielte, um etwas zu besprechen oder zu klären. Man muss sich Zeit nehmen und sich von anderen Dingen abschotten. Beim Spaziergang oder einfach nur so nebenbei funktioniert der Selbstdialog nicht. Um Verbindung zum Teil herzustellen, hilft es den meisten Menschen, sich vorzustellen, dass sie den Teil irgendwo außerhalb des Körpers und im Raum sehen. Beides ist wichtig: Genug Distanz, sodass der Teil wie ein Gegenüber wahrgenommen werden kann, und genug Nähe, damit der Kontakt zum Teil gefühlt wird.

Wenn ich im Großen und Ganzen mit mir zufrieden bin, haltet ihr dann Achtsamkeit und Selbstführung trotzdem für sinnvoll?

Thomas: Das hängt davon ab, wo man seinen Sinn – oder Lebenssinn – sucht. Ich glaube, dass es Menschen gibt, die auch ohne reflektierte innere Führung glücklich sind. Was ich damit sagen will: Sobald man anfängt, über Sinn und Möglichkeiten im eigenen Leben nachzudenken, oder sobald man merkt, dass man doch irgendwie leidet, dann glaube ich persönlich schon, dass Achtsamkeit und Selbstführung sehr wertvolle und wirksame Wege sind.

Ihr habt viel über die Regulierung von negativen Gefühlen geschrieben, was meint ihr zur Regulierung von positiven Gefühlen?

Inge: Ja, das stimmt! Wir haben uns hier mehr auf die Schwierigkeiten konzentriert, auf das, was man gerne ändern möchte. Positive Gefühle werden – schade eigentlich – oft so selbstverständlich hingenommen und nicht genügend wertgeschätzt. Und tatsächlich sind positive Gefühle eine wichtige Ressource. Wenn ich zum Beispiel vor einem Vortrag aufgeregt bin – ich kenne das sehr gut – und eine freudige Verunsicherung wahrnehme, dann hat das auch etwas Angenehmes. Dann kann ich mich entweder der Unsicherheit zuwenden oder aber auch das freudige Gefühl sich weiter ausdehnen lassen – das Glücksgefühl im Bauch, das angenehme Prickeln auf der Haut, das leichte Hochgefühl im Körper. Ich kann die vorhandenen positiven Gefühle bewusst verstärken und die Teile stärker verkörpern, die in dieser Situation hilfreich sind. Beim mentalen Training im Sport-Coaching hat das Verstärken von positiven Gefühlen im Körper eine hohe Bedeutung. Bei der Selbstführung ist allerdings darauf zu achten, dass die unangenehmen Gefühle (oder empfindlichen Teile) nicht verdrängt, sondern gut integriert werden.

Eure Beispiele klingen so schlüssig und die Lösung scheint oft einfach. Ist das immer so oder stoßt ihr auch an Grenzen?

Thomas: Wir haben für das Buch Beispiele ausgesucht, die exemplarisch hoffnungsvolle Wege aufzeigen. Und Hoffnung zu vermitteln, ist uns wichtig. Ich glaube auch, dass die Menschen, die zu uns kommen, meist schon recht reflektiert und reif sind. Und da lassen sich tatsächlich sehr gute Entwicklungen beobachten. Aber natürlich gibt es Situationen, wo Schwierigkeiten auftreten und auch, so weit wir das dann verfolgen können, nicht überwunden werden. Grenzen mit anderen erlebe ich, wenn ich eine Person nicht wirklich verstehen kann und sie mir zu fremd bleibt. Zum Beispiel erinnere ich mich an jemanden, der zwar viel gefragt hat, aber letztlich alles nur in sein Weltbild eingebaut hat, ohne dieses auch nur ansatzweise in Frage zu stellen. Menschen, die sich gegenüber neuen Gedanken völlig abschotten, sind für mich schwer zu erreichen. Wenn es mir gelingt, das dann als sportliche Herausforderung zu interpretieren – und diese Sichtweise auch beim anderen herauszulocken –, dann fällt es mir leichter, in Kontakt zu bleiben. Aber das klappt nicht immer – also: Es gibt Grenzen.

Ihr schreibt viel darüber, wie man selbst an sich arbeiten kann. Aber was ist, wenn sich der andere nicht ändert?

Thomas: Tja – das ist ein heikler Punkt. Denn die Frage, wie ich andere Menschen „positiv beeinflussen" kann, die verdient mindestens ein eigenes Buch. Der amerikanische Organisationsberater Richard Beckhard meinte: „Menschen wehren sich nicht gegen Veränderung, sondern dagegen, verändert zu werden!" Aber gerade, wenn mir ein Mensch sehr wichtig ist – der Partner, jemand aus der Familie oder dem Freundeskreis – oder wenn ich von jemandem abhängig bin, wie z. B. von meinem Chef, dann will ich natürlich wissen, was ich da tun kann. Dafür verweise ich auf unser Kapitel „Wechselwirkungen". Denn tatsächlich ist unsere Erfahrung, dass die eigene (positive!) Veränderung immer eine Wirkung auf den anderen hat. Darüber hinausgehende Strategien, wie man sich verhalten kann, damit ein anderer etwas ändert, würden unseren Rahmen hier einfach sprengen.

Kann ich mich dahin entwickeln, dass ich die Wirkung habe, die ich gerne hätte, dass ich so werde, wie ich gerne wäre?

Thomas: Es kommt darauf an, wie diese Frage gemeint ist. Wenn sie in die Richtung geht, ob ich meine Wirkung entsprechend meinen Vorstellungen „designen" kann, dann ist die Antwort eher: Nein. „Alles ist machbar, wenn man nur will" passt nicht zu unserer Überzeugung.

Wenn die Frage dahin zielt, ob ich mich „selbst verwirklichen" kann, dann ist meine persönliche Antwort: Ja! Ich glaube sogar, dass es darum geht, zu verwirklichen, wie man als einzigartiges Individuum letztlich gemeint ist. Als Leitlinie für diesen Weg fasziniert mich eine alte indianische Weisheit: Die richtige „Medizin" für einen Menschen ist, das zu finden, was zugleich ihm selbst und der Gemeinschaft am förderlichsten ist.

Was ist nötig, damit sich dauerhaft etwas ändern kann?

Diese Frage wollen wir unseren Freund und Kollegen Halko Weiss beantworten lassen. Da Halko einer unserer wichtigsten Lehrer war, freuen wir uns auch, ihm hier das letzte Wort zu überlassen: „Das tägliche Training von Achtsamkeit ist die beste Versicherung, immer weniger seinen Automatismen ausgeliefert zu sein und die Instanz in sich zu stärken, die Führung übernehmen kann. Bei allen Nachhaltigkeits-Projekten, die man sonst noch so hat, ist die Entwicklung eines weniger identifizierten Selbst das einzig überdauernde. Dieser Weg stützt und verstärkt alle anderen Ziele und führt zu einer bewussten Reifung des Menschen. Wahre Führung kann nur von dieser Stelle kommen, und das tägliche Training ermöglicht, hier Stärke und Sicherheit zu finden.

Darüber hinaus ist die ständige Bereitschaft, sich annehmend mit seinen eigenen Schwierigkeiten auseinanderzusetzen, indem man sich „lästigen" Teilen zuwendet und eine gute Beziehung zu ihnen pflegt, die beste Voraussetzung, um mit sich in Frieden zu leben und eine immer tiefer gefestigte Persönlichkeit zu entwickeln. Auch dieser Weg über den Selbstdialog kann vor allem auf der Basis von Achtsamkeit erfolgreich verfolgt werden.

Beide Elemente, die Praxis der Achtsamkeit und die Hinwendung zu den problematischen Persönlichkeitsanteilen, erfordern eine innere Verpflichtung zur Übung. Ohne die Übung wird das Erreichte zumindest teilweise wieder zerfallen. Der Vergleich zum Sport ist hier nicht deutlich genug hervorzuheben. Als Coaches oder Psychotherapeuten, die mit Achtsamkeit arbeiten, haben wir den Vorteil, dass unser Beruf die beschriebene Übung fast täglich erfordert und auf diesem Wege Nachhaltigkeit sichert."

Register der Beispiele

Gerd Berger (Kapitel 2: Automatische Reaktionen – Kapitel 4: Innere Achtsamkeit und der innere Beobachter)

Gabi Taler (Kapitel 2: Automatische Reaktionen)

Jochen Scholl (Kapitel 3: Emotionen und somatische Marker – Coaching im Kapitel 9: Veränderung durch Selbstdialog)

Bodo Wilk (Kapitel 5: Persönlichkeitsteile – Coaching im Kapitel 6: Innere Dynamik von Persönlichkeitsteilen)

Elisa Fischer (Kapitel 6: Innere Dynamik von Persönlichkeitsteilen – Kapitel 8: Selbstführung – Kapitel 9: Veränderung durch Selbstdialog)

Dr. Herbert Schad (Coaching Kapitel 8: Selbstführung)

Hugo Mattes (Kapitel 9: Veränderung durch Selbstdialog)

Literatur

Anderssen-Reuster, U.: Achtsamkeit in Psychotherapie und Psychosomatik, Schattauer 2007
Assagioli, R.: Typologie der Psychosynthese. Api 1992
Begley, S.: Neue Gedanken, neues Gehirn, Goldmann 2007
von Nursia, B.: Die Mönchsregel des heiligen Benedikt. Reprint-Verlag-Leipzig 2001
Csikszentmihalyi, M.: Flow: Das Geheimnis des Glücks. Klett-Cotta 2002
Damasio, A.R.: Ich fühle, also bin ich. Die Entschlüsselung des Bewusstseins. List 2002
LeDoux, J.E.: Das Netz der Gefühle. Wie Emotionen entstehen. dtv 2001
LeDoux, J.E.: Das Netz der Persönlichkeit. Wie unser Selbst entsteht. dtv 2006
Ferrucci, P.: Werde, was du bist. Rowohlt 1986
Fisher, R., Ury. W. & Patton, B.: Das Harvard-Konzept. Klassiker der Verhandlungstechnik. Campus 2003
Frankl, V.E.: Trotzdem Ja zum Leben sagen. Ein Psychologe erlebt das Konzentrationslager. 1998
Freud, S.: Das Ich und das Es. Gesammelte Werke Bd. XIII. Fischer 1923/1976
Goleman, D.: Emotionale Intelligenz. Carl Hanser 1996
Goleman, D. & Dalai Lama XIV.: Dialog mit dem Dalai Lama. Wie wir destruktive Emotionen überwinden können. dtv 2005
Gottmann, J.: Die 7 Geheimnisse der glücklichen Ehe. Ullstein 2003
Greenspan, S.I. & Benderley, B.L.: Die bedrohte Intelligenz. Goldmann 2001
Grawe, K.; Donati, R. & Bernauer, F.: Psychotherapie im Wandel. Von der Konfession zur Profession. Hogrefe 2001
Hillesum, E.: Das denkende Herz. Die Tagebücher von Etty Hillesum 1941-1943. Rowohlt 1985
Hüther, G.: Biologie der Angst. Wie aus Stress Gefühle werden. Vandenhoeck & Ruprecht 1997
Jung, C.G.: Die Archetypen und das kollektive Unbewusste. Gesammelte Werke, Bd.9/1 1935/2006
Kabat-Zinn, J.: Die heilende Kraft der Achtsamkeit. Arbor 2004
Kabat-Zinn, J.: Gesund durch Meditation. Das große Buch der Selbstheilung. Fischer 2006
Kabat-Zinn, J. & Kabat-Zinn, M.: Mit Kindern wachsen. Die Praxis der Achtsamkeit in der Familie. Arbor 2006
Klein, M.: Das Seelenleben des Kleinkindes und andere Beiträge zur Psychoanalyse. Klett-Cotta 1948/2006
Kurtz, R.: Körperzentrierte Psychotherapie. Die Hakomi-Methode. Synthesis 1988
Lammers, C.-H.: Emotionsbezogene Psychotherapie, Schattauer 2006
Lutz, A., Dunne, J.D. & Davidson, R.J.: Meditation and the Neuroscience of Consciousness. In: Zelazo, P.D.: The Cambridge Handbook of Consciousness. Cambridge University Press 2007
Maslow, A.H.: Motivation und Persönlichkeit. Rowohlt 2002
Ricard, M.: Glück, Nymphenburger 2007
Rosenberg, M.B.: Gewaltfreie Kommunikation. Junfermann 2001
Rosenberg, M.B.: Eine Sprache des Friedens sprechen – in einer konfliktreichen Welt. Was Sie als Nächstes sagen, wird Ihre Welt verändern. Junfermann 2006
Roth, G.: Fühlen, Denken, Handeln. Suhrkamp 2003
Satir, V.: Kommunikation, Selbstwert, Kongruenz. Junfermann 1990
Satir, V.: Meine vielen Gesichter. Wer bin ich wirklich? Kösel 2004

Schulz von Thun, F.: Miteinander reden, Bd. 3: Das „innere Team" und situationsgerechte Kommunikation. Rowohlt 1998

Schwartz, R.C.; Liddle, H.A. & Breunlin, D.C.: Handbook of Family Therapy Training and Supervision. Guilford Press 1988

Schwartz, R.C.: Systemische Therapie mit der inneren Familie. Klett-Cotta 2003

Schwartz, R.C.: Das Modell der systemischen Therapie mit der Inneren Familie. Website von IFS-Europe e.V. (www.ifs-europe.net/D/d2f.htm) Stand 2004-2006

Stierlin, H.: Gerechtigkeit in nahen Beziehungen. Carl-Auer 2005

Stone, H. & S.: Du bist viele. Heyne 1994

Weiss, H.: Die Analyse von Wechselwirkungen in kritischen dyadischen Beziehungssituationen. Familiendynamik 4/2007

Weiss, H. & Benz, D.: Auf den Körper hören. Hakomi-Psychotherapie. Eine praktische Einführung. Kösel 2002

Weiss, H., Harrer, M. & Dietz, T.: Das Achtsamkeits-Buch. Klett-Cotta 2010

Weiss, H. & Marlock, G.: Handbuch der Körperpsychotherapie. Schattauer 2006

Wilber, K.: Eros, Kosmos, Logos. Eine Jahrtausend-Vision. Fischer 2001a

Wilber, K.: Ganzheitlich handeln. Arbor 2001b

Wilber, K.: Integrale Psychologie. Geist, Bewusstsein, Psychologie, Therapie. Arbor 2001c

Weiterführende Information

Ingeborg und Thomas Dietz sind beide seit 1989 im Trainings- und Beratungsgeschäft tätig. 1995 haben sie sich entschieden, sich auf das zu fokussieren, was sie am besten und liebsten tun. So wurden sie – zusammen mit ihren Partnern – für viele Unternehmen der bevorzugte Partner für Persönlichkeitsentwicklung und in Deutschland Marktführer mit dem Training „Emotionale Intelligenz". Dieses Seminar wird sowohl firmenintern wie auch als offenes Seminar durchgeführt.

Ihr Vorgehen in Coaching und Training beruht vor allem auf HAKOMI – Erfahrungsorientierte Körperpsychotherapie – und IFS – Internal Family Systems Therapy. Diesen Coaching-Ansatz vermitteln sie seit einigen Jahren in der vom Deutschen Bundesverband Coaching (DBVC) anerkannten Coaching-Weiterbildung „Psychologie der Veränderung – emotional intelligent coachen".

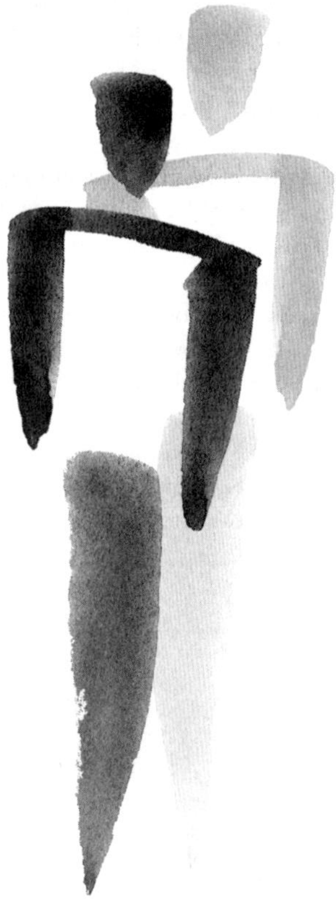

Je nach Interessenslage können Seminare und Weiterbildungen sowie Coaches und Psychotherapeuten vermittelt werden.

Für Psychotherapie und Heilberufe:
www.hakomi.de
www.ifs-europe.net

Für Training und Coaching in der Wirtschaft:
www.dietz-training.de